포스트 사회주의 시대 중국 지성

—'중국' 재발견의 길

이욱연

현재 서강대학교 중국 문화학과 교수, 중국연구소 소장으로 있으며, 저서로 『포스트사회주의 시대의 중국 문화』, 『곽말약과 중국의 근대』, 『이만큼 가까운 중국』, 『중국이 내게 말을 걸다』 등이 있고, 역서로는 『아Q정전』, 『광인일기』, 『야초』, 『인생은 고달파』, 『우리는 거대한 차이 속에 산다』 등이 있다.

서강학술총서
099

포스트 사회주의 시대 중국 지성

-'중국' 재발견의 길

이욱연 지음

서강대학교출판부

서강학술총서 099

포스트 사회주의 시대 중국 지성
–'중국' 재발견의 길

초판 1쇄 발행 | 2017년 7월 13일
2쇄 발행 | 2022년 5월 25일

지 은 이 | 이욱연
발 행 인 | 심종혁
편 집 인 | 주세형
발 행 처 | 서강대학교출판부
등록 번호 | 제2002-000170호

주 소 | 서울특별시 마포구 백범로 35(신수동)
전 화 | (02) 705-8212
팩 스 | (02) 705-8612

ISBN 978-89-7273-334-8 94300
ISBN 978-89-7273-139-9(세트)

값 18,000원

* '서강학술총서'는 SK SUPEX 기금의 후원으로 제작됩니다.

책머리에

중국 지식인의 지적 동향에 관심을 갖게 된 것은, 중국과 수교를 맺은 해인 1992년 12월부터 베이징에 유학하면서였다. 원래는 타이완에 어학연수를 가려고 비행기 표까지 사놓고 방도 얻어 놓았지만 타이완행은 출국 이틀 전인 1992년 8월 24일에 좌절되었다. 중국과 수교하고, 이와 동시에 타이완과 단교가 된 것이다. 난감했다. 하지만, 중국현대문학을 공부하는 처지로서, 차라리 잘 되었다는 심정도 들었다. 정보기관의 면접까지 거친 끝에 마침내 '특정 국가 여행 허가'를 얻어 첫발을 디딜 당시 내 눈에 들어온 중국은 여전히 사회주의 국가였다. 대학생들은 졸업하면 정부가 직장을 분배해 주었고, 불친절하기 짝이 없는 국영 식당도 있었고, 길거리에서는 낯선 사람을 동지라고 부르기도 했고, 쌀, 밀가루, 식용유 배급 쿠폰도 남아 있었고, 당시 지도교수는 거의 무료로 학교 아파트에 살고 있었다.

하지만 변화의 바람도 일어나고 있었다. 1992년 1월에 덩샤오핑이 남쪽 도시를 순방하면서 개혁개방 정책이 흔들림 없이 계속된다면서, 특정인이나 특정 지역이 먼저 부자가 되는 것을 장려해야 한다고 외친, 이른바 '남순강화'(南巡講話)가 있었고, 그해 10월에 14차 중국공산당 당대회에서는 사회주의 시장경제 정책을 확정한 이후여서, 시장화 바람이 일기 시작하고 있었다. 지식인이 장사에 뛰어드는 '시아하이(下海)' 열풍이 불고 있었고, '앞으로 가는 것(向前走)'이란 곧 '돈을 향해 가는 것(向錢走)'이라고 여기는 풍조가 유행하기 시작하였다. 사회주의 시스템이라는 것을 직접 실감하는 기회였고, 자본주의 초기 광풍을 체험할 수 있는 시간이었다. 사회주의적인 것은 일락서산(日落西山)이고, 자본주의적인 것은 욱일동승(旭日東昇)인 가운데, 사회주의적인 것과 자본주의적인 것이 어지럽게 뒤섞여 있었다. 이 책에서 포스트 사회주의 시대라는 용어를 쓴 것도 1990년대 이후 중국이 한편으로는 전통 사회주의에서 벗어나는 '탈사회주의' 시기이기도 하지만 다른 한편으로는 '후기 사회주의' 시기이기도 하다는 이중의 의미를 살리고자 한 것이다.

사회주의적인 것과 자본주의적인 것이 기묘하게 혼재된 중국 현실을 중국 지식인들은 어떻게 볼까? 이런 궁금증을 풀려고 지식인의 최신 동향을 감지할 수 있는 문학비평 잡지를 열심히 들여다보았고, 내가 있던 베이징 사범대학은 물론이고 베이징 대학과 중국 사회과학원에서 중국 현대문학을 전공하는 교수와 그들이 소개해 준 대학원생들을 만나서 이와 관련한 대화를 나누곤 했다. 지금 생각해 보면, 중국 현대문학계를 대표하는 교수와 연구자인 그들이 거칠고 당돌하고, 때론 무식한 내 질문에도 인내심을 갖고 호의적으로 대화를 나누어 준 것이 그저 고마울 따름이다. 아마도 그 당시만 해도 한국에서 온 학자나 지식인이 적었고, 더구나 중국 지식인 사회의 지적 쟁점에 관심을 갖는 한국인은 더욱 적을 때여서, 그런 희소성 때문에 내가 귀한 대접을 받았을 것이다.

그렇게 대화를 나누다 보니 중국 지식인 사회에 새로운 흐름이 싹트고 있다는 것이 느껴졌다. 중국 지식인 사회는 1989년 톈안먼 민주화 시위가 비극으로 막을 내린 뒤 한동안 침묵에 젖어 있었다. 그런데 1993년, 1994년 무렵부터 점차 소생의 기운이 일고 있었다. 무엇보다 1980년대 중국 지식인 사회를 지배하였던 대표적인 지적 조류라고 할 수 있을 중국 역사와 중국 전통에 대한 허무주의와 이러한 인식과 동전의 양면을 이루는 서구 중심주의에 대한 반성적 성찰이 싹트고 있었다. 1994년 1월 1일부터 CCTV에 방송되어 폭발적인 인기를 누린 드라마 「뉴욕의 베이징 사람」에는 미국은 천당이기도 하지만 지옥이기도 하다는 자막이 매번 시작할 때마다 나왔다. 1980년대 중국 지식인들이 서구와 미국을 오직 천당으로 여겼다면 이제 천당이자 지옥으로 여기는 인식이 생기기 시작한 것이다. 지적 조류로는 신좌파와 포스트모더니즘, 탈식민주의 조류가 발아의 조짐을 보이고 있었다.

한국에 돌아온 뒤 신좌파와 중국 포스트모더니즘, 탈식민주의 논의를 국내에 처음으로 소개하는 글을 쓴 것은, 내 자신의 동의 여부를 떠나서, 이들 사상적 조류가 중국 지식인 사회에서 중요한 지적 전환이라고 판단한 때문이었다. 왕후이의 글을 한국에 처음 소개한 것도 당시 중국 현실을 보는 그의 시각이 다른 지식인과 선명하게 차별성을 지닌 때문이었다. 당시 많은 중국 지식인들은 중국 현실 문제의 원인을 사회주의 잔재 때문으로 보았고, 1980년대 중국 지식인 사회의 주된 흐름인 계몽주의 시각을 여전히 견지하고 있었다. 그런데 왕후이는 이와 다른 시각을 갖고 있었다. 왕후이는 1994년 가을 하버드에서 돌아왔고, 내가 만나려고 했던 사람은 루쉰 연구의 새로운 시각을 제시한 루쉰 연구자 왕후이였다. 그런데 1994년 겨울에 처음 만나서 그의 집에서 오랜 시간 동안 이런저런 이야기를 나누다보니 그는 루쉰 연구자만이 아니었다. 중국 현실을 보는 자신의 시각을 지니고 있었고, 나름의 사상적 깊이가 어렴풋이 보였다. 중국 현실의 문제를 마오쩌둥 사회주의 시대 유산이 청산되지 않아서 생기는 문제가 아니라 시장화와 자본화로 인해 야기된 문제로 본다는 점이 다른 중국지식인의 시각과 달랐다.

그런가 하면, 당시 포스트모더니즘에 빠져 있던 베이징 대학 강사 장이우와 베이징 사범대학 강사 왕이추안 등은 중국 현대성(Modernity)의 역사란 결국 중국이 서구에 식민화 되는 식민성의 역사라면서 서구 현대성을 추종한 데서 벗어나야 한다고 역설하고 있었다. 이들은 나중에 현대성을 중화성(中華性)으로 대체하자고 주장하게 된다. 1990년대 중반에 싹튼 신좌파와 포스트모더니즘, 탈식민주의 논의의 기본 개념과 관점들은 이후 중국 지식인 사회에서 중요한 좌표를 점하게 되고, 중국 지식인 사회의 지적 쟁점이 서구 중심주의에서 중국 중심주의로 이동하게 되는 중요한 전환점이기도 하다.

이들 논의를 한국에 소개하는 것으로 시작하여, 자의반 타의반으로 그동안 중국 지식인 사회의 지적 쟁점을 소개하는 연구를 하고, 글을 계속 써 왔다. 돌이켜 보면 지금까지 내 공부의 한편에는 중국현대문학 연구가 있었고, 다른 한편에는 중국 지식인 사회의 지적 쟁점에 대한 연구가 있었다. 이 책은 그렇게 그동안 중국 지식인 사회를 관찰해 온 내 나름의 시각과 연구를 정리한 것이다. 이전에 발표했던 글을 혹은 그대로, 혹은 수정하여 가져오기도 했고, 이 책을 위해 새로 쓴 것도 있다. 1990년대부터 중국이 G2대국으로 부상하면서 '중국의 꿈'의 실현을 외치는 최근까지 중국 지식인 사회의 지적 조류를 거시적으로 개관하면서, 그 주요 흐름을 드러내려고 하였다. 그 주요 흐름은 크게 보면, 서구에서 중국으로 지적 관심이 이동하는 것이다. 근대 이후 중국 지식인의 대표적인 지적 발상법 가운데 하나는 〈서구 대 중국〉이라는 이분법인데, 이 이분법에서 1990년대 이후에는 지적 중심이 서구에서 중국으로 이동하고 있고, 특히 21세기에 들어선 이후 중국의 성장과 더불어 중국 지식 사회의 흐름은 중국 역사와 중국 문화, 중국 가치, 중국 경험, 중국 제도 등, 이른바 중국적인 것을 재발견하고 재구축하는 방향으로 나아가고 있다. 이러한 지적 흐름을 이 책에서는 '중국성(中國性, Chineseness)'의 재발견으로 정리했다. 다만, 표현과 이해의 편의를 위해 책의 부제처럼 '중국'의 재발견이라는 용어도 아울러 사용하였다.

아편전쟁 이후 중국이 직면한 근대 위기의 성격을 두고서는 학자마다 여러 가지 논의가 있다. 흔히 중국이 근대화 과정에서 봉건사회에서 근대사회로 전환하는 과정의 과도기적 위기, 그리고 제국주의 침략으로 직면한 민족위기에 직면하였다고 진단한다. 그런데 나는 이들 위기요소와 더불어서 중국이 근대에 중화문명의 위기라는 문명사적 위기에 직면한 점을 중요하게 본다. 사상의 차원, 문화의 차원에서 볼 때 더욱 그러하다. 일반적으로 근대적 전환기에 식민지나 반식민지로 전락한 나라들의 경우, 근대적 전환에 따른 위기와 민족위기라는 이중의 위기에 처했다면 중국은 여기에 문명의 위기가 추가되면서 삼중의 위기에 처한 것이다. 중국 근대 위기의 특수성이 여기에 있다. 이 차원에서 보자면, 문명국가(civilization state)라는 특징을 지닌 중국이 근대 위기를 진정으로 극복하는 것은 현대화된 부강한 민족국가를 건설하는 것에만 그치지 않는다. 이와 동시에 중화문명의 위기를 극복하고 전통시대와 같은 중화문명의 위상을 회복해야 한다. 이 책은 이 차원에서 중국 지식인의 지적 여정을 추적하였다. 지금 중국은 중화문명의 부활을 위해 성큼성큼 걸어가고 있다. 후진타오시대부터 시작하여 시진핑시대 이후 중국공산당과 중국 정부는 더욱 분명하게 문화국가 건설을 국가 목표로 설정하고 중국 문화의 부흥이 중국 민족 부흥의 전제라고 말하고 있는 것은 이 차원이다. 그리고 중국 지식인 사회도 그 방향으로 나아가고 있다. 지금 중국은 중국공산당도 중국 지식인도 서구 근대 문명의 의미를 재질문하고 있고, 이와 동시에 중국 문명의 의미를 다시 발견하고 다시 구축해 가고 있다.

이러한 중국의 지적 흐름을 우리가 어떻게 볼지는, G2시대 중국을 어떻게 볼 것인지의 문제만큼이나 중요하기도 하고 어려운 문제다. 지적 담론 차원의 중화 패권주의라고 보는 시각도 있을 수 있고, 대안적 세계에 대한 고민이라고 보는 시각도 가능할 것이다. 이와 관련하여 이 책에서는 루쉰의 고민을 중심에 두고서, 중국 지식인 사고의 의미와 한계를 살펴보려고 했고, 동아시아 근대라는 차원에서 이를 점검할 필요가 있다는 점을 지적하였다. 여전히 문제는 근대라는 생각 속에서, 근대에 적응하면서 근대를 극복하는 차원에서 이를 비판적으로 검토하는 가운데, 이를 바탕으로 한국 인문 중국학의 '비판적 중국학'을 수립하자고 제안하였다. 지금 한국 중국학계 일부에서 일어나고 있는 폐단 중의 하나는 '한국인이 보고 싶은 것만 보는 중국 연구'와 '한국인이 듣고 싶은 말만 하는 중국 연구'가 유행하고 있다는 점이다. 중국 지식인 사회의 논의를 보면서 한국 현실과 중국 현실에 이중으로 개입하고 이중으로 비판적 시각을 견지하는 '비판적 중국학'에 대한 고민이 깊어지고 많아졌으면 한다.

중국의 현재와 미래의 방향을 두고 고민하고, 활발하게 논쟁하는 중국 지식인 사회와 비교하면 우리 지식인 사회는 적막강산이다. 중국에서는 인문학자들이 지식인 사회의 핵심적인 논의는 물론이고 중국 미래에 관한 핵심적인 논의를 촉발시키고 있다는 점도 우리 인문학계의 현실과 너무 다르다. 부끄러운 우리 모습이다. 내가 처음 중국 지식인의 지적 논의에 관심을 갖게 된 이유 가운데 하나도 많은 중국 지식인 사회의 논의가 문학연구자를 포함한 인문학자들의 문제 제기에서 시작되는 경우가 많았고, 이런저런 이유로 개인적으로 알거나 만난 사람들이었기 때문이었다. 중국 지식인 사회의 지적 흐름에 대한 동의 여부와 상관없이, 중국 인문 지식인들이 자신이 발 딛고 있는 현실과 박투하면서 자신의 사상을 만들고, 새로운 세상을 고민하는 점은 우리에게 시사하는 바가 많다. 우리가 아프게 새길 부분이다.

개인적으로 이 책 출판을 전환점으로 삼아서 중국 지식인 사회의 최근 동향이나 지적 쟁점에 대한 연구는 앞으로 크게 줄이려고 한다. 당연히 지속적인 관심을 갖지 않을 수는 없지만 그것을 연구 성과물로 만드는 일은 자제하려고 한다. 1990년대 중반에 처음 중국 지식인 사회의 논의를 소개할 때는 나름의 책임의식도 어느 정도 작용하여 그리하였지만, 이제 우리 학계에도 중국 지식인 문제를 전문적으로 연구하는 학자들도 많아졌고, 훌륭한 연구 성과도 나오고 있다. 무엇보다도 이제 내 자신이 좀 더 흥미를 느끼고, 원래 내 관심 분야이기도 한 루쉰을 비롯한 중국현대문학 연구, 문학 텍스트를 즐기고 분석하는 데 좀 더 진력하고 싶다.

이 책은 앞서 나온 졸저『포스트사회주의 시대의 중국 문화』의 자매편이라고 할 수 있다. 이로써 중국 포스트사회주의 시대 문화와 지적 쟁점에 대한 연구가, 개인적으로는 한 단락을 고한 셈이다.

이 책이 나올 수 있도록 부족한 원고를 심사해 주시고 귀한 지적을 해주신 서강학술총서 심사위원과 애써 책을 만들어 주신 서강대학교 출판부에 깊이 감사드린다. 서강에서 같이 중국학을 하면서 스스럼없이 대화하고 학문적 의견을 나눌 수 있는 소중한 기회를 내게 주고 있는 자랑스러운 선후배 학자들, 그리고 늘 나를 긴장시키는 서강대 중국 문화과 학생들이 내게는 큰 행복이자 소중한 자극이다. 이 자리를 빌어서 다시 한번 감사드린다. 건조하고 무미한 학자로서의 삶을 너그럽게 이해해 주고 늘 힘이 되어 주는 아내 김혜영과 두 아들 담과 한에게도 사랑과 고마운 마음을 전한다.

수입된 이론만 창궐하고 사상이 실종되어 가는 한국 지식사회에서 중국 지식인의 사상적 고투를 살펴보는 것이 우리 지식인 사회의 현실을 반추하는 소중한 계기가 되길 바란다.

2017년 봄, 벚꽃이 흩날리는 서강에서

저자 이욱연 삼가 씀

목 차

1장
서론: 중국 근대 위기와 서구

1장

서론: 중국 근대 위기와 서구

1. 중국 근대 위기와 문명 위기

아편전쟁(鴉片戰爭: 1840~42)에서 중국은 유사 이래 최초로 서구와 전쟁을 벌였지만, 무기력하게 패하고 만다. 아편전쟁 이후 잇달아 서구와 대면하는 과정을 통해 근대 세계체제에 편입이 되는데 그 과정은 패배의 연속이었다. 이 패배 속에서 중국은 서구를 새롭게 인식할 뿐만 아니라 자신을 새롭게 인식하게 된다. 서구라는 타자는 중국 역사에 출현한 무수한 이민족들과 달랐다. 중국 역사에 출현한 이민족들은 중국 영토는 점령하더라도 중화문명의 우수성은 인정하는 경우가 많았고 심지어는 자신을 중화문명에 동화시키기도 하였다. 하지만 서구는 이와 달랐다. 서구는 중국 문명의 우수성을 인정할 생각이 애초에 없었고, 중국 영토만 위협하는데 그치지 않고, 중국 문명의 우수성을 전혀 인정하지 않을 뿐만 아니라 심지어 서구 문명을 중국에 전파하여 중국 문명을 대체하려고 하였다. 이런 의미에서 보자면 서구는 중국 역사에서 처음으로 등장한, 진정한 의미에서 중국과 완전히 다른 이질적인 타자였다.

그런데 중국은 이런 의미의 타자인 서구와 벌인 전쟁에서 잇달아 무기력하게 패하였다. 전통에서 근대로 전환하는 시기에 중국이 연이어 서구와 대결하고, 그리고 그 대결이 무기력한 패배로 이어지는 중국 역사에 일찍이 없던 위기상태에 직면하였다. 중국 근대의 위기는 여러 차원의 위기가 중첩된 복합적인 위기였다. 통상적인 전근대 사회에서 근대로 전환하는 과정에서 직면하는 혼란과 위기, 제국주의 침략으로 인해 식민지로 전락할 처지에 놓인 민족위기, 그리고 여기에 중화문명의 위기가 결합되었다. 중국을 중화문명이라는 독자적인 문명체계를 지닌 문명국가(civilization nation)라고 볼 때 그렇다. 서구 근대문명의 압도적인 힘 앞에서 중국 지식인 마저 자기문명을 부정하면서 중화문명 역시 위기에 직면한 것이다.

중국이 근대로 전환하는 시기에 중국에게 이러한 복합적 위기를 가져다준 서구는 근대 이후 중국의 자아인식에 불가결한 타자였다. 특히 중국 지식인의 인식이라는 차원에서 볼 때, 근대 이후 중국 지식인에게 서구와 중국은 늘 이분법적 이항 대립의 두 쌍이었고, 서구를 재발견하고 재구성하는 일은 중국을 재발견하고 재구성하는 일과 동전의 양면처럼 하나였다. 이처럼 동전의 양면을 이루는 중국과 서구는 근대 이후 중국 지식인의 지적 인식에서 끊임없이 재발견되고 재구성되는 담론적 구성물이었다. 근대 위기의 해결과정에서도 그러했고, 현실 변혁이나 미래 국가 구상이라는 차원에서도 중국과 서구는 지속적으로 재발견되고 재구성되었다. 서구라는 타자를 재발견하고 재구성하는 것과 중국이라는 자아를 재발견하고 재구성하는 것이 상호 연동되어 있었다는 것은 근대 이후 중국에게 서구의 충격과 영향이 얼마나 컸는지를 역설적으로 말해 준다. 중국은 서구를 만나고, 그 과정에서 서구에 문호를 개방하고 세계 자본주의 체제에 편입되었다. 즉 서구라는 타자와 대면하면서 나르시즘적인 거울단계에서 벗어나 근대 세계질서라는 상징계로 진입하게 되었다. 이 과정에서 중국을 재발견하고 서구를 재발견한 것이다. 근대 이후 중국에서 서구의 재발견은 중국의 새로운 자아구축과 긴밀한 연관을 지니고 있다.

중국은 아편전쟁에서 패한 뒤 13개조로 된 난징조약(南京條約: 1842)을 체결한다. 이 조약은 홍콩을 영국에 할양하고 상하이를 개항하는가 하면, 2,100만 달러를 배상하는 내용을 담은 불평등 조약이었다. 아편전쟁은 중국의 공식 정의에 따르면 '반식민지(半植民地)'로 전락하게 되는 기점이다. 그런데 쑨원(孫文)에 따르면 이러한 반식민지 상태는 오히려 완전한 식민지 상태보다 더 가혹하고 더 심한 억압을 받게 된다. 조선이나 월남은 일국의 식민지이지만 중국은 불평등 조약을 체결한 각국의 노예가 된 때문이다.[1] 아편전쟁은 중국 정부와 중국인들이 흔히 말하는 '치욕의 근대 100년'의 시발점인데, 아편전쟁 패배 이후 중국은 쑨원(孫文)이 말한 대로 여러 제국주의 국가의 식민지 상태로 전락한다. 1844년에는 미국, 프랑스와 1847년에는 스웨덴, 노르

1 쑨원 지음, 김승일(외) 옮김, 『삼민주의』(범우사, 2000), 41면.

웨이와, 1851년에는 러시아와 개항과 통상, 거주권과 종교 포교권(布敎權) 등을 허용하는 조약을 잇달아 체결하게 된다. 중국은 이렇게 서구 제국주의 국가들과 벌인 전쟁에서 잇달아 패배하고 치욕적인 불평등조약을 맺으면서 강제로 근대세계체제에 편입되고, 그 과정에서 심각한 위기에 직면하게 된다.

그런데 아편전쟁에서 패한 사실이 당시 지식인인 사대부나 중국인의 의식에 커다란 충격을 주거나 중대한 변화를 가져온 것은 아니었다. 아편전쟁에서 영국에 패한 사실이나 잇달아 서구 제국주의 국가들과 불평등조약을 맺은 것이 즉각적으로 커다란 충격으로서 중국인의 의식에 영향을 미치지 않았다는 것이다. 많은 중국 연구자들은 중국인에게 심각한 위기의식을 심어 주고, 굴욕감을 안겨 준 것은 아편전쟁보다는 청일전쟁(1894)에서 일본에게 패하고 타이완을 일본에게 할양하는 것 등을 내용으로 한 1895년 시모노세키 조약(馬關條約)이라고 지적한다.[2]

그렇다면 아편전쟁에서 패한 사실이 중국인들의 의식에 커다란 충격을 주거나 중대한 변화를 가져오지 않은 이유는 무엇이고, 왜 청일전쟁에서 패한 이후에야 위기의식을 느끼기 시작하고 사대부의 의식에 변화가 일어나게 되었는가? 이에 대해 일본 중국연구자인 사토 신이치(佐藤愼一)의 지적은 주목할 만하다.[3] 그는 그 원인을 중

---

2 이러한 관점에서 1985년이 중국 지식인의 의식 변화와 중국 사상에서 갖는 의미와 중요성을 다룬 연구로는 거자오광 저, 이등연 등 역, 『중국사상사2』(일빛, 2015), 851~881면 참조.

3 佐藤愼一 著, 劉岳兵 譯, 『近代中國的知識分子與文明』(江蘇人民出版社, 2006), 8~15면 및 38~44면 참조.

국인, 특히 중국 전통 시대 지식인인 '사대부(士大夫)'의 의식에서 찾는다. 중국은 아편전쟁에서 패한 뒤 양무운동(洋務運動: 1861~1894)을 추진한다. 서구의 기술, 특히 군사 기술과 자연과학을 배워서 중국의 '자강(自强)'을 도모하려는 운동이었다. 그런데 사토 신이치는 양무운동을 추진할 당시 중국 사대부는 중국 문명에 대한 확신을 여전히 가지고 있었고 화이관(華夷觀)을 바탕으로 한 '중화세계관'을 가지고 있었기 때문에 위기의식이 없었다고 본다. 무엇보다 당시 사대부들은 중화문명의 우월성을 의심하거나 서구보다 낙후되었다는 생각을 하지 않았다. 우선, 인륜질서의 유무에 따라 인간과 금수(禽獸)를 구분하고 예(禮) 질서의 유무에 따라 중화(中華)와 이적(夷狄)을 구분하는 중화문명의식 차원에서 볼 때, 서구인의 무력이란 '비문명' 그 자체였고, 그런 까닭에 중국이 배울 대상이 아니며, 당연히 이것만으로는 중화문명의 우월성에 대한 확신을 전혀 동요시키지 못하였다. 또한 당시 지식인들은 중국은 중국 문명의 비본질적 요소, 즉 기술이나 자연과학에서만 어쩌다 서구보다 낙후되어 있을 뿐이라고 생각했고, 더구나 서구의 자연과학이나 기술이란 것도 원래는 중국에서 기원하여 인도를 거쳐 서구로 전해진 뒤 발전한 것이라고 생각하였다. 아울러 중국 사대부들은 서구가 우월한 무력을 동원하여 중국을 이겼지만, 이는 중국 역사에서 흔히 있는 일 중의 하나이고, 중화문명을 위협하는 것이 못된다고 여겼다. 무력이 우월한 이민족(오랑캐)이 중국을 침략하기도 하고, 심지어 왕조도 붕괴되는 일이 있었지만, 중화문명은 시종일관 연속성을 지녔다는 것이다. 아편전쟁으로 인해 중국이 패했지만 중국 사대부의 화이관에 토대를 둔 중국 문

명에 대한 확신은 전혀 동요되지 않은 것이다.[4]

아울러 사토 신이치는 당시 사대부들이 중화문명에 확신을 가진 채 서구에서 배우지도 않으려고 하고 해답을 찾으려고도 하지 않은 원인으로, 중국 사대부의 중화문명 의식과 더불어 과거제도를 기반으로 한 사대부들의 지적 구조의 특징을 든다. 흥미로운 지적인데, 사토 신이치는 과거제도를 기반으로 형성된 사대부의 지적 구조는 고전과 선례라는 규정된 틀 밖에서 창조적인 해결책을 모색하는 것이 근본적으로 불가능한 구조여서, 당시 사대부들이 전통 내부가 아니라 전통 밖에서 위기의 원이이나 해법을 모색하는 것이 불가능했다고 본다.[5]

요컨대 중국 전통사회의 지식인인 사대부가 가졌던 중화문명관과 그들의 지식 구조가 아편전쟁 이후 중국이 직면한 혁명적 위기를 이해하는 데 장애로 작용했다는 것이다. 흔히 아편전쟁 이후 중국사의 전개와 중국인의 의식을 설명할 때 '서양의 충격'이나 '서양의 발견'과 이에 대한 대응과정을 통해 설명하는 것이 일반적이지만,[6] 적어도 청일전쟁에서 패배하기 이전에는 서구에게 패했다는 사실이 사대부의 의식에 커다란 충격을 주면서 인식의 전환을 가져오지는 못하였다. 이는 뒤집어 이야기하자면, 사대부를 대신하는 새로운 지식인 계층이 형성되고 전통 지식체계에서 벗어난 새로운 지식 체계가 창출되지 않고서는 당시 중국이 직면한 위기에 대한 정확한 인식이나 대응이 불가능했

4 위의 책, 38~39면.

5 위의 책, 12~13면.

6 Charlotte Furth, 'Intellectual Change: From the Reform Movement to the May', Merle Goldman, Leo Ou-fan Lee edit, *An Intellectual History of Modern China*(Cambridge UP, 2002), 14~15면.

다고 해석할 수 있다.

이렇게 보자면 중국 지식인들이 당시 위기를 절실하게 자각하게 된 계기는 아편전쟁의 패배라기보다는 청일전쟁에서 패배한 일이라고 할 수 있는 것이다. 청일전쟁의 패배와 그로 인해 타이완 섬을 일본에게 내주고 막대한 배상금을 지불하는 치욕을 당하면서, 청일전쟁의 패배가 중국 사대부에게 중국 위기를 절박하게 느끼는 깊은 충격을 준 것이다. 서양과의 전투에서 패한 것에는 초연하던 지식인들도 일본에게 패하자 큰 충격을 느끼고 중국 위기가 심각하다는 것을 자각하게 된 것은 일본을 보는 중국인의 전통적 시각이 크게 작용하였다. 중국인에게 일본은 중국보다 문명 수준이 한창 떨어진 국가인데, 그런 일본이 크게 성장하여 청일전쟁(1894)에서 일본에게 무기력하게 패하자 큰 충격을 받은 것이다. 1895년 4월 17일 시모노세키 조약이 체결되어 타이완을 일본에 할양한다는 소식이 전해진 뒤 "낙담, 분노, 흥분의 복잡한 심정이 당시 중국의 운명에 관심 있는 지식인들을 휘감았"고, "동쪽 바다 사람이 오히려 그야말로 크게 성장"한 현실 앞에서 "여유롭고 자신 있는 심리"는 무너졌으며,[7] "아편전쟁의 치욕과 비교하면 이때의 심정 변화는 상당히 분명하고도 격렬하였"[8]던 것이다. 량치차오(梁啓超)가 『무술정변기(戊戌政變記)』에서, "우리나라를 사천 년의 미몽으로부터 깨워 일으킨 것은 사실 갑오년의 전쟁에서부터다"[9]고 한 것은 이런 시대 분위기를 반영한다.

---

7 거자오광, 이등연 등 역, 『중국사상사2』(일빛, 2015), 863면.

8 위의 책, 859면.

9 위의 책, 863면.

이런 가운데 청일전쟁 패배의 주목할 만한 영향 가운데 하나는 이전까지 중국 전통 가치와 제도를 기본적으로 신뢰하는 가운데 '전통 속에서의 변화(change within the tradition)'를 추구하였다면, 1985년 이후 서양 지향의 근대로 전환하여, '전통 밖으로의 변화(change beyond the tradition)'로 전환하게 되었다는 점이다.[10] 많은 사대부들이 중국 전통 '구학(舊學)'을 버리고 서양의 학문과 지식을 '신학(新學)'을 추구하는 것으로 전향하였던 것이다.

흔히 근대 중국의 역사와 지적 흐름을 서구의 충격과 중국의 대응 구도로 설명하거나 낙후된 중국이 우월한 서구에게 무엇을 배우려고 했는지를 중심으로 설명할 때 아편전쟁부터 중국공산당이 창당되는 1921년까지를 세 단계로 나누어 설명한다. 1단계는 아편전쟁부터 청일전쟁까지로, 양무운동이 추진되던 단계이고, 2단계는 청일전쟁 패배부터 1915년 신문화운동(新文化運動)이 시작되던 때까지다. 이 단계에서는 서구의 법률과 정치제도의 도입을 추구하던 시기이다. 3단계는 1915년 『신청년(新青年)』(창간 당시는 『青年雜誌』) 잡지가 창간되고 신문화운동이 시작되던 때부터 중국공산당이 창당되던 1921년까지다. 이 시기는 과학과 민주주의를 핵심으로 한 서구 사상, 서구 문화의 도입을 추구하던 시기다.[11]

그런데 이 3단계 과정에서 양무운동 시기에는 기술, 그것도 주로 군사기술 차원에서만 서양의 우위를 인정하는 가운데 서구 기술의 도입을 통해 중국의 '자강(自强)'을 도모하였던 것에 비해 이제는 서구의

10 위의 책, 867면.

11 周策縱 저, 조병한 옮김, 『54운동』(광민사, 1980), 22면.

사상과 학문, 제도의 도입을 통해 중국을 '유신(維新)'시키려고 하였고, 중국 전통 세계관이 아니라 서구 관념 차원에서 중국이 당면한 문제를 논의하기 시작하였다. 중국에게 굴욕을 안겨 주었던 일본이 이제 배우고자 하는 기준이 되었고, 그런 가운데 변법운동(1898)이 추진되었다.

특히 이 시기에 주목할 것은 전통 사대부와는 다른 성장배경과 지적 구조, 가치관을 지닌 새로운 지식인 그룹이 출현하기 시작했다는 점이다. 양무운동 과정에서 설립된 서양식 학문기관, 이른바 '양무학당(洋務學堂)'을 통해 전통 학문이 아니라 새로운 지식을 배운 인재가 나오는가 하면, 옌푸(嚴復)나 왕타오(王韜)처럼 영국이나 서구 국가에 유학을 한 '신형 지식인'들이 출현하여 전통적 지식인인 사대부를 비판하기 시작하였다.[12] 그런가 하면, 신문, 잡지와 같은 새로운 매체와 새로운 학회가 생겨나고, 서양 교육 시스템을 따른 신식 학교가 급증하였다. 이 당시 량치차오와 탄쓰퉁(譚嗣同) 등은 학당과 신문, 학회를 백성들을 계몽시키고 사회를 개혁하는 세 가지 중요한 방법이라고 인식하였는데,[13] 이러한 새로운 근대 제도를 통해 새로운 지식인이 배출되고 지식인의 공공 공간과 네트워크가 만들어졌다.

이런 새로운 지식인 형성에 결정적 전환을 가져온 것이 과거제의 폐지(1905)다. 전통 중국의 지식이었던 사대부의 시대가 종말을 고하고 근대적 의미의 지식인의 시대가 열린 것이다. 과거제도를 통해 양성

12 佐藤愼一 著, 劉岳兵 譯, 『近代中國的知識分子與文明』(江蘇人民出版社, 2006), 14면.

13 許紀霖 等 著, 『近代中國知識分子的公共交往(1885~1949)』(上海人民出版社, 2008), 8면.

되던 사대부와 달리 신흥 지식인은 학교와 외국 유학을 통해 양성되기 시작하였고, 사부대가 관료 지식인이었던 데 비해 이들은 지위와 사상 면에서 국가로부터 자유로워졌다. 전통 지식 체계와 사대부는 과거제를 매개로 하나로 결합되어 있었지만, 이제 과거제가 폐지되어 지식인들은 더 이상 관료가 되거나 출세하기 위해 고전을 비롯한 전통 지식을 배울 필요가 없었고, 서양 학문에 대한 관심은 갈수록 커졌다. 이 시기에는 서구 사상이 활발하게 소개되어, 1989년에 헉스리(Tomas H. Huxley)의 『진화와 윤리』가 『천연론(天演論)』이란 이름으로 소개되었고, 아담스미스(Adam Smith)의 『국부론』이 1901년에 『원부(原富)』라는 이름으로 번역 소개되는 등, 서양 지식과 사상이 대규모로 소개되었다. 그런가 하면 1877년 프랑스로 14명, 영국으로 12명이 관비 유학생으로 파견된 것을 시작으로, 1996년에는 일본에 관비 유학생 13명이 처음 파견되었고, 이후 1907년에는 6,797명이 파견되는 등 서양과 일본에서 새로운 지식을 습득한 새로운 지식인들이 빠르게 늘어갔다.[14]

이 시기 지식인들의 사고에서 가장 주목할 특징은 서구가 낙후된 중국을 들여다 볼 수 있는 거울이자 중국이 모방하고 추구할 대상으로 등장한 점이다. 중국 근대 지식인들의 의식에서 서구가 의식의 대상으로서 발견된 가운데, 중국과 서구를 비교하면서 서구를 모방과 추구할 대상으로 보기 시작한 인식구조가 형성된 것이 이때부터라고 할 수 있다.

물론 서양의 기술과 무기, 자연과학을 배우려고 했던 양무운동과

14 姬田光義 外, 편집부 옮김, 『중국근현대사』(일월서각, 1985), 110~111면.

제도와 체제를 바꾸려고 했던 변법운동 사이의 단계적 차이를 강조하기보다 중체서용이라는 논리 속에서 두 단계가 연속성을 지닌다고 보는 입장도 있다. 민두기의 주장처럼 "중체서용이란 논리구조는 변법파와 양무파를 특징지우는 것이 되기 어"렵다고 보면서, "중체서용이란 용어에서는 양자의 차이가 전혀 드러나지 않"는다고 보는 것이다.[15] 여기서 관건이 되는 것은 중학(中學)과 서학(西學) 사이의 관계인데, 양무파와 변법파 모두 중학과 서학을 보완적 관계로 보는 기본적 논리구조는 동일하다는 것이다. 하지만 조병환의 지적대로, 중체서용론에서 중요한 것은 체와 용 사이의 관계를 어떻게 보느냐보다는 오히려 "서학, 서구 문화가 중국 문화와 필적하는 체계적 학문 또는 문화의 하나로 인식되기 시작한"[16] 사실이며, 이것이 중체서용으로 표현되었다고 한다면, 여기서 중요한 것은 서학이 이제 중학에 필적할 만한 대상으로 부상하였다는 사실이다.

중국 전통 시대의 사대부를 대신하는 새로운 지식인층이 생겨나고 중국 사대부와 지식인의 인식에서 서학이 중학에 필적할만한 대상으로 부상하였다고 하더라도 신문화운동(1915~1519) 시기와 그 이전 시기는 중학과 서학, 혹은 중국과 서양 사이의 관계차원에서 중요한 차이가 존재한다. 신문화운동은 일반적으로 천두시우(陳獨秀)가 『신청년』을 창간(1915)한 이후 유교로 상징되는 중국 전통문화를 비판하는 한편 과학과 민주를 '선생'으로 지칭하면서 서구 근대 문화를 전면 도입

15 민두기, 「중체서용론고」, 『동방학지』 18호(1978), 159~217면.

16 조병한, 「19세기 중국 개혁운동에서의 '중체서용'」, 『동아시아역사연구』 제2집, 147면.

할 것을 주장한 사상적 조류를 지칭한다. 양무운동 시기와 변법운동 시기에는 중학과 서학, 그리고 중국과 서양이 서로 절충 또는 보완할 수 있다고 생각하였지만, 신문화운동 시기부터는 중학과 서학을 이분법적으로 대립시키고, 서학으로 중학을 대체해야 한다고 인식하게 된다. 서학이 중학에 필적할 만한 대상이라고 보면서, 양자를 상호 절충 또는 보완한다는 인식에서 한 걸음 더 나아가 중학을 폐기하면서 서학으로 중학을 대체해야 한다는 인식이 퍼졌다는 점에서, 서학과 중학의 관계로 볼 때 신문화운동 시기는 이전 시기의 양무운동이나 변법운동과는 확연한 질적 차이를 보인다. 신문화운동을 주도한 지식인들에게 유교로 상징되는 중학은 폐기와 타도의 대상이었고, 그들은 중학을 대신하여 민주와 과학을 선생이라고 여기면서 서학을 추구하였던 것이다.

신문화운동 시기에 중국 지식인은 중국이 망족멸종(亡族滅種)의 위기에 직면해 있다는 위기감을 더욱 더 절실하게 느꼈다. 그도 그럴 것이 변법운동 이후 입헌군주제로 개혁할 것을 주장하는 일파와 공화제 개혁을 주장하는 일파가 대립하는 가운데 민족의 위기가 해소되기는커녕 더욱 심화되어 갔다. 공화파인 쑨원(孫文)이 주도한 신해혁명(1911)이 일어났지만 군벌지배가 다시 출현하였고, 제정(帝政) 복고를 위한 두 차례 혁명이 시도되는 가운데 신해혁명은 용두사미의 혁명이 되어 버렸으며, 제국주의는 중국에서 갈수록 세력을 확대시켰다. 민족위기가 갈수록 심해진 것이다. 신문화운동의 핵심 주창자인 천두시우는 당시의 위기감을 이렇게 토로하였다.

> 구미 문명은 하루에 천 리를 진보하나 우리는 단지 바라보고만 있을 뿐, 그들의 빠른 발전을 도저히 따라갈 수 없다는 것 때문에 나는 비관하여 눈물을 흘린다. 그런데도 대다수 나라 사람들은 꿈속에서처럼 자만에 빠져 있다. 우리의 도덕, 정치, 공예, 심지어 일상 용품 하나까지 열등하여 도태되지 않을 것이 없다는 것을 모르고 있다. 극소수 개명 인사들이 있기는 하지만 어찌 멸망의 운명을 구할 것인가[17]

천두시우는 중국과 서구를 철저하게 이분법적으로 대비시킨 가운데 중국이 모든 면에서 낙후되어서 도태되고 멸망할 것이라는 위기감을 토로하고 있다. 이러한 위기감은 청나라 말기와 중화민국 초기에 중국 지식인을 사로잡았는데, 이런 위기감에 이론적 근거를 제공한 것이 진화론, 정확히 말하자면 사회진화론이다. 사회진화론은 1898년 헉슬리(T.H. Huxley)의 『진화와 윤리』를 옌푸(嚴復)가 『천연론(天演論)』이라는 이름으로 번역, 소개하였고, 이후 중국 지식인 사회에 진화론적 위기감이 전염병처럼 퍼지게 된다. '약육강식, 적자생존'의 진화론에 근거하여 볼 때 약자이자 부적자인 중국의 멸망은 필연적이고 중국과 중국인들이 지상에서 사라질지도 모른다는 위기감이 중국 지식인들을 사로잡은 것이다.

중국인이 세계에서 사라질지도 모른다는 위기감을 지니고 있던 상황에서 중국 근대의 가장 급진적 개혁이었던 신해혁명마저 용두사미의 혁명이 되어 버리자, 중국인의 망족멸종의 위기감은 갈수록 심해졌다. 그런 가운데 1910년대 중반 중국 지식인들은 이러한 위기를 벗어

17 陳獨秀, 「通信」(1916.2.3).

나기 위해서는 단순히 서구의 문물이나 제도만을 중국에 이식하는 것만으로는 한계가 있다고 생각하기 시작하였다. 요컨대 신문화운동 시기에 접어들어 중국 지식인들 사이에는 아편전쟁 이후 중국이 직면하고 있던 위기가 총이나 대포, 군함이나 정치제도 차원에서 서구에게 낙후되었기 때문에 초래된 것이라는 기존의 인식에서 벗어나 당시의 위기가 중국 문명에서 연유한다고 인식하게 되고, 중국 문명의 기본 전제에 대한 부정으로 나아가게 되었다. 미국의 중국계 중국사학자인 저우처쭝(周策縱)의 평가대로, "신문화운동은 중국지식인들이 전통적 중국 문명이 완전히 변질되어야 할 필요성을 처음으로 인정한 것이었다."[18]

신문화운동이 격렬한 반전통 운동, 특히 중국 전통 사상의 핵심인 유교사상 타파 운동의 성격을 지니게 된 것은 중국 문명의 핵심을 유교라고 보고, 유교를 핵심으로 한 중국 문명이 완전히 혁신되지 않고서는 당시의 위기가 해소될 수 없다고 인식한 때문인 것이다. 이런 인식 속에서 중국의 전통적인 사유 방식, 도덕, 언어, 가치관, 문학과 예술 등 문화에 대한 혁명을 통해 서구 근대의 도덕과 사유방식, 가치관, 문학, 예술로 개혁하려는 것이 바로 신문화운동이었다. 중국 근대 위기의 근원은 중국 문명의 기본 원리 자체에 있다고 보는 가운데, 1910년대 추진된 신문화운동에서 타도와 부정의 대상이 된 것은 중국 전통문화였고, 추구의 대상은 서구 근대의 문화였다. 천두시우가 중국과 서구를 이분법적으로 대비시킨 가운데 '과학'과 '민주주의'를 '선생'으로

18 周策縱 저, 조병한 옮김, 『54운동』(광민사, 1980), 22면.

삼기 위해서는 어쩔 수 없이 공자와 유교에 반대하지 않을 수 없다고 말한 것은 이런 맥락에서였다.[19] 요컨대 신문화운동을 추구하던 시기에 중국 지식인들은 강력한 서구 문명의 위협 속에서 중화문명의 정당성을 의심하는 일종의 문명론적 위기의식에 빠져 있었고, 그러한 위기 속에서 중화문명을 갱신하는 길을 선택하기보다는 전통문화를 타도하고 서구문화를 택하는 반중국전통 서구화의 길을 선택하였다.

신문화운동 시기에, 저우처쭝(周策縱)이 지적한 것처럼 중국 전통 문명이 완전히 변해야 할 필요성을 처음으로 자각하였다는 사실은, 중국 근대 위기가 민족주권의 상실 위기만이 아니라 중화문명의 위기라는 문명론적 차원에서 위기가 자각되기 시작하였다는 것을 의미한다. 아편전쟁에서 신문화운동에 이르는 반세기는 중국이 서구에 잇달아 패배하는 과정이자, 이러한 패배를 통해서 패배를 자각하는 과정이다. 그 자각은 처음에는 전통 지식체계 안에서 패배를 사유하면서 군사나 기술 등 표층 차원에서 패배의 원인을 찾는 것이었다. 하지만 점차 전통 지식체계에서 벗어나게 되고 새로운 지식인 계층이 형성되면서 신문화운동 시기에 이르러 중화문명 자체에서 그 패배의 원인을 찾는 데까지 심화된 것이다. 이는 중국의 전통 지식과 전통 가치체계에 대한 불신을 바탕으로 낡은 중국 문화를 폐기하고 서구 근대 가치체계를 새로운 신앙으로 받아들이는 것을 말한다. 여기서 중국 근대 위기는 중화문명의 위기이다. 민족의 위기가 중화문명의 위기로 심화, 확대된 것이다. 신문화운동이 갖는 중요성은 바로 이점이다. 중국 근대 위기

19 이에 대해서는 토마스 쿠오, 권영빈 역, 『진독수평전』(민음사, 1985), 63~98면 참조.

를 중국 문명의 위기로 사고하는 가운데 문명 차원에서 위기 해결의 해법을 구하는 시발점이 된 것이다. 신문화운동이 5·4 이후 중국에서 마르크스주의가 확대되는 데 사상적 기반 역할을 한 것도 이런 배경에서다. 중국 근대의 위기를 문명사적 위기로 보는 가운데 중화전통문명이 아닌 새로운 문명적 대안을 찾는 일련의 과정 속에 마르크스주의에 대한 경도가 놓여 있는 것이다.

일반적으로 중국 역사는 아편전쟁을 기점으로 전통시대에서 근대로 접어들었다고 보지만, 중국 근대적 전환기에 직면한 위기의 성격을 해석하는 데는 여러 가지 입장이 있다. 근대화 관점에서 보자면, 당시 중국이 직면한 위기는 전통사회에서 근대로 이행하는 과정에서 나타나는 근대화 과정의 위기로 볼 수도 있다. 이 경우, 중국의 위기는 중국만의 고유한 위기이기보다는 전통사회에서 근대사회로 전환되는 과정에서 어느 나라나 직면하기 마련인 위기이다. 그런가 하면, 중국 역사에 있었던 왕조 교체 차원의 위기로 볼 수도 있다. 왕조 말기에 흔히 나타나는 위기로 보는 것이다. 이와 달리 마르크스주의 시각에서는 이를 전통적 생산관계가 생산력의 발전과 충돌하는 과정에서 일어난 위기로 보기도 한다.[20]

하지만 아편전쟁 이후 신문화운동 시기까지 중국 지식인들의 지적 대응 과정을 보면 중국 지식인은 당시 위기를 근대화 과정에서 일어날

---

20 당시 위기를 두고 혁명적 위기가 조성된 근본 원인이 무엇인지, 그리고 그 위기에 제국주의 침략이 어느 정도 영향을 미쳤는지, 그리고 위기에 대한 근대화론자와 마르크스주의 학자들 사이에 존재하는 이견에 대해서는 서진영, 「중국혁명을 어떻게 해석할 것인가」, 서진영 외 지음, 『모택동과 중국혁명』(태암, 1989), 12~13면 참조.

수 있는 위기로 보기보다는 훨씬 더 깊은 곳에서 연유하는 위기로 생각하였고, 위기의 근원이 바로 중화문명에 있다고 생각하였다. 신문화운동 시기를 전후하여 중국 지식인은 문명사적 위기감에 사로잡힌 것이다. 민족위기의식과 중화문명의 위기의식이 동전의 양면을 이루게 되는 이러한 중국 근대의 위기의식은 그만큼 중국에게 서구의 침략이 중국 역사에서 사상 유례가 없이 심각한 것이었을 뿐만 아니라 그 성격이 달랐다는 것을 말해 준다.

사실 중국 역사를 거시적으로 보자면 중국이 이민족의 침략을 받은 것이 특별한 일은 아니다. 서양과 전쟁을 벌인 아편전쟁 이전에도 여러 차례 이민족, 혹은 '오랑캐(夷)'의 침략을 받았다. 그런데 근대 '서양 오랑캐(洋夷)'의 침략이 중국사에서 있었던 숱한 이민족의 침략과 다른 점은 이전에는 이민족이 주로 서북지역을 통해 침략하였지만 아편전쟁 이후 서양은 바다를 통해 침략했다는 데만 국한된 것은 아니었다. 가장 중요한 차이는 서양 오랑캐는 이전 오랑캐와 비교할 때 완전히 이질적이고 새로운 타자(the Other)였다는 점이다. 완전히 이질적이라는 것은 중국 문화와 서구문화가 서로 다르다는 차원만이 아니라 중국 문명을 대하는 태도의 차이까지 포함한 것이다. 우선 서구는 중국 문화의 우월성을 인정하지 않았을 뿐만 아니라 중화문명의 계승에는 추호의 관심도 없었다. 중원의 한족 세계를 정복하고 자신의 왕조를 세운 몽고족이나 만주족은 이민족이자 오랑캐이면서도 중국 역사로 편입될 수 있었던 것은 그들의 왕조인 원(元)나라와 청(淸)나라가 중국 문화의 연속성을 단절시키지 않았기 때문이다. 물론 원나라와 청나라 사이에 중화문명을 대하는 태도로 보자면 청나라가 원나라에 비해 훨씬 관대하면서도 중화문명을 충실히 계승하였지만, 원나라 역시 기본적으로 중화문명을 존중하고 계승하였다고 할 수 있다. 중국 역사가들이 이민족의 정복 왕조인 원나라와 청나라를 중국사에 편입하는 근거도 바로 여기에 있다. 중국이 여러 차례 이민족의 침략을 받았지만 중요한 것은 한민족 왕조가 이민족에 교체되거나 중원이 이민족에 점령 당해 한족 왕조가 단절되었다는 사실이 아니었고, 이민족이 지배하였음에도 불구하고 중국 문화의 연속성이 지속되느냐의 여부를 기준으로 판단하는 것이다. 중국 역사의 연속성이라는 측면에서 볼 때 혈통 차원의 민족의 연속성이 아니라 문화의 연속성을 더 중요하게 여기는 것이다. 몽고족과 만주족은 분명 이민족이었지만 중국 문화를 자기 것으로 받아들이고 한민족이 이룬 문화의 기본 원리와 가치를 존중하는 한편 그 연속성을 유지하였던 까닭에 원나라와 청나라는 중국 역사로 편입될 수 있다는 논리인 것이다. 이런 차원에서 보자면 아편전쟁 이후 중국을 침략하여 중국을 위기로 몰고 간 서양은 이전의 오랑캐와는 전혀 달랐고, 중화문명을 존중하기는커녕 중화문명의 근본을 위협하는 완전히 이질적일 타자였던 것이다.

아편전쟁 이후 신문화운동에 이르는 일련의 위기 속에서 중국 지식인들은 서구를 기존 침략자와는 완전히 다른 타자로 인식하게 되었고, 신문화운동 시기에는 서구 근대 문명은 중국 전통 문명과 완전히 다르며, 서구를 민족의 존망만이 아니라 중화문명의 연속성을 위협하는 존재로 인식하게 된다. 완전히 이질적이고 새로운 타자인 서양과의 대결에서 잇달아 패하면서 중국은 왕조나 민족적 차원, 혹은 정치나 경제 차원의 위기만이 아니라 중국이 일찍이 겪어 보지 못한 문명사적 위기에 직면한 것이다.[21] 청말 관료인 이홍장(李鴻章)이 당시 위기를 두고 서주(西周) 시대 이후 일찍이 없었던 3천 년 만의 대변국(三千余年一大變局)이라고 본 것은 이런 의미로 이해할 수 있다. 이렇게 중국의 근대 위기를 두고 근대적 전환기에 직면하는 위기이자, 제국주의 침략으로 인한 중화민족의 민족위기였을 뿐만 아니라 중화문명의 문명위기로 인식하는 것은 중국이 오랫동안 독자적인 문명체계를 지닌 문명국가였다고 보기 때문이다. 마틴 자크(Martin Jacques)가 지적하듯이, 중국인은 자신들의 현재 모습과 정체성을 규정하는 것은 국민국가가 아니라 중국 문명이라고 생각하였고,[22] 이러한 문명국가 전통이 서구 침략으로 인한 근대 위기를 중국 문명의 위기로 인식하는 데 영향을 미친 것이다. 중국 근대 위기가 중화문명의 위기라는 문명사적 성격의 위기를 포함하고 있다는 것은 중국 위기가 다른 나라의 위기와 구분되는 특수한 성격이다.

아편전쟁 이후 중국이 직면한 위기의 성격이 근대적 전환기의 위기, 중화 민족의 위기라는 차원과 더불어 중화문명의 위기가 결합되어 있다고 할 때, 그 위기 극복은 전통사회를 근대사회로 성공적으로 바꾸는 것이나 식민지 혹은 반식민지 상태의 극복을 통한 온전한 민족국가의 수립 같은 민족주의의 완성 차원만으로는 위기 극복이 완성될 수 없다. 이것들과 더불어 문명사적 위기의 극복, 요컨대 중화문명의 위

21 중국 근대위기를 문명사적 위기로 보는 주장에 대해서는 서진영, 『모택동과 중국혁명』(태암, 1989) 18면 참조.

22 마틴 자크 저, 안세민 옮김, 『중국이 세계를 지배하면』(부키, 2009) 27면.

기 극복을 통해 중화문명이 다시 보편문명으로서 세계사에 복귀하는 문명사적 과제가 중국 근대의 핵심 과제 가운데 하나가 되는 것이다. 근대화의 달성, 제국주의의 축출과 민족 국가의 수립만이 아니라 중화문명의 위기 극복, 요컨대 보편문명으로서 중화문명의 지위 회복이 근대 이후 중국의 핵심 과제가 되는 것이다. 중국 학자 쉬지린(徐紀霖)이 중국이 근대 이후 추구한 강국의 꿈에는 부강한 국가를 건설하는 것과 문명을 추구하는 것이 결합되어 있다고 말한 것도 이런 맥락이다. 부강한 국가 건설이라는 민족주의 목표와 보편문명의 추구라는 세계주의, 보편주의 꿈이 근대 이후 중국이 추구하는 양대 축이었다.[23]

중국 근대 위기의 성격을 이렇게 규정하고 보면, 중국 입장에서 볼 때, 민족국가의 수립이나 민족의 부강만으로는 진정한 근대 위기 극복에 함량미달일 수밖에 없다. 중국이 아편전쟁 이후 직면하였던 위기를 극복하는 것은 근대화를 이루고, 서양의 침략으로 인한 반식민 상태를 극복하고 민족국가를 수립하는 차원만이 아니라 문명사적 차원에서 중국 문명이 처한 위기를 극복하고 중국 문명의 위상을 회복할 때, 즉 중화문명의 재보편화를 달성할 때 비로소 진정으로 위기를 극복하는 것이다.

만약 중국 근대 위기의 성격을 이렇게 본다면 중국 근대 민족주의를 보는 시각도 이에 따라 조정이 필요하다. 중국 민족주의의 기원을 설명할 때 가장 일반적인 시각은 서양 제국주의의 침략과 더불어 중국

23 물론 쉬지린은 '부강'과 '문명'이라는 두 축 가운데 근대 이후 중국 근현대사의 과정이란 부강이 문명을 압도하는 과정이었다고 비판적으로 본다. 許紀霖 著, 『啓蒙如何起死回生』(北京大學出版社, 2011), 4면.

이 천하의 중심에서 만국(萬國) 중 일국(一國)으로 떨어지고 전통적 천하관이 붕괴되는 가운데 중국에 근대적 민족주의가 대두하였다고 말한다. 이렇게 대두한 중국 민족주의를 흔히 국가주의, 패권주의, 중화주의 차원에서 해석하곤 한다. 하지만 중국 민족주의가 대두한 중국 근대의 위기를 중화문명의 위기라는 차원에서 보고, 이후 근현대의 전개를 이러한 중화문명의 위기에 대한 극복 과정이라고 볼 경우 중국 민족주의를 좀 더 복합적 시선에서 이해할 필요가 있다. 중국 민족주의는 한편으로 폐쇄적이고 우월적인 중화주의, 혹은 국가주의 색채를 지니기도 하지만 다른 한편으로는 중화문명 위기와 더불어 탄생한 중국 근대 민족주의의 태생적 조건으로 인해 세계주의 혹은 보편주의와 자주 연계되곤 한다는 것이다. 중국 근현대 지성사의 경험으로 보자면 중국 민족주의는 자민족 중심주의나 중화 패권주의의 다른 이름으로 표출되기도 하지만 세계 보편문명을 추동하기 위한 동력 역할을 하면서 이 둘이 연동되어 있는 경우도 있다. 중국 사회주의 운동이 바로 그러한 예다.

요컨대 중국 민족주의는 세계주의 혹은 보편주의와 대립하기도 하지만, 동시에 연동되어 있다. 이와 관련하여 거자오광(葛兆光)은, 근대 중국 민족주의의 배후 곳곳에 아주 독특한 세계주의적 배경이 발견된다고 지적한다. 외재적 압력으로 인해 민족주의적 감정이 활성화됨과 동시에 세계주의(보편주의) 추구도 활성화 된다는 것이다.[24] 얼핏 보면 서로 상충되는 이런 두 가지 흐름이 어떻게 연동되어 동시에 활성화되

24 거자오광, 이등연 등 역, 『중국사상사2』(일빛, 2015), 877~880면.

는 것일까. 이는 중국 근대 위기와 위기 극복 과정이 민족주의 운동 과정이자 동시에 문명적 대안을 추구하는 과정이기 때문이다.

이런 인식을 전제하면, 중국 민족주의와 보편주의를 이분법적으로 대립시키는 인식에서 벗어날 수 있다. 이와 더불어 중국 근현대 지식인 담론에 대한 새로운 이해도 가능하다. 요컨대, 중국 근현대 지성사에 반복적으로 출현하는 민족주의와 세계주의 사이의 관계, 그리고 민족주의 담론과 문명 담론 사이의 관계를 복합적으로 이해할 수 있고, 왜 정치적 실천 차원에서든 지적 담론 차원에서든 문명담론이 끊임없이 등장하는지, 왜 중요한 역사적 전환기마다 중국 지식인 사회에서 문화 담론이 활발하게 일어나면서 문화의 재구축을 통해 중국을 재구축하려는 문화 담론이 국가와 민족의 현실 변혁과 미래 구상 차원에서 나오는지, 그리고 그것이 근현대 중국 지식인 사회에서 하나의 패턴으로 자리 잡았는지 그 배경을 짐작할 수 있다. 그런가 하면 21세기에 들어선 이후 중국이 '중국의 꿈(中國夢)'을 실현하여 민족중흥과 민족부흥을 이루겠다고 천명하는 배경 역시 이해할 수 있게 된다. 중국이 G2대국으로 부상하고 강국이 되는 시점에 문화강국 건설을 선언하면서, "중화민족의 위대한 부흥을 위해서는 중화문화의 번영과 흥성이 반드시 수반되어야 한다"[25]고 말하는 맥락을 거시적 차원에서 이해할 수 있는 것이다. 이런 차원에서 지금 중국은 중화민족의 부흥은 중화문화의 부흥 없이는 불가능하다고 인식하고 있고, 부강한 중국을 만드는 것만이 아니라 근대 이후 위기에 처했던 중화문화의 부흥을 통해

25 「邁向社會主義文化强國的偉大進軍」, 『人民日報』社論, 2011年 10月 19日.

중화문명을 세계차원에서 다시 보편화시키는 문명론적 전망이 '중국의 꿈'의 주요 내용을 구성하고 있는 것이다. 중국 근대 위기의 핵심적 요소가 중화문명의 문명사적 위기라고 할 때, 중화문명의 위기 극복이 없이는―그것이 전통 중화문명의 부활이든 서구 문명과 중국 전통문명의 조화를 통한 새로운 문명 구축의 구상이든, 전통문명과 사회주의 문명, 현대문명이라는 삼자의 결합의 형태이든―중국이 진정으로 근대 위기를 극복한 것이 아니라고 할 수 있다. 21세기가 시작된 이후 중국공산당과 중국 정부, 그리고 중국 지식인 사회에서 중국 제도, 중국 가치, 중국 문화, 중국사유 등등의 중국적인 것을 재발견하는 것, 포괄적으로 표현하여 중국성(中國性, Chineseness)[26]을 재발견하고 재구축하는 것은 바로 중화문명의 위기라는 근대 위기를 극복하고 중화의 부흥과 중흥을 이루려는 흐름에서 나온 것이다.

2. 중국과 서구의 재발견을 통한 '중국성'의 구축

중국 근현대 지식인의 대표적인 지적 발상법 가운데 하나는 〈중국

26 이 책에서는 말하는 '중국'의 재발견이란 중국 제도, 중국 가치, 중국 역사 등 중국적인 것, 이른바 중국성(中國性)의 재발견과 재구축을 가리킨다. 중화성(中華性)이라는 개념으로 부를 수도 있겠지만, 중화성의 재발견, 재구축을 주장하는 중국 포스트 모더니스트들이나 탈식민주의자들과 구별하기 위해 중국성이라는 개념을 사용하며, 다만 표현의 편리함과 한국어 표현에서 오는 오해 우려 때문에 제목에는 '중국성'의 재발견이라고 하지 않고 '중국'의 재발견이라고 했다.

대 서구〉〈전통 대 근대(modern)[27]〉라는 대비적 이분법이다. 서구와 벌인 전쟁에서 패하면서 민족적 위기에 처하였을 뿐만 아니라 중국 전통 문명과는 완전히 이질적인 서구 근대 문명 앞에서 문명적 위기감을 느낀 것이 이러한 이분법의 등장과 관련이 있다. 중국 근현대 지성사에서 이러한 인식이 처음 자리 잡은 것은 신문화운동 시기였다. 그리고 신문화운동 시기 이후에도 이러한 이분법 구도는 중국 근현대 지성사에 지속되었다. 왕후이(汪暉)가 중국 근대성(현대성)의 특징으로 〈중국 대 서구〉, 〈전통 대 근대(modern)〉의 이분법을 지적한 것도[28] 신문화운동 이후 이 이분법이 지속적으로 중국 근현대 지식인들의 사유와 담론을 지배한 때문이다. 중국과 서구에 대한 재구축, 재발견은 당시 중국 지식인들이 중국이 처한 상황과 시대 인식을 바탕으로 민족위기와 문명위기를 타개할 전망을 찾는 과정의 일환이었던 것이다.

그리고 이러한 이분법적 인식이 민족국가의 완성과 새로운 보편문명의 추구와 결합하면서 중국 근현대 지성사에서 지속적으로 중국(그리고 중국 전통)과 서구(그리고 근대)의 가치와 의미가, 뭉뚱그려 표현하면 '중국적인 것'과 '서구적인 것'이 재발견, 재구성 되었다. 특정 시기

---

27 '근대' '현대' '근대성' '현대성' 등의 개념과 관련하여, 우리와 중국 사이에 용어 사용에 차이가 있다. 중국에서는 일반적으로 5·4운동(1919) 이전을 근대로, 그 이후를 현대로 분류하는 학문적 관습이 아직도 남아 있고, 일반적으로 Modern을 '현대(現代)'로, Modernity를 '현대성(現代性)'으로 번역한다. 이 책에서는 중국 학자의 주장과 중국 글을 인용할 때는 현대와 현대성이라는 개념을 그대로 쓰고, 우리 논의를 할 때는 근대와 근대성이라고 쓰는데, 두 가지가 겹쳐 있을 경우 이해의 편의를 위해서 근대(현대), 근대성(현대성)이라고 병기할 것이다.

28 왕후이, 「중국 사상계의 현황과 근대성 문제」, 왕후이 지음, 이욱연, 차태근 옮김, 『새로운 아시아를 상상한다』(창비, 2003), 42면.

에는 서구, 더 정확히는 서구 근대의 가치와 역사가 재발견되기도 하고, 다른 특정 시기에는 중국, 더 정확히는 중국 전통 가치와 중국 역사가 재발견되기도 하였다. 이때 중국과 서구의 재발견은 마치 시소의 양끝처럼 연동되어서 하나가 긍정적으로 재발견되면, 다른 하나는 부정적으로 재발견되었다. 중국과 서구, 전통과 근대를 대비적 이분법 구도에 따라 적대적으로 사유한 때문이다.

요컨대 부강한 민족국가 건설과 중국의 문명적 지위 회복을 위한 지적 모색이 〈중국 대 서구〉〈전통 대 근대〉라는 이분법적 인식과 결합하면서 서구와 중국을 지속적으로 재발견하는 지적 모색이 중국 근현대 지성사에서 끊임없이 지속된 것이다. 그리고 〈중국 대 서구〉, 〈전통 대 근대〉라는 이분법적 인식이 근본적으로 민족위기와 문명위기 극복 차원에서 나온 까닭에 민족위기와 문명위기 극복 전망과 연동하여 중국과 서구에 대한 재발견이 이루어졌다. 예를 들어 서구 근대를 중국이 마땅히 추구해야 할 인류 보편문명으로 상정한 경우에는 서구와 근대가 긍정적으로 재발견되었고, 대신에 중국과 중국 전통은 부정적으로 재발견되었다.

이에 비해 서구 근대를 인류 보편문명으로 상정하지 않고, 특정한 역사와 특정한 지역의 특수문명으로 취급하면서 서구 근대가 아닌 새로운 보편문명을 추구하면서 민족위기를 극복하고자 한 경우, 중국과 중국전통이 긍정적으로 재발견되고, 서구와 근대는 부정적으로 재발견되었다. 민족위기 극복과 문명위기 극복을 추구하는 과정에서 서구와 중국이 끊임없이 상호 배타적으로 재발견된 것이다.

근대 이후 중국 지식인은 특정 시기 중국이 처한 상황과 시대인식을 바탕으로 민족위기와 문명위기를 타개하기 위한 욕망을 중국과 서구 이미지에 투사하여 중국과 서구를 담론 차원에서 재구축하고 재발견한 것이다. 이는 중국과 서구의 실체와는 상관없이 서구와 중국 사이의 관계 차원에서 구성한 것으로, 여기서 중국과 서구는 실체가 아니라 담론적 구성물이다. 이러한 담론적 구성물로서의 중국과 서구는 특정 시대, 특정한 역사적 요구를 반영하여 구성된 것으로서, 이런 차원에서 보자면, 중국 근현대의 특정 시대, 특정 역사의 민족지적 편견의 산물이다.

중국과 서구에 대한 이러한 인식은 현대 중국의 사상적 기원이라고 할 수 있는 신문화운동 시기 지적 담론에서 잘 드러난다. 신문화운동 시기는 서구 근대 문명을 보편문명으로 상정된 가운데 민족주의와 세계주의(보편주의)가 결합되어 반전통 서구 중심주의라는 사상적 흐름이 지배하였다. 5천 년 동안 보편문명으로 자명하게 여겨 온 중국 문명이 낙후와 야만의 상징으로 여겨지면서 폐기, 청산의 대상으로 재발견되고, 서구 근대 문명이 보편문명으로 상정된 가운데 과학과 민주, 발전, 문명의 상징으로 구축되었다. 민족주의와 문명론 차원에서 반전통 서구 중심주의 담론이 지배한 것이다. 요컨대 신문화운동 시기에는 서구 근대와 근대성이 보편문명으로 상정한 가운데 서구 근대의 가치가 긍정적으로 재발견되는 것과 맞물려 중국의 가치와 중국 역사가 부정적으로 재발견된 것이다. 중국 전통 가치와 문화가 중국문제의 근원으로 비난받는 가운데 민족주의 열망이 강렬한 반전통주의와 서구 중심주의로 나타난 것이다. 모리스 마이스너(Maurice Meisner)는 "내셔널리즘은 일반적으로 국민의 과거에 많은 가치를 부여"하고, "내셔널리스트는 이를 위해 역사적, 문화적 유산의 일부를 미화하는 경향을 보인다. 그러나 근대중국의 내셔널리즘은 이와 달랐다."[29]고 지적하였는데, 중국 근대 민족주의가 반전통주의와 결합한 것은 당시 민족주의가 문명론적 전망과 결합된 때문이다. 즉 중화문명의 위기 앞에서 새로운 보편문명의 기획을 서구 근대에서 발견한 때문이다.

하지만 사회주의 사조가 도입되고 사회주의 혁명이 전개되면서 서구에 대한 상상은 달라진다. 신문화운동 시기에 중국을 낙후와 어둠의 상징으로 여기고 서구, 특히 서구 자본주의 근대를 진보와 문명, 민주, 과학으로 이상화하는 가운데 중국과 서구를 재발견하였다면, 사회주의 혁명 시기와 사회주의 중국이 수립된 이후 마오쩌둥 시대에는 서구 자본주의 근대를 악마로 재구축, 재발견하게 된다. 사회주의에서 새로운 문명적 비전을 발견한 것이고 이로 인해 서구는 자본주의 세계라는 차원에서 악마로 재발견되는 것이다.

그런데 사회주의 혁명 시기와 마오쩌둥 시대에 서구를 악마로 상상하게 되지만, 그렇다고 중국 전통이 긍정적으로 재발견된 것은 아니었다. 부르주아 서구문화에서 프롤레타리아 서구 문화로 그 서구의 실질이 변화하였지만, 근대성과 근대 서구의 제도와 가치(그것이 부르주아적인 것이든 프롤레타리아적인 것이든)를 보편으로 상정하고 그것을 이식하여 중국 전통을 대체하거나 흔히 중국에서 말하는 '서양에게 배워서(向西方學習)' 서구를 따라가거나 추월하려는 패러다임이었다.

물론 중국 사회주의 운동과 마오쩌둥 시대 사회주의를 서구 근대

29 모리스 마이스너 지음, 김수영 옮김, 『마오쩌둥의 중국과 그 이후1』(이산, 2010), 37면.

틀 안에 있는 것으로, 서구를 추종하는 차원이라고 보는 해석과 다르게 이를 서구 근대 극복의 관점에서 보는 견해가 있을 수 있다. 예를 들어 일본의 다케우치 요시미(竹內好)의 현대 중국을 보는 관점이 그렇다. 그는 '동양의 근대는 유럽 강제의 결과'라는 전제 아래 일본과 중국의 대응 차이를 설명하면서 일본은 저항이 매개되지 않은 채 유럽을 모방하고 따라잡기에 몰두한 전향형의 길을 갔다고 비판하는 한편 중국은 저항을 매개로 '자신이기를 고집하여 자신을 바꾼' 회심형의 길을 갔다고 보았다. 중국의 길이 유럽(서양)의 충격 속에 근대가 시작된 동아시아의 이상적인 길로 보는 것이다. 다케우치는 중국 혁명에서 "서구적인 우월한 문화 가치를 보다 대규모적으로 실현하기 위해 서양을 한 번 더 동양에 의해 되감싸 안아, 거꾸로 서양 자신을 이쪽으로부터 변혁한다는 이 문화적 되감기, 또는 가치상의 되감기"의 전범을 보는 것이다.[30] 그러나 다케우치의 시각은 근대 극복을 목적으로 함에도 불구하고 기본적으로 근대 내적 사고이다. 왜냐하면 미조구찌 유우조의 지적대로 다케우치의 관점은 "선진, 후진이라는 유럽 중심의 일원적인 관점을 선진, 후진의 위치로 자리바꿈하여 선진의 발판을 뒤집어엎는 식으로 부정한 것이라는 점에서 얼른 보기에 전면적 부정같이 보이지만, 그것은 선진, 후진이라는 도식 속에 일단 들어가 후진의 위치로 자리바꿈 한다는 식의 부정"[31]이기 때문이다. 그리고 무엇보다 다케우치

30 다케우치 요시미, 「방법으로서의 아시아」, 최원식, 백영서 엮음, 『동아시아의 동양 인식: 19~20세기』(문학과지성사, 1997), 95면.

31 미조구찌 유우조, 「중국근대를 보는 시각」, 민두기 편, 『중국현대사의 구조』(청람, 1990), 281면.

요시미의 관점은 적어도 마오쩌둥 혁명사상과 그에 근거한 혁명운동을 대상으로 한 것이다. 그런 까닭에 중국에 사회주의 국가가 성립한 이후 중국이 '15년 안에 영국을 따라잡고 50년 안에 미국을 넘어선다'는 이른바 '간영초미(趕英超美)'를 위한 근대화의 길을 간 것 등, 가열한 근대화 운동이 일어난 것을 설명할 방법이 없다. 이런 차원에서 사회주의 혁명 시대이든 마오쩌둥 사회주의 시대이든 거시적으로 보자면 서구 근대의 패러다임을 전제로 전개되었고, 이 과정에서 〈전통 대 현대〉〈중국 대 서구〉라는 이분법이 작동하는 가운데 중국적인 것과 중국 전통은 극복의 대상이었다.

그리고 마오쩌둥 사회주의 시대가 끝나고 덩샤오핑이 주도하는 개혁개방 시대가 열리면서 서구는 다시 문명과 진보, 현대화의 상징으로 재발견되고 중국은 다시 봉건성과 낙후의 상징으로 재발견된다. 제2의 5·4 시대, 신계몽주의 시대 등으로 불리는 1980년대 개혁개방 시대에 마오쩌둥 사회주의 시대를 봉건 사회주의로 규정하면서 반봉건 현대화를 시대적 과제로 인식하는 가운데, 중국과 서구의 의미가 재발견된 것이다.

이렇게 보면 중국 근현대 지성사에서 주기적이라고 할 정도로 서구와 중국 전통에 대한 인식이 극단적으로 변화하였는데, 이는 민족주의와 문명론적 비전 차원에서 서구를 재구축, 재발견하고, 이와 맞물려 중국 역시 재구축, 재발견하기 때문이다. 이는 서구의 실체에 바탕을 둔 것이라기보다는 특정 시대인식과 역사적 과제 설정에 따라 서양과 중국 양자를 담론 차원에서 새롭게 구성하고, 이 과정에서 서구와 중국을 본질화(essentionlization)하는 지적 작업이 이루어진 때문이다.

서구에 대한 이미지만 놓고 보자면 서구에 대한 본질주의 인식인 일종의 옥시덴탈리즘(Occidentallism)이 유행하였고, 이를 바탕으로 서구는 악마와 문명의 극단적 이미지를 오갔다.

그리고 이러한 차원에서 발원하는 중국과 서구에 대한 재발견은 1990년대 이후 다시 변화한다. 특히 중국이 G2강국으로 부상하면서 중국과 서구에 대한 인식이 변한다. 1980년대와 다르게 서구가 부정적으로 재발견되고 중국이 긍정적으로 재발견되는 지적 담론이 형성된 것이다. 1990년대 중후반 중국 지식인 사회에 새롭게 대두한 지적 조류였던 포스트모더니즘 주창자들은 중국 지식과 문화의 패러다임이 아편전쟁 이후 중국이 줄곧 현대성을 추구하여 왔지만 이제는 현대성에서 중화성(中華性)으로 전환하여야 한다고 주장하였는데,[32] 그 전환이 G2시대 들어 이루어지고 있고, 그 전환을 모색하는 주체는 중국 정부와 중국공산당만이 아니라 중국 지식인까지 망라되어 있다. 아편전쟁 이후 중국 지식인 사회의 담론이 서구의 발견과 이에 대한 대응 속에서 전개되는 가운데, 서구 근대성 기획이 주도하였다면 G2시대 중국 지식인 사회의 담론은 중국 혹은 '중국성'(中國性, Chineseness)의 재발견과 중국성 재구축 속에서 전개되고 있다. 여기서 '중국성'이란 서구, 특히 서구 근대와 대비적으로 구성하는 중국 전통 역사와 문화, 가치, 사유체계, 정치 및 경제제도는 물론이고 중국 사회주의 역사 경험 등을 망라한 '중국적인 것'의 총칭이다.

---

32 張頤武, 王一川, 張法, 「從現代性到中華性」, 『文藝爭鳴』, 1994年 2期(總 52期). 중국 포스트 모더니즘 및 탈식민주의 주장의 기본 내용과 그 한계에 대해서는 졸고, 「1990년대 중국의 탈식민주의 비평」, 『중국현대문학』 제18호(2000. 6) 337~343면 참조.

서구 근대와 근대성을 중심으로 사고하던 데서 이제는 중국과 중국성을 중심에 두고서 중국과 중국성을 재구축하여 이를 기준으로 서구 근대와 근대성을 해체 또는 재구성하는 것이다. 물론 중국성의 재구축이라는 지적 조류라고 하더라도 하나가 아니어서 서구 근대성과 중국성을 결합하여 하나의 대안적 근대성을 추구하는 지적 흐름도 있고, 근대성을 폐기하고 중국성(혹은 중화성)으로 대체하려는 흐름도 있다. 하지만 전통시대와 사회주의 시대를 대상으로 하여 중국 가치와 중국 경험, 중국 사유를 재발견하는 것을 중심으로 한 중국성의 재구축이라는 지적 흐름은 보수와 진보, 중국 관변과 민간영역을 막론하고 중화민족의 부흥을 주창하는 G2시대 중국에서 지식인 사회의 가장 유력한 지적 조류가 되고 있다.

중국 근현대 지식 담론의 흐름을 개괄해 보면, 〈중국 대 서구〉라는 대비적 이분법에서 중국에 방점이 놓이는 경우에는 민족주의와 중국 전통문화를 강조하는 문화보수주의, 좌파 담론이 우세하였고, 〈중국 대 서구〉의 대비적 이분법에서 서구가 강조되고 서구 근대 문명의 보편성이 강조되는 경우, 자유주의와 계몽주의 담론이 우세하였다. 이를 개혁개방 이후 시대별 지적 흐름에 적용해 보면 개혁개방 이후 1980년대에는 〈중국 대 서구〉라는 이분법을 바탕으로 서구에 강조점이 놓이면서 서구 근대를 보편으로 상정하는 자유주의, 계몽주의 흐름이 주도하였다. 1990년대 사회주의 시장경제 도입 이후에는 1980년대를 주도한 (신)자유주의, 계몽주의가 퇴조하고 민족주의, 문화보수주의, 신좌파의 지적 조류가 중국 지식인 사회를 주도하였다. 그리고 2000년대 이후에는 민족주의, 문화보수주의가 주도하고, 신좌파가 나름의 영향력을 미치는 가운데, 자유주의가 퇴조하는 흐름이다. 이는 〈중국 대 서구〉라는 이분법 차원에서 보자면 서구에서 중국으로의 지적 중심이 이동하는 것이고, 서구를 재발견하던 지적 흐름에서 중국을 재발견하는 방향으로 이동하는 것이다. G2시대 중국 지성은 중국 가치와 중국 경험, 중국 사유 등 중국적인 것, 즉 중국성을 재발견하고 재구축하는 것으로 전환하고 있다. 좌우파를 막론하고 그렇다. 개혁개방 초기인 1980년대에는 반중국 서구 중심주의가 중국 지식인 사회의 주류 담론이었다면 2000년대 이후에는 반서구 중국 중심주의가 주류 담론이 된 것이다.

3. 루쉰의 문명의식과 근대 이중과제론의 시각

중국이 근대에 민족위기와 문명위기에 직면한 직접적 이유는 서구의 침략 때문이었다. 이로 인해 중국 근현대 지식인에게 가장 중요한 지적, 실천적 과제는 서구를 어떻게 인식하느냐는 문제와 연관되었다. 서구의 강점과 약점은 무엇인지, 중국은 서구에게 무엇을 배울 것인지, 서구를 극복하기 위해서는 어떻게 해야 하는지 등이 근대 이후 중국 지식인의 중요한 지적 과제인 동시에 실천적 과제였다. 물론 여기서 서구 발견은 일종의 수단이자 방법이었고, 그 궁극 목적은 민족위기와 중화문명 위기의 극복이었다. 근대 위기 극복이라는 수단 차원에서 서구의 이미지가 구성된 까닭에 서구의 이미지는 위기 극복을 위한 전략 차원에서 극단을 오갔다. 신문화운동 시기와 1980년대 신계몽주의 시기에 서구는 해방과 계몽 이미지였던 반면에 마오쩌둥 사회주의 시대에는 악마나 타락의 상징이라는 부정적 이미지로 해석되었다. 민족위기와 중화문명위기 타개를 위한 수단 차원에서 당시 중국 현실의 필요성과 변혁 전망, 미래 구상과 관련하여 서구의 이미지를 구성한 때문이다. 요컨대 일종의 서구에 대한 옥시덴탈리즘이 중국 근현대 지식인 담론에서 지속적으로 등장한 것은 민족위기와 중화문명위기 극복 차원에서 서구의 실체와 상관없이 서구를 담론 차원에서 구성한 때문이다. 물론 이러한 옥시덴탈리즘의 다른 한편에는 중국 스스로를 서구라는 타자에 비추어 구성하는 '자기 오리엔탈리즘'이 놓여 있었다. 서구의 눈에 따라서, 혹은 서구와의 대비적 관계 속에서 중국을 재구성하고, 재발견한 것이다.

중국 근현대 지성사에서 〈중국 대 서구〉라는 이분법 구도 속에서 서구 재발견과 중국 재발견은 서로 연동하여 작동하였다. 서구를 보편문명으로 상정한 가운데 서구 기준으로 중국을 보는 경우 서구 추수주의의 서구 중심주의가 지배하였고, 중국을 보편문명으로 상정한 가운데 중국의 기준으로 서구를 보는 경우 민족주의, 문화보수주의 등의 중국 중심주의가 출현하였다.

그렇다면 중국 근현대 지식인 사회에서 민족위기와 문명위기 극복 과정에서 서구 중심주의와 중국 중심주의라는 극단적 인식이 반복적으로 출현한 것은 중국 지식인의 인식과 지적 구조 차원에서 볼 때 어떤 배경 때문인가?

첫째는 〈화(華)/이(夷)〉관과 연관된 중국의 전통적 세계인식 및 지식구조의 근대적 발현 때문이다. 전통적 〈화/이〉관이 근대 이후 민족주의와 결합한 〈중국 대 서구〉 이분법으로 대체된 가운데 중국을 보편문명으로 상정할 때는 '전통적 화이관'이, 서구를 새로운 보편문명으로 상징할 때는 '전복적 화이관'이 등장한 것이다. 지적인 구조 차원에서 볼 때 그렇다. 서구에 대한 패배 속에서 서구를 새로운 보편문명으로 여기면서 중국은 낙후와 몽매함의 상징으로 여기는 '전복적 화이관'이 근대 이후 중국 지식인에게 등장하였고 이것이 전통적 화이관과 시기를 달리하면서 교차하였다. 서구 중심주의와 중국 중심주의라는 두 극단을 오간 것인데 중국이 서구를 압도할 만한 자신감과 역량, 비전이 있다고 판단할 때는 '전복적 화이관'을 밀어내고 전통적 화이관이 작동하여 '화'에 대한 자존과 서양이라는 '이'에 대한 멸시가 결합한 반서구 중국 중심주의로 발현되었다. 사회주의 혁명 시기와 마오쩌둥 사회주의 시기(1949~76)에 그러하였고, 2000년대 이후 중국이 G2대국이 되면서 이러한 흐름이 나타나고 있다. 반대로 '화'가 서구라는 '이'의 힘에 압도당하고, 서구에게 '화'의 자리를 내어줄 때는 전복적 화이관이 작동하여 서양 '이'에 대한 추구와 중국 '화'에 대한 자기 비하를 바탕으로 한 반중국 서구 중심주의가 작동하였다. 신문화운동 시기와 1980년대 이른 반 신계몽주의 시대가 그러하였다. 요컨대 전통적 화이관이 근대 이후 〈중국 대 서구〉라는 이분법적 구도로 변용되면서 중국 중심주의와 서구 중심주의라는 두 극단을 오간 것이다.

둘째는 〈중국 대 서구〉라는 이분법 구도의 두 항만 있을 뿐 양자를 균형 있게 투시할 수 있는 매개항이 없기 때문이다. 사실, 중국이 서구의 침략으로 민족위기와 중화문명의 위기에 직면하였지만 이 위기는 제국주의와 식민주의 문제를 포함하여 근대라는 역사적 시공간

속에서 연출된 위기다. 중화문명의 위기만 하더라도 이는 근대화와 제국주의의 압박 속에서 직면하게 된 위기다. 이렇게 보자면 중국이 민족위기와 중화문명위기에 대한 진단이나 그 위기 극복을 위해서는 중국민족과 중화문명을 위기에 처하게 한 서구에 대한 인식도 중요하지만 근본적으로는 그러한 서구를 역사적으로 형성시키고 추동한 근대(modern)와 근대성(modernity)에 대한 인식이 필요하다. 요컨대 근대와 근대성 차원에서 중국과 서구를 역사적으로 인식하는 작업이 긴요하지만, 이러한 근대와 근대성의 매개가 결핍된 채로 〈중국 대 서구〉라는 이분법 사이에서 극단을 오간 것이다. 일반적으로 근대화가 지체된 나라의 경우 전통사회에서 근대 사회로 전환하는 것을 근대적 전환기에 가장 중요한 과제로 인식하면서 근대화나 근대 적응의 문제, 나아가 근대 극복의 문제가 중요한 지적 실천이 된다. 하지만 중국의 경우 사상 초유의 이질적인 타자였던 서구의 침략으로 인해 민족위기만이 아니라 중화문명의 위기에 직면하면서 근대에 대한 적응이나 극복이 서구에 대한 적응과 극복으로 여겨지고 근대와 서구가 하나로 인식되곤 한다. 서구 자체가 인식의 중심을 차지하면서 서구에 대한 본질주의적 인식 속에서 서구를 극단적으로 이상화하여 추종하거나 극단적으로 악마로 여기면서 부정하는 인식이 주기적으로 반복되었고, 서구를 근대 차원에서 묻는 일이 결여된 것이다. 중국 역시 그러했다. 중국 근현대 지식인의 대표적인 인식구조인 〈중국 대 서구〉라는 대비적 이분법에 갇힌 채 〈중국 대 서구〉의 문제틀을 근대의 문제틀로 전환하지 못하였다. 이로 인해 서구에 대한 일방적인 적응과 추수에 빠지거나, 아니면 서구 근대를 초월하려는 욕망이 팽배하였고 서구 근대를 역사

발전 과정 속에서 근대의 성취와 한계를 복합적으로 인식하는 것이 불가능했다. 서구 적응 혹은 추종을 통한 서구 따라잡기에 몰두하거나, 서구 극복 내지는 서구 초월을 통한 민족위기 극복과 중화문명위기 극복에 몰두한 것이다. 중국 지식인 사회의 문명론적 담론이 반중국(전통) 서구 중심주의로 경도되거나 반서구 중국 중심주의로 경도되곤 한 것은 이처럼 근대에 대한 복합적 인식을 결여한 때문이다. 서구 추종과 서구 극복이라는 양극단의 고민만 있었을 뿐 근대와 근대성의 복합성에 대한 고민 속에서 민족위기와 문명위기 극복을 위한 이론적, 실천적 고민이 깊이 있게 이루어지지 못한 것이다.

요컨대 전통적 화이관의 영향 속에서 〈중국 대 서구〉라는 이분법적 문제틀을 근대의 문제틀로 전환하지 못한 채 중국 중심주의와 서구 중심주의라는 두 극단에 빠졌고, 근대를 시좌(視座)로 삼아 〈중국 대 서구〉라는 이분법을 극복하지 못한 것이다. 이는 중국 근현대 지식인 담론의 치명적인 약점이다. 물론 〈중국 대 서구〉라는 이분법에 기반을 둔 반서구 담론의 경우 서구를 극복하려는 차원에서 서구를 끊임없이 문제로 삼을 수밖에 없다는 점에서는 이러한 이분법이 서구를 비판적으로 인식하는 나름의 인식적 토대 역할을 한 것은 사실이다. 그러나 이러한 차원의 서구 비판과 서구 극복은 반서구 담론 이상도 이하도 아니다. 반서구의 결과로 인해 서구는 극복될지 모르지만 중국은 갱신되지 않기 때문이다. 근대 이후 중국을 패배시키고 위기로 내 몬 강자이자 선진의 상징인 서구에 대해서는 중국이 저항하고 해체를 시도하지만, 서구에 패하고 위기에 내몰린 중국 자신에 대해서는 저항하거나 해체하지 않은 채 중국의 자기 동일성을 유지하거나 강화하게 되는 것이다. 타자인 서구에 맞서, 서구를 극복하는 과정이란 서구 극복에만 그치는 것이 아니라 이 과정에서 중국 역시 갱신되어야, 요컨대 서구와 중국 양자에 걸친 변혁이어야 진정한 극복이라고 할 수 있다. 그렇지 않을 경우 중국을 압박하였던 서구의 논리를 그대로 전제인 서구를 대신하여 서구의 자리에 중국이 앉는 일이고, 중심을 서구에서 중국으로 교체하는 형국일 따름이다. 이 차원에서 서구를 문제화하는 것은 서구를 극복하기 위한 민족주의 차원의 기획일 뿐이어서 이 기획을 통해 서구는 극복할 수 있을지 모르지만 중국은 갱신되지 않은 채 온전히 과거 그대로 유지되거나, 중국을 위기로 내몰았던 근대 서구의 논리와 시스템을 복제하여 중국이 또 다른 서구가 되는 것이다. 그리고 이 차원에서는 중국 근대 위기의 한 특징인 중화문명의 위기를 해결할 수 없다. 〈중국 대 서구〉 이분법의 한 극단인 서구 중심주의 차원에서 문명위기를 극복하는 일은 근대 이후 보편문명의 지위를 잃은 중화문명을 버리고 근대 서구 문명을 보편문명으로 상정하는 것으로 이 논리 속에서 보편문명의 중심을 중국이 차지한다고 하더라도 이는 결국 중화문명의 폐기를 통해 중심에 진입하는 일이기 때문이다. 이에 비해 〈중국 대 서구〉 이분법의 한 극단인 중국 중심주의의 경우, 이는 서구 근대 문명의 부정과 폐기를 통한 전통 중국 문명의 부활과 회귀, 재발견의 길이기 때문에 이는 중국 전통 문명을 단순히 소생술 차원에서 부활시켜 중국 근대 문명위기를 극복하는 것일 뿐, 서구 근대 문명과의 대결을 거친 결과로서 중국 문명이 갱신된, 말하자면 근대와 근대성을 통해 중국 문명을 여과하여 형성된 새로운 중국 문명이 아니다.

중국 근현대 지식인 사회에서 대두한 〈중국 대 서구〉 이분법을 바탕으로 한 중국 중심주의 차원이나 서구 중심주의라는 중국 지식인의 인식구조가 지닌 이러한 문제점에 상도할 때 중국 근현대의 중요한 지적 전통인 루쉰(魯迅)의 문명론적 사유의 의미를 중요하게 검토해 볼 필요가 있다. 루쉰은 중국 전통문명은 물론 새롭게 대두하는 근대에 대한 문명론적 사고를 바탕으로 〈중국 대 서구〉라는 문제틀에 지배당하기보다는 역사적 시각을 바탕으로 근대를 문제로 삼았다는 점에서 그렇다.

루쉰은 일본 유학 시절「문화 편향 발전론(文化偏至論)」(1908),「악의 소리 비판론(破惡聲論)」(1908) 등의 글에서 그의 문명론적 사유를 집중적으로 개진한다. 그가 이들 글을 쓸 때는 청나라가 위기에 직면한 가운데 새로운 세기가 시작되는 전환기였다. 그는 이러한 전환기에 의학 공부를 그만두고 문학의 길로 들어서면서 문명에 대한 통찰을 보여주는 글을 연속하여 발표한다. 루쉰은 당시에 군사력과 물질력이 강한 나라를 주장하는 지식인을 향해 "문명이라는 이름으로 분식"하는 "하찮은 재주와 얄팍한 지혜를 가진 무리"[33]들이라고 비판하면서, 19세기 문명, 즉 "근세문명" 역시 하나의 편향('偏至')이라고 지적한다. 근대를 하나의 편향으로 보는 인식은 루쉰 특유의 문명 발전관에서 나왔다. 루쉰은 "문명은 반드시 이전 세대가 남긴 것에 뿌리를 두고 발전하여 왔고, 또 지난 일을 교정함으로써 편향이 생"(88면)긴다고 보았다. 모든 문명의 발전이 그렇다는 것이다. 문명이란 원래 편향 발전한다는 차원에서 볼 때 19세기 근대 문명 역시 예외가 아니다. 루쉰이 보기에

---

33 루쉰,「문화편향론」,『루쉰전집』(그린비, 2010), 80면. 이하 이 책에서 인용은 본문에 면수만 밝힘.

19세기 문명은 물질과 다수('衆數')를 중시하는 시대로서, 이는 하나의 편향의 문명이다. 19세기 문명은 군사력, 힘, 공업, 상업, 국회 등으로 상징되는 시대로, 이를 통해 부강을 추구한다. 루쉰은 이것이 19세기 말의 문명의 일면이기는 하지만, 자신은 이것이 타당하다고 생각하지 않는다고 말한다. 물론 루쉰도 "19세기 문명은 과거보다 뛰어나며 동아시아를 능가하고 있다는 사실은 깊이 고찰하지 않더라도 알 수 있는 일"이라고 인정한다. 하지만 루쉰이 보기에 "19세기 문명은 개혁으로 시작되었고 반항을 근본으로 했기 때문에 한쪽으로 편향됨은 이치로 보아 당연한 일이"며, "그 말류에 이르면 폐해가 마침내 분명해진다." (99면). 19세기 문명이 그 이전 세기의 문명의 편향을 바로잡으면서 뛰어난 성취를 거두었지만 이 역시 결국은 하나의 편향이고, 그 폐단이 이미 노정되고 있다고 여기는 것이다. 그가 니체를 두고서, "근대 문명의 허위와 편향을 보아 낸 것"(88면)이라고 평가하는 것은 니체의 근대 비판을 의미 있게 본 때문이다.

이렇게 근대 역시 하나의 편향이고 19세기 말에 이르러 그 허위와 편향의 폐해가 드러나고 있는 이상, 이를 중국 근대가 나아가 방향으로 설정하는 것은 세계사의 흐름과 맞지 않다는 것이다. 그래서 루쉰은 청말 일부 근시안적인 개혁론자들이 이미 허위화 편향의 폐혜를 드러내고 있는 서구 근대문명을 "중국에 함부로 적용시키면서 머리를 조아리며 예를 갖추"(88면)고 있다고 비판한다. 근대의 편향을 보지 못하고 근대를 그대로 이식하려고 하는 당시 지적 흐름에 대한 비판이다. 루쉰은 "그들이 말하는 문명이라는 것이 정확한 기준을 세우고 신중히 취사선택하여 중국에 실행할 수 있는 완벽한 문명을 가리키는 것인지,

아니면 기존의 문물제도를 모두 던져 버리고 오로지 서양문화만을 가리키는 것인지 모를 일이다."(83면)라고 한탄한다.

이런 인식을 바탕으로 루쉰은 20세기 중국의 문명적 선택의 방향을 제시한다. 그는 19세기 근대 문명을 문명의 궁극이라고 보고 그것을 중국에 이식하려는 주장을 비판하면서, 19세기 근대 문명의 빼어난 성취와 더불어 그 허위와 폐해를 직시하는 가운데 "세계의 대세를 통찰하여 가늠하고 비교한 다음 그 편향을 제거하고" "밖으로는 세계 사조에 뒤지지 않고, 안으로는 고유한 전통을 잃지 않으며, 오늘의 것을 취하고 옛것을 부활시켜서 따로 새로운 계보를 수립"(100면)하여야 한다고 주장한다. 즉, 새로운 문명 수립의 요청이다. 루쉰은 그 출발이 서구가 주도한 19세기 문명의 성취와 한계에 대한 통찰, 19세기 문명을 하나의 편향으로 인식하는 데 있다고 보는 것이다. 루쉰의 이러한 인식은 새로운 문명을 수립하기 위해서는 전통에 대해서만이 아니라 흔히 인류사의 보편이라고 여기는 서구의 근대에 대해서도 그 편향을 읽어내면서 그 근원과 성격을 다시 질문하고 해체하는 작업이 필요하다는 확인이다. 이것이 '오늘의 것을 취하고 옛것을 부활시켜서 따로 새로운 계보를 세우는(取今復古, 別立新宗)' 루쉰 문명론의 핵심이다.

요컨대 루쉰의 문명론은 19세기 서구 근대 문명을 역사의 시각에서 상대화시키는 데서 출발한다. 서구 근대 문명은 특수한 시기의 특수한 문명이며, 이 역시 편향을 지닌 문명일 뿐이고, 궁극적인 보편문명이 아니라는 것이다. 여기서 루쉰은 서구 근대 문명을 〈중국 대 서구〉의 이분법 차원이 아니라 서구 문명의 역사적 전개 과정, 더 나아가서 인류 문명의 역사적 전개 과정 속에서 위치 지으며 중국 전통문명과 서구 근대문명을 넘어선 제3의 문명을 전망하는 것이다. 이는 중국 중심주의도 아니고, 서구 중심주의도 아니며, 중국 전통과 서구 근대에 대한 단순한 모방과 이식이나 단순한 부정과 폐기도 아니다. 중국 전통과 서구 근대에 대한 이중의 저항과 이중의 해체, 이중의 적응과 계승을 통하여 새로운 문명을 창조하는 것이다. 루쉰의 이러한 문명론적 사고에서는 〈중국 대 서구〉라는 이분법을 바탕으로 한 서구 중심주의나 중국 중심주의라는 두 극단이 자리 잡을 수 없다. 루쉰의 문명론적 사고가 〈중국 대 서구〉 이분법을 바탕으로 서구 중심주의나 중국 중심주의의 두 극단을 오가는 중국 근현대 지성사에서 비판적 의미를 지니는 것은 이 때문이다.

그런데 루쉰의 문명론적 사고에서 더불어 주목할 것은 루쉰이 근대를 매우 양가적이고 복합적으로 사고하고 있다는 점이다. 루쉰이 근대를 하나의 인류 문명사의 한 단계라는 차원에서 보면서 근대가 하나의 편향으로서 중요한 성취와 더불어 한계를 더불어 지니고 있다고 지적하는 것은 근대를 단순한 성취의 대상으로 보거나 부정의 대상으로 보는 데서 벗어나 근대를 양가적이고 복합적으로 보는 인식의 발현이다. 근대에 대한 이런 양가적이고 복합적 인식은 근대를 서구의 것이자 인류 보편의 궁극 문명으로 보는 프란시스 후쿠야마(Francis Fakuyama) 식의 역사 종말론적 인식이나 서구 근대를 일방적으로 추수하려고 하는 근대화론 등 서구 중심주의는 물론이고 근대를 서구 문명과 동일시한 채 서구 극복 차원에서만 근대를 사고하는 반서구 차원의 중국 중심주의나 중국 민족주의, 혹은 근대를 대체하여 중국 전통 문화의 회복을 주장하는 문화 보수주의와도 구별되는 점이다. 근대를 양가적이고 복합적으로 사유한다는 점에서 보자면 루쉰은 중국 근현대 지성사에서 독보적 위치를 점하고 있다.

루쉰이 이처럼 근대를 역사적으로 사유하고 양가적으로 인식하는 것은 비단 중국 근대의 지평에서만이 아니라 한중일 동아시아[34] 보편 차원에서도 의미가 있다. 동아시아 3국의 근대의 기점을 어떻게 설정하는지에 대해서는 이견이 있을 수 있고 근대의 자생적 기원과 근대의 내재적 발전을 강조할 수도 있을 것이다. 하지만 동아시아 3국의 근대가 서구 자본주의(제국주의)의 침략으로 근대의 양상과 성격이 완전히 달라졌다는 점은 자명하다. 이 점에 주목한 다케우치 요시미는 중국 근대와 일본 근대의 기원을 같은 성격으로 인식하면서 "동양의 근대가 유럽이 강제한 결과"[35]라고 하면서 유럽, 즉 서구 침략의 결정적 중요성을 강조한 것이다. 근대화가 지체된 동아시아 근대에 서구가 침략하여 민족 위기가 초래되면서 서구(화)와 근대(화)를 하나로 인식하는 일이 비일비재하였고, 근대화를 위해 서구를 추종하는 서구 중심주의와 민족 위기 타개를 위한 반서구 반근대 민족주의가 두 극단을 이룬 경험은 비단 중국 근현대에만 국한된 것이 아니라 동아시아 3국 근현대의 보편경험이다. 중국 루쉰과 일본 다케우치 요시미, 그리고 한국 백낙청 등이 비록 차이가 있음에도[36] 불구하고 근대를 역사적으로 사유

34 여기서는 동아시아는 한중일을 지칭하는 것으로 한정하여 논의함.

35 다케우치 요시미, 「근대란 무엇인가? 일본과 중국의 경우」, 마루카와 데쓰시, 스즈키 마사히사 편/윤여일 역, 『내재하는 아시아』(휴머니스트, 2011), 219면.

36 동아시아 차원에서 다케우치 요시미를 중심에 두고 그와 루쉰, 그리고 백낙청의 근대 이중과제론을 검토한 연구에 대해서는 윤여일, 『사상의 원점』(창비, 2014) 참조.

하고 근대를 양가적으로 인식한 가운데 문명론적 차원에서 근대를 사유하는 지적 전통을 공유하는 것은 이러한 동아시아 3국 근대의 역사적 상황과 역사적 성격 때문이다.

이런 점에서 볼 때 루쉰의 근대 인식을 한국의 백낙청이 한국 근현대 역사적 현실을 바탕으로 근대에 대한 양가적이고 복합적 인식을 요구하면서 제기한 '근대 적응과 근대 극복의 이중과제'(the double project of adapting to and overcoming modernity)론 속의 근대 인식과 견주어 살펴보는 것은 의미 있는 일이다. 이는 루쉰으로 상징되는 중국의 대표적인 비판적 사유를 동아시아 지평에서 조명해 보는 일이 될 것이고, 역으로는 한국의 비판적·지적 전통의 동아시아적 가능성을 확인해 보는 일이기도 하다. 동아시아 비판적 지식 전통의 계보학이라는 차원에서도 양자 사이의 유사성을 검토해 보는 것은 의미가 있다.

백낙청에 따르면 근대 적응과 근대 극복은 단계론이나 병행론이 아니라 이중적인 단일 기획이다. 백낙청은 "근대에는 성취함직한 특성뿐 아니라 식민지 수탈, 노동착취 등 바람직하지 않은 특성들도 있으므로 그 둘이 혼재하는 근대에 '적응'"하는 한편, "성취와 부정을 겸하는 이러한 적응 노력은 극복의 노력과 일치함으로써만 실효를 지닐 수 있"다고 본다.[37] 백낙청의 이중과제론을 두고 송승철이 정리한 것을 옮기자면, 이는 근대성을 우리가 추구해야 할 지향점으로 받아들이면서 동시에 극복해야 할 한계로 설정하는 이론이다. 이중 과제론의 논지는 크게 셋이다. 첫째, 현 시기는 과거와 크게 다르지만 근본적으로 새

37 백낙청, 「근대, 적응과 극복의 이중과제」, 송호근 등, 『시민사회의 기획과 도전』(민음사, 2016), 256~157면.

로운 국면에 들어선 것은 아니며 여전히 근대에 해당한다는 것, 둘째, 자발적으로 근대로 이행하지 못하고 자본주의 세계체제에 강압적으로 편입되어 근대에 들어선 한국 사회는 아직도 근대적 가치들을 제대로 성취하지 못한 상황이고, 이를 계속 추구해야 한다는 것, 셋째, 그런데 근대성은 양면성을 지니고 있기 때문에 자발적 근대를 달성하지 못한 우리 사회로서는 근대성을 추구할 때 탈근대적 자세를 함께 갖추어야만 제대로 된 근대 적응이 가능하다는 것이다.[38]

이러한 백낙청의 이중과제론과 루쉰의 문명론적 근대 인식은 다음과 같은 유사성을 지니고 있다. 첫째, 서구의 침략으로 민족위기와 문명위기에 직면한 까닭에 흔히 근대의 문제를 〈서구 대 중국〉 혹은 〈서구 대 한국〉이라는 이항 대립의 틀에서 사유하는 우를 범하지 않고, 근대의 문제를 중심으로 사유한다는 점이다. 이는 지체된 근대화를 만회하기 위한 일방적인 서구 따라잡기는 물론이고 서구의 온전한 이식에 전념하는 서구 중심주의나 서구에 대한 거부를 내세우는 토착주의, 전통주의 형태의 반서구 민족주의에 경도되지 않는 미덕을 지닌다. 근대를 중심에 두고서 중국과 서구, 한국과 서구의 문제를 사유하는 것이다. 둘째, 근대를 역사의 지평에 두고서 역사화 시킨다는 점으로, 근대를 역사의 궁극으로 보거나 반대로 우회하거나 쉽게 건너 뛸 수 있는 단계로 보지 않는 것이다. 셋째, 근대를 바람직하고 성취할 만한 것일 뿐만이 아니라 바람직하지 않은 특성도 지닌 복합적이고 양가적으로 근대를 바라본다는 점이다. 근대에 대한 무조건적 숭상 혹은 일방

38 송승철, 「시민문학론에서 근대극복론까지」, 이남주 엮음, 『이중과제론』(창비, 2009), 210면.

적 근대 추종을 통해 동아시아에 근대주의를 실현하는 것은 물론이거니와 근대에 대한 낭만적 부정, 이 양자를 비판적으로 본다. 넷째, 근대 적응과 근대 극복을 통해 새로운 문명 비전을 추구하는 것을 중국과 한국 근현대사의 과제로 본다는 점, 요컨대 이를 한국이나 중국 같은 일국적 차원 혹은 동아시아 차원에서만 찾는 것이 아니라 인류 보편 차원에서 바라보는 문명론적 사유를 한다는 점이다.

이렇게 루쉰과 백낙청 사이에 존재하는 근대에 대한 인식의 유사성에 주목하면서 루쉰과 백낙청의 문명의식에 기반을 둔 근대에 대한 인식을 통해 개혁개방 이후 중국 지식인 사회의 흐름을 본다면, 중국 지식인의 인식은 근대를 중심에 두고 사유하는 것이 아니라 〈중국 대 서구〉라는 이분법적 인식에 사로잡힌 채, 반중국(전통) 차원의 서구 중심주의와 반서구 차원의 중국 중심주의에 경도되어 두 극단을 오가고 있다. 개혁개방 초기인 1980년대 중국 지성이 마오쩌둥 사회주의 청산과 현대화를 위해서 계몽과 서구 근대를 재발견하면서 반중국(전통) 서구 중심주의라는 극단에 경도되었다면 1990년대 과도기를 거친 뒤 2000년대 이후에는 중국 가치와 중국 경험, 중국 역사를 재발견하는 반서구 중국 중심주의라는 또 하나의 극단으로 나아가고 있는 것이다.

2장

신계몽주의 시대 중국 지성: 계몽과 서구의 재발견

2장
신계몽주의 시대 중국 지성: 계몽과 서구의 재발견

1. 돌아온 지식인들과 '신계몽'의 논리

1980년대 중국 지식인들의 현실 인식과 역사 인식의 출발점은 문혁(1966~76, 이하 문혁) 경험을 바탕으로 한 마오쩌둥 사회주의 시대(1949~76)에 대한 비판적 인식이다. 그들은 문혁의 경험을 바탕으로, 중국 지식인이 잘 쓰는 표현에 따르면 문혁에 대한 '성찰(反思)'을 바탕으로, 1980년대 중국의 시대적 과제를 제출하고, 이를 기반으로 자신의 지위와 역할을 찾았다. 문혁이 막 종결되었던 1970년대 말, 중국 지식인 사회에서는 문혁 시기 자신들이 겪었던 상처와 고통을 고발하고 문혁 주도 세력인 이른바 '사인방(四人邦)'의 죄상을 폭로하는 담론이 주류를 이루었다. 문학에서 문혁의 상처를 폭로한 이른바 '상처문학(傷痕文學)'이 유행하였던 것은 이런 맥락에서였다. 그런 뒤, 화궈펑(華國鋒) 과도체제를 지나 덩샤오핑(鄧小平)의 개혁개방 세력이 주도권을 쥐고 개혁개방 정책이 본격 추진되면서 문혁에 대한 인식이 보다 심화된다. 문혁을 단순히 사인방들의 정권욕이나 마오쩌둥의 개인 과오 차원에서 야기된 일회적 사건으로 보는 것이 아니라 문혁이라는 재난이 발생하게 된 원인을 중국 문화의 구조적 차원에서 접근하기도 하고 역사적 차원에서 찾기도 한 것이다. 이른바 문화적·역사적 '성찰'(反思) 사조의 대두다. 이 과정에서 중국 전통문화와 5·4 이후 중국 현대사의 전개과정이 재검토되었는데, 그중에서 중국 지식인들이 특히 집중적으로 재검토했던 것은 중국 사회주의 역사 경험이었다. 1980년대 내내 중국 지식인들이 집중적으로 사고한 문제는 중국 사회주의에 대한 재검토였는데, 이 재검토에서 핵심은 1980년대 중국 지식인들이 일반적으로 중국 사회주의를 반근대 혹은 봉건성이라는 차원에서 이해하였다는 점이다.[1] 중국 사회주의는 근대(modern)적인 것, 중국의 표현대로라면 현대(modern)적인 것이 아니라 봉건적인 것이었다는 인식이 1980년대 지식인들 사이에서 폭넓은 공감대를 형성한 것이다.

그 대표적인 경우가 1980년대 중국 지성을 대표하는 인물 중의 하나인 리쩌허우(李澤厚)의 중국 사회주의 혁명운동과 근현대에 대한 비판적 검토다.[2] 그에 따르면 중국의 근현대는 계몽이라는 반봉건 과제

1 汪暉, 「當代中國的思想狀況與現代性問題」, 『汪暉自選集』(廣西師範大學出版社, 1997) 45면.

2 李澤厚, 「계몽과 구망의 이중 변주」, 리쩌허우(李澤厚) 저, 박형종 역, 『중국현대사상사의 굴절』(지식산업사, 1992), 13~66면.

와 구망(救亡)이라는 민족해방의 과제를 동시에 지니고 있었다. 5·4 시기에는 이 두 과제가 함께 결합되어 있었고, 이 두 과제를 추구하는 데 지식인이 중심역할을 했다. 그런데 1920년대 이후 마르크스주의가 들어오고 혁명운동이 시작되면서 변화가 발생하여, 민족해방의 요구가 계몽을 압도해 버리는 역사가 전개되었다. 유명한 '구망, 즉 민족해방의 계몽 압도(救亡壓倒啓蒙)'설이다. 리쩌허우의 중국 근현대사에 대한 이러한 평가는 중국의 기존의 공식 역사 해석과는 판이하게 다르다. 중국 혁명의 승리를 통해 반제국주의 민족해방과 반봉건 근대 계몽의 과제가 동시에 달성되었다는 것이 기존의 공식적 견해라는 점에서 그렇다. 마오쩌둥의 신민주주의 혁명이 원래는 반제반봉건을 목표로 했고, 사회주의 중국의 성립과 그 이후의 역사 전개를 통해 두 가지 임무를 완수했다고 주장하지만, 문혁이 끝난 현실에서 볼 때, 반제민족혁명만 성공을 거두고 반봉건 과제, 즉 계몽의 과제는 해결하지 못한 채 봉건적인 것이 청산되지 않았다는 리쩌허우의 진단은 근현대사의 전개 과정에 대해 나름의 분명한 포폄의 의미를 부여한, 매우 이데올로기적인 언설이다.[3]

그렇다면 왜 봉건주의가 청산되지 않았는가. 한마디로 요약하자면, 중국이 자본주의 단계를 거치지 않았기 때문이라는 것이다. 리쩌허우에 따르면, "마르크스주의는 자본주의가 가져온 문명의 진보를 받아들이고 소화하는 것을 전제로 한다." 그런데 "중국 근대에는 이와 같은 자본주의라는 역사의 전제가 없었으며, 기나긴 봉건사회와 반식민

3 顧昕, 『中國啓蒙的歷史圖景』(牛津大學出版社, 1992), 39면.

지, 반봉건사회 이후 곧바로 사회주의가 들어섰"기 때문에, "기나긴 봉건사회가 낳은 사회심리구조가 자본주의 사회의 민주주의와 개인주의에 의해 전혀 파괴되지 않"은 채 "문혁 시기, 심지어 그 이전 시기에도 쉽사리 되살아났고", "사람들의 의식과 무의식의 깊은 곳까지 침투해 있다"는 것이다. 요컨대, '자본주의 세례'를 거치지 않았기 때문에 채 청산되지 않은 봉건주의가 중국 사회주의와 결합하게 되었고, 중국 사회가 여전히 봉건성을 면치 못하고 있으며, 그로 인해 문혁과 같은 역사적 비극이 초래되었다는 것이다. 이제 1980년대 과제는 분명해졌다. 근대화(현대화)를 실현하는 것, 리쩌허우의 표현을 빌면, '자본주의 세례'를 거치는 일이다. 이는 부르주아 근대 세계의 가치체계를 중국에 이식하는 것으로, 1980년대 중국에서 다시 한 번 계몽 운동을 일으켜야 한다는 인식이다.

사실, 마오쩌둥이 이끈 신민주주의 혁명과 마오쩌둥 사회주의에 대한 리쩌허우의 이러한 비판적 인식은 반제와 반봉건의 동시적 해결이라는 관방의 신민주주의적 역사 해석에 정면으로 도전한 것이지만, 역사 서사 혹은 역사관의 측면에서 보자면 리쩌허우 역시 정통 유물사관의 입장에서 서 있다는 점에서는 관방과 차이가 없다. 적어도, 그것이 정치적 수사이든 진심이든, 문맥 그대로 해석하자면 그렇다. 그가 중국이 '자본주의 세례'를 겪지 않아서 봉건주의와 사회주의가 결합되었다고 지적하는 것은 〈봉건주의 → 자본주의 → 사회주의〉라는 사적 유물론의 선조적 역사발전 패턴을 전제하고 있다는 점에서 그렇다. 이렇게 보자면, 리쩌허우는 신민주주의 역사관에서 마르크스주의적 사관으로 복귀하고 있는 셈이다. 물론 이를 두고, 리쩌허우가 신민주주의적 역사 해석을 비판하기 위해 전략적인 차원에서 진정한 마르크스주의 역사 발전 패턴을 차용한 것이라고 볼 수도 있다. 하지만, 1980년대 중국 지식인 사이에 광범위하게 출현하였던 이른바 '진정한 사회주의'라는 사상적 흐름을[4] 감안하면, 리쩌허우의 이러한 인식이 1980년대 중국 지식인들의 보편적인 사상 경향이었다고 규정할 수 있다. 마오쩌둥 시대의 사회주의를 반근대(현대)적 봉건주의로 비판하면서 진정한 사회주의란 자본주의 단계를 건너뛰는 것이 아니라 자본주의 근대에 대한 변증법적 지양의 결과물이라고 보는 가운데, 문혁 시기 지식인들의 수난을 진정한 사회주의자들의 수난으로 해석하던 1980년대의 지적 조류와 밀접한 연관을 지니는 것이다.[5] 리쩌허우의 중국 사회주의의 봉건성에 대한 비판과 역사발전 단계론에 근거한 근대적 계몽 과제의 제출은, 천밍(陳明)의 회고대로, "1980년대 중국인들의 사상과 의식 속에 내재되어 있던 공통적 인식을 반영한"[6], 1980년대 중국 지식인들의 시대정신이었다.

리쩌허우가 다시 5·4 정신을 거론하는 것도 5·4 시대와 마찬가지로 1980년대의 시대적 과제를 계몽으로 인식한 때문이었다.

그것들(봉건사회가 낳은 구습관, 구세력, 구관념, 구사상 인용

4 마오쩌둥 사회주의를 봉건주의 사회주의라고 보고, 역사적 유물론의 단계에 입각한 진정한 사회주의를 지향하는 사상적 흐름.

5 이러한 지적 조류가 문학 경향으로 표출된 것에 관해서는 졸고, 「소설 속의 문혁: 8, 90년대 문혁 소설 비교 연구」, 『중국현대문학』 제20호(2001년 6월), 283~310면 참조.

6 陳明, 「中體西用: 啓蒙與救亡之外」, 『原道』, 第1輯(中國社會科學出版社, 1994), 10면.

자)이 여전히 완강하게 존속되면서 심지어는 사람들의 의식과 무의식의 깊은 곳에까지 침투해 있었다는 점을 말해 준다. 그것들이 사회주의 집단주의라는 옷을 입고, 자본주의적 자유민주주의와 개인주의를 반대한다는 명목 아래, 문혁에서나 심지어는 그 이전에 각종 복벽을 순조롭게 진행시킬 수 있었던 것도 결코 놀라운 일이 아닌 것이다. 이 때문에 '문혁' 이후 사람들은 전례 없을 정도로 다시 '5·4를 그리워하고 기념하게 되었다.[7]

1980년대를 5·4 신문화운동 시기의 계몽주의와 동일한 역사 과제를 지니고 있다고 파악하는 가운데 5·4 신문화운동 때 추진된 계몽주의를 다시 추진하려고 하였다는 점에서 신계몽주의 시대라고 부르거나 제2의 5·4 시대라고 부르는 것은 리쩌허우와 같은 이러한 인식이 1980년대에 중국 정치인들과 중국 지식인들 사이에서 하나의 시대정신으로 작용한 때문이다. 이러한 신계몽주의 인식에서 혁명 시기와 문혁 시기에 추진되었던 중국 전통문화 타도라는 일종의 문화변혁운동은 봉건주의 문화를 타도한 것이 아니라 오히려 봉건주의 문화의 복벽운동이었다고 인식되었다. 문혁 당시에 봉건주의 구사상, 구문화, 구습관을 청산한다는 목표로 내세웠지만, 1980년대 현재에 볼 때 봉건주의 문화가 청산되기는커녕 봉건주의 문화가 사회주의 집단주의와 결합하여 부활하였다고 보는 것이다. 그리하여 문혁이 끝난 이후 중국 역사는 5·4 시기에 그러하였듯이, 봉건주의 구사상, 구문화, 구사상과 봉건주의 집단주의를 청산하고 서구 근대(현대) 부르주아 계몽주의를

7 리쩌허우, 「계몽과 구망의 이중 변주」, 리쩌허우(李澤厚) 저, 박형종 역, 『중국 현대사상사의 굴절』(지식산업사, 1992), 49면.

실천할 과제에 다시 직면하였다는 것이 1980년대 신계몽주의의 공통된 시대 인식이었다.

근대적 계몽운동이 1980년대 과제로 설정되면서 중국 지식인들은 계몽자로서의 지위와 역할을 자임하게 된다. 계몽을 매개로 하여 지식인과 인민 사이의 수직적 위계질서가 구축되고, 계몽 지식의 담지자이자 전파자로서 지식인의 지위와 역할을 자임하는 것이다. 이와 관련하여, 리쩌허우와 더불어 1980년대 중국 지식인 사회의 또 다른 중요 인물인 류짜이푸(劉再復)는 중국 근현대사 속에서 계몽이 처했던 운명을 중국 지식인의 지위가 부침한 것과 결합시킨 가운데, 지식인의 계몽적 지위와 역할을 강조하였다. 류짜이푸에 따르면 5·4 이후 중국 지식인의 역사란 곧 5·4 시기 중국 지식인들이 지녔던 계몽 정신이 실종되어 가는 과정이다. 그가 보기에 5·4 시기 지식인들은 민주와 과학의 기치를 들고서, 서구 근대 인문정신의 최초 접수자였고, 각 분야에서 선구적 역할을 하였다. 그런데 그러한 '선구적 지위와 계몽적 역할'은 1920년대 말 사회주의 혁명이론의 확산과 더불어 약화되고, 심지어 부정되었다. "선각자와 계몽자로서의 지식인에서 피계몽, 피개조의 대상으로 바뀌었고, 농민이 개조의 주체, 지식인 재교육의 주체가 된 것이다." 지식인과 농민의 위치가 역전된 가운데, 지식인들이 대표하던 계몽 정신과 자아의식도 점점 상실되어 간 것이다.

그런데 류짜이푸는 문혁 종결로 시작된 1980년대 들어서 이러한 구도가 '역사적 전환점'을 맞았다고 보았다. 혁명 시기와 마오쩌둥 시대는 지식인들을 인민대중으로 개조하는 '대중화(大衆化)'의 시대였지만, 문혁이 종결된 이후 중국 지식인들이 다시금 계몽적 위치에 서서 대중들을 계몽시키는 이른바 '화대중(化大衆)'의 지위를 회복한 것이다. 요컨대, 계몽의 실종과 더불어 중국 지식인들이 피개조자의 신분으로 전락하고 자신의 역할을 잃었으며, 이제 계몽의 과제가 부상함으로써 일반 민중에 대한 지식인의 계몽적 지위와 역할이 회복되었다는 것이다.[8]

지식인의 지위와 역할과 관련하여 1980년대를 5·4에 이은 신계몽주의 시대, 혹은 제2의 5·4 시대라고 부른 것은 류짜이푸와 같은 시대인식 때문이다. 1980년대 중국 지식인은 마오쩌둥 사회주의를 반근대(현대)적 봉건주의로 규정하고 지식인의 계몽적 지위와 역할을 자임하는 가운데 공동의 시대인식과 정체성을 확보하였다. 이를 바탕으로 1980년대 중국 지식인들은 근대, 주로 서구의 근대 사회와 그 문화 및 가치를 규범으로 삼아 중국 사회와 전통을 비판하였다. 중국 근대성의 특징적 담론체계인 〈중국 대 서구〉, 〈전통 대 근대〉라는 이원대립적 구도가 1980년대 중국 지식인들의 역사 및 현실인식으로 다시 부상하는 가운데, 1980년대 중국 지식인들은 자연스럽게 〈중국 = 봉건, 낙후, 전근대(전현대), 어둠/서구 = 현대, 현대 혹은 후현대, 진보, 빛〉이라는 양분법에 경도되었다. 1980년대 중국 지식인들의 공통적 발상법 가운데 하나가 〈중국 대 서구〉 〈전통 대 근대(현대)〉의 이원대립 방식으로 중국 문제를 해부하고 분석하는 것이었다. 그들에게 중국 전통이란 어둠의 기억과 봉건성의 상징이었고, 서구 근현대의 가치란 중국이 봉건성을 탈각하고 근현대 세계로 진입하기 위해 의당 추구해야할 절

8 劉再復,「五四文學啓蒙精神的失落與回歸」, 林毓生 等著,『五四: 多元的反思』(香港三聯書店, 1989), 92~122면.

대지상의 가치체계라고 보았던 것이다. 요컨대, 1980년대는 5·4 시대에 이은 '새로운 전면적 서구화(新全盤西化)'의 시대였고, "서구에 물신주의적으로 경도되었던 시대였다."[9]

1980년대 중국 지식인들이 〈중국 대 서구〉 〈전통 대 근대(현대)〉라는 이원대립 속에서 격렬한 반전통주에 빠지고 서구에 물신주의적으로 경도되었던 데는 문혁과 마오쩌뚱 사회주의 시대에 대한 비판적 인식 속에서 형성된 1980년대 지식인들의 중국 민족 운명에 대한 위기의식이 크게 작용하였다. 마오쩌둥 시대에 중국인들은 중국이 세계 인민의 혁명적 등대라는 환상을 지니고 있었다. 그런데 문혁이 종결된 뒤, 중국인들이 발견한 것은 서구와 중국 사이에 놓인 발전의 낙차였다. 이로 인해 중국이 지구상에서 생존이 불가능할지도 모른다는 이른바 '구적(球籍) 박탈'의 위기감, 당시 유행한 표현으로, 이른바 '우환의식(憂患意識)'이 1980년대 중국 지식인들을 사로잡았다.[10] 아편전쟁 이래 중국 지식인들이 지니고 있던 민족적 위기감이 다시금 엄습한 것이다. 이러한 위기감 혹은 '우환의식'은 민족 문화에 대한 허무주의와 더불어 격렬한 반전통운동을 촉발시켰으며, 그와 동시에 서구 근대(현대) 가치를 절대적으로 이상화한 가운데 강렬한 서구화 운동을 촉발시켰다.

1988년 6월 CCTV에 방영되어 중국 사회에 뜨거운 논쟁을 불러일으킨 다큐멘터리 『허상(河殤)』은 그러한 1980년대적 인식이 보다 급

---

9 Yongnian Zheng, *Discovering Chinese Nationalism in China*(Cambridge Univ. Press, 1999), 154면.

10 顧昕, 『中國啓蒙的歷史圖景』(牛津大學出版社, 1992), 63면.

진적이고 철저한 근본주의로 발전하여 극단에 이르렀다는 것을 상징적으로 보여 준다. 모두 6부로 구성된 『허상』은 기본적으로 〈중국 대 서구〉의 이분법 구도에 기초하고 있다. 이 이분법 구도에서 황색 문명으로 상징되는 중국(전통)은 정체되고 봉건적이며, 죽어가고 쇠락해 가는 노문명국으로 표상된다. '황하의 요절'이라는 제목은 그 상징이다. 이에 비해 청색 문명으로 상징되는 서구는 젊음, 모험, 에너지, '민주와 과학에 대한 희망을 수송하는' 현대의 이미지로 표상된다. 『허상』은 〈중국 대 서구〉의 완강한 이분법 속에서, 중국과 서구가 매우 본질주의적으로 '구성'되고, 때문에 유럽 중심주의를 자발적으로 수용하는 식민주의에 빠진 가운데 서구에 대한 항구적 이미지를 강화하는 옥시덴탈리즘(Occidentalism)에 빠져 있다는 지적이 가능하다.[11] 하지만 그러한 문제점에도 불구하고 하나의 문화적인 동시에 정치적인 텍스트로서 『허상』이 갖는 의미는 1980년대라는 "5·4운동 이후 또 하나의 위대한 계몽 시대"[12]를 맞아 "중국 지식인들의 깊은 사명감과 책임감, 그리고 우환의식을 담고 있다"[13]는 점이다. 말하자면 1980년대 중국 지식인의 현실 인식과 정서, 지식인의 역할에 대한 자기규정 등을 집약하

11 천샤오메이는 『허상』의 옥시덴탈리즘을 관변이데올로기에 저항하는 '반관방 옥시덴탈리즘'이라고 본다. 『허상』을 둘러싼 1980년대 중국의 옥시덴탈리즘에 관한 논의에 대해서는 샤오메이 천, 정진배·김경아 역, 『옥시덴탈리즘』(강, 2001), 82~99면 참조.

12 김관도, 「인민과 함께 생각해야 한다」, 소효강·왕노상, 홍희 역, 『하상』(동문선, 1989), 186면.

13 하서래, 「철학사상과 형상의 결합」, 소효강·왕노상, 홍희 역, 『하상』(동문선, 1989), 187면.

고 있다는 점에서, "1980년대 담론의 상징 기호"[14]이다.

그런데 문제는『허상』에서 서양에 비해 열등하고, 낙후되고, 봉건적인 중국이라는 묘사가 단순히 마오쩌둥 사회주의 시대의 중국만을 겨냥하는 것이 아니라 덩샤오핑 정권까지를 포함하여 중국 현실 자체, 중국 문화 자체를 겨냥하였다는 점이다. 이 점은 매우 중요하다. 왜 그런가 하면 주지하듯, 문혁이 종결된 1970년대 말과 1980년대 초중반까지 중국 지식인들의 가장 보편적인 인식은, '상처문학'이나 '성찰문학(反思文學)'에서는 물론이고 리쩌허우의 경우도 그러하듯이 마오쩌둥 사회주의를 반근대(현대)적 봉건주의로 비판하는 가운데, 새로운 개혁개방 정권이 들어서면서 역사가 정상으로 돌아와 근대화(현대화)의 길, 계몽의 길로 가는 전기를 맞고 있다는 것이었다. 마오쩌둥 시대의 사회주의를 봉건사회주의로 규정하면서 생산력 발전을 도모하고, 사회주의를 자본주의 단계를 건너뛰는 것이 아니라 자본주의에 대한 변증법적 지양의 단계로 파악하면서 근대화(현대화)를 시대적 과제로 내세운 것이다. 문혁 종결 이후 중국공산당 내부와 신계몽주의 지식인 사이에 등장했던 이른바 '진정한 마르크스주의' '진정한 사회주의' 조류는 그러한 인식을 대표한다. 이 차원에서 보자면, 덩샤오핑 정권과 1980년대 신계몽주의 지식인들은 마오쩌둥 사회주의를 봉건주의라고 비판하는 가운데 근대화(현대화)를 추구한다는 공동의 인식을 가지고 있었고, 일종의 협조적 공모 관계에 있었다. 1980년대 신계몽주의 지식인들은 덩샤오핑 정권이 추진하는 개혁개방과 사회주의 현대화 정책에

14 德夫,「河殤與說'不'」, http://lyg1999.126.com.

이데올로기적 기초를 제공한 셈이고, 그들의 의도 여부와는 상관없이, 개혁개방 정책에 합법성을 부여하고 그것을 대중적으로 확산시키는 문화적이고도 정치적인 역할을 수행한 것이다. 1980년대 중국 지식인들이 5·4 시기와 같은 계몽적 지위와 역할을 회복하며, 오랜 주변적 위치를 청산하고 정치와 문화, 문학에서 중심으로 서고, 중국 민중에 대한 계몽적 지위와 역할을 수행한 데에는 마오쩌둥 시대에 대한 비판과 근대화(현대화) 목표를 개혁개방을 추진하는 당시 정권과 공유한 데 힘입은 바 큰 것이다.

1980년대 지식인의 이러한 인식은 『허상』에서 정점에 이르고, 봉건 중국, 정체된 중국의 이미지는 마오쩌둥 시대의 사회주의를 넘어 덩샤오핑 정권까지를 포함하여 중국 현실 자체, 중국 전통문화 자체에 대한 전면 부정으로 확대되고, 한층 본질주의적이고 급진적인 반전통 전면적인 서구화 주장 속에서 〈중국 대 서구〉 사이의 이원대립 구도는 더욱 강화된다. 더구나 그 자신이 서양을 활용하는 데 대가였던 덩샤오핑은 경제개혁과 현대화를 위해 서구의 과학과 기술만 원하고 서구의 정치와 법률제도들은 전적으로 거부하였지만, 『허상』은 경제적 현대화뿐만 아니라 정치, 문화, 관념 등 전 영역에서 전면적 서구화, 현대화를 주장한다.[15] 애초에 마오쩌둥 사회주의에 대한 비판과 근대화(현대화) 추구라는 목표를 공유하면서 협조적 관계에 서 있던 1980년대 계몽주의 지식인과 개혁개방 정권이 근대(현대)적 개혁의 폭과 방향 등과 관련하여 분열하고, 대립하게 되는 상징적인 문화적 사건이 바로

15 샤오메이 천, 정진배·김경아 역, 『옥시덴탈리즘』, 82~99면.

『허상』 현상이다. 『허상』은 1980년대 (신)계몽주의의 급진화를 상징하는 동시에 1980년대 중국 지식인들의 계몽주의적 인식의 극한으로서 1980년대 급진적 계몽주의 지식인들과 개혁개방 정권 사이에 균열이 일어나는 계기였다. 그 문화적 상징이 『허상』이었다면, 그 정치적 상징은 6·4 천안문 사태였다. 그 이후, 1980년대 (신)계몽주의는 파국적 전환점을 맞이하였다.

2. 문화 담론의 부상과 두 개의 중국 상상: '문화 열기'와 '뿌리 찾기' 현상

마오쩌둥 사회주의 시대가 끝나고 개혁개방 정책과 함께 시작된 1980년대 중국을 두고 5·4 시대에 이어 다시 계몽이 시대적 과제로 등장한 신계몽주의 시대라고 부르는데, 이러한 신계몽주의 시대에 왜 문화가 지식인 담론 차원은 물론이고 중국 변혁 전망의 핵심적인 문제로 등장하였는가? 허꾸이메이(賀桂梅)의 지적대로, 중국에서는 1980년대를 두고 흔히 문화의 시대라고 말한다. 그리고 이를 상징하는 것이 1980년대 중반에 일어난 '문화 열기(文化熱)'다.[16] 문혁이 종결되고 개혁개방이 진행된 1980년대라는 역사적 전환기에 현실변혁의 의지가 들끓던 당시 상황에서 왜 문화가 이 시대를 상징하는 단어가 될 정도로 문화의 중요성이 부각되었고 문화 담론이 지식인 사고의 초점이 되었

16 賀桂梅, 『新啓蒙知識檔案: 八十年代中國文化研究』(北京大學出版社, 2010), 220면.

는지, 그 이유는 두 가지 차원에서 살펴볼 수 있다. 중국 지식인의 전통적 사유법이라는 차원에서 분석하는 거시적 차원과 1980년대 중국 지식인의 역사인식에 주목하는 미시적 차원이 그것이다.

먼저 거시적 차원에서 보자. 이때 주목할 것은, 신문화운동에서부터 문혁과 1980년대 '문화 열기', 그리고 2000년대 이후 등장하는 '문화 각성(文化自覺)' 논의 등의 문화 담론까지를 망라하여, 문화 담론이 중국 근현대사의 전환기에 반복하여 등장한다는 점에 주목하고, 이렇게 문화 담론이 반복하여 등장하는 배경을 구조적, 원형적 차원에서 검토하는 것이다. 역사적 전환기마다 문화를 재구성하고 이를 바탕으로 중국의 정체성을 재구축하여 새로운 역사를 개척하려는 일종의 문화혁명을 중국 근현대 지성사의 한 패턴으로 보고, 이 흐름 속에서 1980년대 지식인 사회에서 문화가 사고의 중심에 놓이고 '문화 열기'가 등장한 배경을 이해하는 것이다. 여기서 말하는 문화혁명 패턴이란, 〈기존 문화에 대한 반성적 성찰 → 문화의 재구성 → 문화의 재구성을 기반으로 한 제도의 재구성 → 중국 정체성의 재구성 → 새로운 문명 구상〉 등 일련의 연쇄를 특징으로 하는 인식체계이다.

중국 근현대사에서 이러한 문화혁명 패턴의 시초는 신문화운동이었다. 천두시우(陳獨秀)는 「문학혁명론(文學革命論)」(1918)이라는 글에서 문학혁명과 사상혁명, 그리고 정치혁명의 관계에 대하여 명료하게 정리하고 있다. 그는 먼저, 중국이 거듭된 혁명의 시도에도 불구하고 위기에서 벗어나지 못하고 "단독적인 정치혁명이 우리 사회에 아무런 변화도 일으키지 못"한 가장 큰 원인은 "우리의 정신세계에 깊이 뿌리박고 있는 윤리, 도덕, 문학, 예술 등 제반 분야에서 흑막이 층층이 드리

워져 있고, 더러움이 두텁게 쌓여 있어서"라고 진단한다.[17] 그에게 낡은 문학을 타도하고 새로운 문학을 건설하는 문학혁명은 윤리혁명, 사상혁명의 과정이고, 이 모든 것을 포함하는 문화혁명은 그동안의 정치혁명의 실패를 되풀이하지 않으려는 시도이다. 그가 윤리의 각오가 우리의 최후의 각오라고 말하는 것은 이런 의미이다. 이러한 사고는 루쉰이 일본 유학시절 의학을 공부하다가 문학으로 전환하면서 중국을 변화시키기 위해서는 사람의 정신을 바꾸어야 하며, 사람의 정신을 바꾸는 데 가장 좋은 것은 문학과 예술이라고 생각한 것과도 상통한다.[18]

요컨대 현대 중국의 사상적 기원이라 할 수 있는 신문화운동 이후 현대 중국에서 문화는 문학과 예술은 물론이고 지식과 사상, 도덕, 가치관을 망라한 매우 포괄적인 개념으로 정의되었다. 그리고 이러한 함의를 지닌 문화를 새롭게 변혁하는 문화혁명은 정치, 경제, 사회 등을 변혁하고, 중국이라는 상상의 공동체를 새롭게 구축하는 데 있어서 선행되어야 할 작업이자 중요한 토대라는 생각이 중국 현대사, 특히 중국 현대 지성사에 지속적으로 존재하여 왔다. 중국을 새롭게 건설하려는 역사의 전환기마다 문화의 역할과 기능을 둘러싼 논의가 활발하게 이루어지고 새로운 문화자원을 동원하여 문화를 혁신시키는 문화혁명의 방식이 현대 중국의 정치사와 지성사에 하나의 패턴으로 자리 잡아 온 것이다. 이러한 문화혁명의 관념은 현실을 변혁하고 중국을 개조하는 방법론 차원에서 보자면 중국의 변혁을 위한 문화적, 사상적 접근

17 陳獨秀, 「文學革命論」, 『陳獨秀選集』(天津人民出版社, 1990), 48면,

18 「『吶喊』自序」, 『魯迅全集』(人民文學出版社, 1991) 第1卷, 417면.

법이라 할 수 있고, 이것은 중국 현대 지성사의 고유한 개성적 사유패턴의 하나다.

미국 중국학자 모리스 마이스너(Maurice Meisner)가 문화혁명이라는 개념이 현대 중국 지식인들에게 매우 뿌리 깊게 각인되어 있는 사고방식이라고 지적하는 것도 중국 현대사에 반복적으로 나타난 문화혁명의 패턴에 주목한 때문이다. 그는 현대 중국에서 첫 번째 문화혁명이 신문화운동이었고, 두 번째 문화혁명이 마오쩌둥 시대에 추진된 '프롤레타리아 문혁'이었다고 규정한다. 신문화운동의 진원지였던 『신청년』을 창간하고, "중국의 첫 문화혁명을 외친 사람"인 천두시우와 문혁을 일으킨 마오쩌둥 사이에는 중국의 현실을 변혁하고 새로운 중국을 만들기 위한 사회개혁과 정치행동이 가능하려면 문화와 도덕의 완전한 개조가 전제되어야 하고, 사회적, 경제적, 정치적 변화에는 가치와 인식의 변화가 선행되어야 한다는 문화혁명의 사고를 지녔다는 점에서 공통점이 존재한다고 보는 것이다. 신문화운동기에 태동한 문화혁명의 관념이 마오쩌둥 사상과 마오쩌둥 시대 정치운동에도 그대로 반영되었다고 보는 가운데, "청년 마오쩌둥은 첫 번째 문화혁명(즉, 신문화운동)의 지적 산물이었고, 노년의 마오쩌둥은 두 번째 문화혁명의 정치적 주동자였다"고 말하는 것은 이러한 배경에서다.[19]

물론 현대 중국에서 지속적으로 등장한 문화혁명은 문화가 모든 것을 결정하고 문화가 현실의 모든 문제를 해결하는 궁극적 수단이라

19 모리스 마이스너 지음, 김수영 옮김, 『마오쩌둥의 중국과 그 이후 1』(이산, 1998), 39~41면.

는 차원의 문화주의가 아니다. 현대 중국에서 문화혁명은 문화를 변혁하여 사회, 경제, 경제를 혁명적으로 변화시키고, 궁극적으로는 당대 현실을 변혁하여 새로운 중국을 구축하는 전제, 혹은 시발점이라는 차원에서 제기되는 문화혁명이다.

근대 초기 서구 제국주의에 위협을 받는 가운데 서구화된 현대 중국이라는 새로운 중국을 상상하고 세우기 위한 운동이 왜 신문화운동이라는 문화혁명의 방식으로 출현한 것인지에 대해서는 중국 연구자들 사이에 크게 보아 두 가지 입장이 있다. 하나는 저우처쭝(周策縱)의 입장이고, 다른 하나는 린위성(林毓生)의 입장이다. 먼저, 저우처쭝은 아편전쟁 이후 서구의 충격은 중국 역사에서 유례가 없는 것이었다고 본다. 과거 인도의 불교가 중국에 유입되어 큰 충격을 주었지만 이는 지적, 사회적 생활 차원이었고 정치, 경제제도에는 영향이 없었던 것에 비해 서구의 충격은 거의 모든 분야에 걸쳐 전반적인 심각한 도전을 던져 주었다는 것이다. 그는 이런 서구의 도전에 중국이 응전하는 과정은 1840년 아편전쟁부터 신문화운동 시기까지 세 단계를 거쳤다고 본다. 첫 단계가 서구의 과학과 기술을 배우려고 하던 시기로서, 아편전쟁 이후 청일전쟁(1894)까지이고, 두 번째 단계가 서구의 법률과 제도를 배우려고 하던 시기로서, 청일전쟁 패배 이후부터 신문화운동 시기까지라는 것이다. 신문화운동이라는 문화혁명 방식이 등장하게 된 것은 아편전쟁 이후 이러한 두 차례의 서구에 대한 대응이 실패한 이후 위기가 심화되는 가운데 어찌 보면 불가피하게 도달한 방법이라고 본다. 서구의 도전에 대한 3단계 대응방식이 중국 전통문화에 대한 부정과 서구 근대 문화의 전면적 도입이라는 문화혁명 방식이었다는 것이다.[20] 저우처쭝의 논리에 따르자면 중국 근현대 문화혁명이라는 패턴은 중국 지식인의 사유구조의 속 하나의 원형이라기보다는 현실 문제에 대한 대응 과정에서 등장하였다.

이에 비해 린위성은 기본적으로 신문화운동은 문화적, 사상적 변혁의 우선적 필요성을 강조하는 문제해결 방식인데, 이는 중국 지식인의 전통적 사유 방식과 연결되어 있다고 본다. 이 당시 중국 지식인들이 중국 문제에 접근한 방식은 세계관의 변화를 통해 부호와 가치, 신앙 체계의 변화인 문화의 변화를 가져오고, 이러한 문화적 변화는 궁극적으로 정치적, 사회적, 경제적 변화를 가져온다는 방식이었다는 것이다. 그는 신문화운동 시기 문화혁명을 추진하던 중국 지식인들이 지녔던 이러한 문화적 사상적 변혁의 우선적 필요성을 강조하는 문제해결 방식이 당시 중국이 처한 역사적 상황이나 서구에 대한 적절한 이전의 대응 방식이 실패한 뒤에 나온 것이라기보다는 중국 유교사상의 영향이라고 본다. 유교 사상에 내재하는 사상의 힘과 우선적 지위를 강조하는 일원적이고, 유지론(唯智論)적 사고방식(a monistic and intellectualistic mode of thinking)에서 기인한다는 것이다.[21] 정치를 변혁하고, 현실을 변화시키는 데 있어서 사상과 문화의 변혁을 그 전제라고 생각하는 변혁 방식은 유교 문화에서 나온 지극히 중국 전통적인 사고방식이고, 이것이 신문화운동에도 반영되었다는 것이다. 이 차원에서 보자면, 신문화운동이나 문혁, 그리고 1980년대 '문화 열기' 시기에 등장한 문화혁명 패턴은 중국 지식인이 현실 문제를 해결하는 전통

20 周策縱 저, 조병한 옮김, 『54운동』(광민사, 1980), 23면.

21 린위성 저, 이병주 역, 『중국의식의 위기』(대광문화사, 1990), 56~69면 참조.

적 사고방식의 발현이고, 일종의 중국 지식인 사유법의 구조적 원형 가운데 하나인 것이다. 이러한 중국 지식인의 전통적 사유방식이 문혁이 종결되고 개혁개방을 맞은 역사적 전환기에 다시 등장한 것이 바로 1980년대 '문화 열기'를 중심으로 한 문화 담론인 것이다.

이런 거시적 배경과 함께 미시적 배경, 즉 1980년대에 문화가 중국 지식인의 사고의 중심이 되고 문화 담론이 주류 담론이 된 두 번째 배경은 1980년대 중국 지식인의 현실 인식, 즉 1980년대 지식인의 현실에 대한 대응 과정으로 보는 입장이다. 1980년대 지식인 사회에서 문화 담론이 중요한 지적 담론이 된 배경에 관한 허꾸이메이의 분석이 여기에 해당한다. 저우처쭝이 신문화운동에서 문화 혁명이 등장하는 원인을 근대 위기에 대한 대응 과정에서 찾았듯이, 허꾸이메이 역시 1980년대 문화 담론이 등장하는 배경을 당시 현실 문제에 대한 지적 대응이라는 차원에서 분석하는 것이다.[22]

이를 구체적으로 살펴보자. 일반적으로 1980년대 사상 조류를 분석할 때, 흔히 두 단계로 나누어서 1984년까지를 준비기로 보며, 1985년에 중요한 문화적 사건이 잇달아 일어난 뒤 전환점이 마련되고 이해부터 1988년까지가 정점이라 분석한다.[23] 이러한 흐름에서 이른바 '문화 열기'는 1985년부터 1988년까지 1980년대 신계몽주의가 정점

22 허꾸이메이는 1980년대 사조를 '문화주의'라는 차원에서 검토한다. 이에 대해서는 賀桂梅, 『新啓蒙知識檔案: 80年代中國文化硏究』(北京大學出版社, 2010), 250~273면 참조.

23 1980년대 문학을 비롯한 문화와 사상 조류의 이러한 시기 구분에 대해서는 다음을 참조. 曠新年, 「尋根文學的指向」, 『文藝硏究』 2005年 6期, 15면. 및 代洪亮, 「傳統與現代的代立: 新啓蒙主義對於中西文化的態度」, 『濟南大學學報(社會科學版)』 第20卷 第2期(2010年), 17면 참조.

에 이르던 시기 사상 흐름을 주도하였는데, 대략 그 사상적 흐름은 셋으로 구분할 수 있다. 진꾸안타오(金觀濤)를 대표로 한 이른바 '미래로 가다(走向未來)' 총서 그룹[24], 깐양(甘陽)을 대표로 한 이른바 '문화: 중국과 세계(文化:中國與世界)' 그룹[25], 그리고 탕이제(湯一介), 리쩌허우 등의 '중국 문화서원(中國文化書院)' 그룹[26]이다. 이들 그룹은 각기 다른 사상적 지향을 지녔고, 흔히 일반적으로 깐양 그룹을 서구화파(西化派)로, 진꾸안타오 그룹을 과학으로 중국 전통문화를 평가한 과학파로, 탕이제 그룹은 전통 재구성과 재건설을 주장한 전통문화파로 구분한다.[27] 하지만 이러한 사상적 차이에도 불구하고 허꾸이메이는 문제틀 차원에 주목하여 그 공통 지향을 정치와 문화의 대항 패턴을 바탕으로 삼아 문화의 위상을 높이려 한 점을 든다.[28] 요컨대 문화를 통해서 정치를 비판하거나 해체하는 것인데, 이때 정치란 가깝게는 마오쩌둥 시대 혹은 문혁 시대이지만 길게는 서구보다 낙후된 중국 근현대사는 물론

24 1984년에 편집위원회가 결성되었고, 창간 당시에는 包遵信이 주간(主編), 부주간(副主編)은 金觀濤였고, 1987년에 金觀濤가 주간을 맡았다.

25 1986년에 편집위원회가 결성되었다. 주간은 甘陽이었고, 학술문고(學術文庫) 시리즈와 새로운 지식 문고(新知文庫) 시리즈란 이름으로 서구 서적을 번역 출판하였고, 인문연구총서(人文研究叢書)란 시리즈로 중국 학자의 연구서를 출간했다.

26 1984년에 결성되었다. 馮友蘭, 張岱年, 朱伯, 湯一介 등이 공동 발기인이었다. 베이징대학, 중국사회과학원, 인민대학, 베이징사범대학, 칭화대학과 해외까지 망라한 저명 학자들이 참여하여 '중국 문화서원'을 결성하였다. 민간의 학술연구단체이자 대중교육 단체로서, 대규모 국제회의를 개최하고 단기반, 강습반 등을 열어 중국 사상, 중국철학 등을 교육했다.

27 代洪亮, 「傳統與現代的代立: 新啓蒙主義對於中西文化的態度」, 『濟南大學學報(社會科學版)』 第20卷 第2期(2010年), 17면.

28 賀桂梅, 『新啓蒙知識檔案: 80年代中國文化研究』(北京大學出版社, 2010), 265면.

이고, 더 확대하면 중국 역사 자체다. 문화와 정치를 대립시킨 목적은 계몽주의 기획 때문이었다. 1980년대 세 개의 사상 분파는 서구와 중국에 대한 평가에서 다소간 출입이 있었음에도 불구하고 기본적으로 현대화를 목표로 하였다는 점에서는 공통점이 있는데, 이들은 현대화라는 목표 아래 중국에서 현대화가 지체되거나, 중국이 현대화라는 세계 흐름에서 낙오된 원인을 문화에서 찾았다. 진꾸안타오는 문혁을 봉건사상의 부활로 보는 가운데 중국 사회의 초안정 구조를 해명하였고, 깐양은 근대 서구의 강성함은 문화가 그 토대라는 전제를 바탕으로 서구에 비해 낙후된 중국 문화를 비판하였다. 그런가 하면 중국 문화서원 그룹은 유명한 '민족해방이, 즉 구망(救亡)이 계몽을 압도'하였다는 차원에서 문화 계몽과 정치 계몽의 충돌구도 속에서 문화 계몽의 문제를 제기하였다.[29] 이렇게 보자면, 1980년대 중국 지식인 사회에 문화가 주류 담론으로 부상한 이유는 당시 중국 지식인들이 〈중국 대 서구〉라는 대비적 이분법 속에서 낙후된 중국이 서구와 같은 현대화의 길을 가고, 다시는 문혁과 같은 비극을 되풀이 하지 않기 위해서는 문화 차원의 계몽과 현대화가 필요하다는 인식이 반영된 것이다.

이렇게 보자면 1980년대 중국 지식인 사회에 문화 담론이 부상하고 문화혁명 발상이 재등장한 것은 현실의 궁극적 변혁은 사상과 문화의 변혁이라는 중국 지식인의 전통적 사유법과 더불어 마오쩌둥 사회주의의 실패와 문혁이라는 비극의 원인을 문화에서, 보다 정확히는 중국 전통문화의 봉건성에서 찾는 역사 인식이 결합된 결과라고 할

29 賀桂梅, 『新啓蒙知識檔案: 八十年代中國文化研究』(北京大學出版社, 2010), 222~40면 참조.

것이다.

그런데 근현대 중국 지식인 사회에서 문화혁명 패턴이 단순한 지식인 사회의 문화 담론에 머무는 것이 아니라 일종의 현실 정치와 국가 변혁을 위한 프로세스로서, 〈기존 문화에 대한 반성적 성찰 → 문화의 재구축 → 문화의 재구성을 기반으로 한 제도의 재구축 → 중국 정체성의 재구축 → 새로운 문명 구상〉이라는 일련의 지적, 실천적 연쇄로 이루어졌다고 할 때, 1980년대 문화 담론에서 중국 변혁의 궁극적 지향은 무엇이었는가?

그것은 현대화(근대화)다, 서구 현대성(근대성)과 현대(근대)를 중국에 실현하는 것이다. 이들은 1980년대 중국이 봉건 단계에 놓여 있다는 시대 인식을 바탕으로, 〈중국 대 서구〉의 이분법적 대비구도 속에서 서구 현대와 서구 현대성을 중국 역사와 중국 문화를 평가하는 보편기준으로 삼았고, 궁극적으로 서구 근대성과 서구 근대화 모델에 따라 중국을 개조하려고 하였다. 예를 들어, '미래로 가는 총서'를 중심으로 '중국 초안정 구조론'을 주장한 진꾸안타오와 류칭펑의 경우, 과학적 방법을 운영하여 왜 중국에서 봉건 사회가 장기간 지속되고, 심지어 문혁을 통해 봉건주의가 되살아나는지 그 원인을 해명하였는데, 이러한 인식에서 중국은 시간의 흐름과는 상관없이 정체된 전근대적인 봉건 중국이다. 이는 중국 사회는 여전히 봉건 상태로 장기간 정체되어 있다는 진단으로, 여기서 사회주의 혁명이나 사회주의 정부는 아무런 의미를 찾지 못한 채 봉건 중국의 연장선에 놓여 있다. 그리고 그 정체된 봉건 중국을 변혁할 희망은 중국 내부가 아닌 중국의 외부, 즉 서구에 있다. 그런가 하면, 깐양이 주도한 '문화: 중국과 세계' 그룹은 문화를 중심에 두고 서구와 중국을 비교하는 가운데, 중국이 낙후된 근본 원인은 문화에 있다고 진단하고, 중국과 서구 문화 사이의 관계를 선진과 낙후 사이의 관계로 치환한 가운데 중국 문화를 서구 문화로 개조하는 것, 즉 근대화(현대화)하는 것을 목표로 하였다.

이렇게 보자면, 1980년대 문화 열기를 주도한 지식인들은 중국 문화가 여전히 봉건 상태에 처해 있으며, 마오쩌둥 사회주의 시대, 특히 문혁은 봉건 문화의 부활이었고, 1980년대 가장 중요한 시대적 과제를 봉건 문화의 청산으로 인식한 것이다. 시대적 이러한 과제에 대한 인식을 바탕으로 〈봉건 문화의 청산 → 서구 현대 문화의 접수 → 중국 문화의 현대화 → 중국 정치 및 경제의 현대화 → 중국의 현대화 → 서구 현대문명이라는 보편문명 조류에 동참〉으로 이어지는 변혁을 구상한 것이다. 이러한 변혁구도는 〈중국 대 서구〉 〈전통 대 현대〉라는 이분법을 토대로 한 서구 중심주의로서, 중국 현실을 현대화가 중단되거나 현대화에 채 미달된 봉건 상태로 인식한 가운데 서구 현대 문명을 극단적으로 이상화하였다. 이들은 〈중국 대 서구〉의 대립을, 전통과 현대, 고(古)와 금(今)의 문제로 치환하여, 현대화를 위해서는 반드시 중국 전통을 타파해야 하고, 서구 근대 문명은 서구의 것이라기보다는 근대 보편 문명이기에 중국이 따라가야 한다고 여겼다. 깐양이, "서양문화는 실질상 근대문화이고, 서구화는 근대화(현대화)"라는 펑요란(馮友蘭)이 「삼송당 자서(三松堂自序)」에서 한 말을 인용하면서, 서구화가 곧 현대화라는 것을 강조하듯이,[30] 이들에게는 서구화와 근대화(현

30 甘陽, 「八十年代文化討論的幾個問題」(1985), 甘陽, 『八十年代文化意識』(上海人民出版社, 2006), 16면.

대화)는 하나였다. 마오쩌둥 사회주의 시대에서, 특히 문혁의 어두운 그림자에서 벗어나서 현대화를 추구하는 것을 목표로 설정하면서, 중국을 낙후와 봉건, 어둠 등으로 재구성 혹은 재발견하고 이와 동시에 서구를 계몽과 현대, 빛으로 재구성 혹은 재발견한 것이다.

그런데 주목할 것은, 1980년대 중국 지식인 사회에서 '문화 열기'와 마찬가지로 문화를 중요하게 여기면서도 '문화 열기'의 서구 중심주의와는 다른 문화적 구상을 보인 지적 흐름이 1985년에 등장하였다는 점이다. 소설가와 평론가 등 주로 문학인들이 주축이 된 이른바 '뿌리 찾기(尋根)' 그룹이 그것이다. '뿌리 찾기'라는 사상 조류가 문학에서 먼저 시작된 관계로 주로 '뿌리 찾기 문학(尋根文學)'이라고 불리지만, 문학계에서 시작된 '뿌리 찾기' 사상 조류는 문학 분야만이 아니라 영화와 미술, 음악계까지 폭넓게 확대되어 1980년대 문화 담론과 문화 현상의 한 축을 담당하였다.[31] '뿌리 찾기 문학'은 사실상 '문화의 뿌리'를 찾는 문학조류였다.[32]

문학계에 '뿌리 찾기 문학'의 주장이 본격 등장한 것은 1985년이다. 그 이전인 1984년 12월 항저우(杭州)에서 『상하이문학(上海文學)』과 『시후(西湖)』 잡지사가 공동으로 개최한 '신시기 문학 회고와 전망'(新時期文學: 回顧與預測)이란 좌담회에 참석하였던 한사오꿍(韓少功)이 훗날 '뿌리 찾기 문학파 선언'이라고 불리는 「문학의 뿌리(文學的根)」라는 글

31 '뿌리 찾기 문학'과 제5세대 영화의 상관성에 대해서는 張頤武, 「第五代與當代文化的轉形」, 『當代電影』, 2005年 第3期, 11~15면 참조.

32 李運搏, 「尋根文學與文化尋根新論」, 3면.

을 발표하고, 이것이 회의에 참석한 작가들의 공감을 얻게 된다.[33] 이후 1885년에 정완룽(鄭萬隆)이 「나의 뿌리(我的根)」를, 아청(阿城)이 「문화가 인류를 제약한다(文化制約着人類)」, 리항위(李杭育)가 「우리의 뿌리를 정돈하자(理一理我們的根) 등의 글을 잇달아 발표하면서, 1985년은 '뿌리 찾기 문학'의 원년이 된다.[34]

1980년대 중국 지식인 사회에서 '문화 열기'가 한창이던 때에 문학계를 중심으로 대두한 '뿌리 찾기'라는 지적 흐름이 1980년대 중국 지식인 담론에서 갖는 의미는 무엇인가? 물론 이들 역시 '문화 열기'를 주도한 지식인들과 마찬가지로 문화가 이들 이론과 창작의 키워드이자 핵심적인 관념이었다는 점에서,[35] 이들 역시 문화를 통해 중국 문제를 사유하는 공통점을 지녔다. 그러나 이러한 공통점에도 불구하고, '뿌리 찾기' 조류 지식인들이 문화적 실천을 통해 구축하려는 중국은 '문화 열기'의 그것과 분명한 차이를 지녔다. 그 차이의 핵심을 간추리면 이렇다.

우선, 전통의 의미에 대한 이해의 차이다. '문화 열기'를 주도한 지식인들은 중국 현대화의 관건이 문화 차원의 현대화에 있다면서, 1980년대 중국의 근본적인 문제는 전통문화와 현대문화 사이의 문화적 충돌이라고 보았고, 이런 시각에서 전통문화를 부정적 차원의 봉건문화

33 이 회의의 이러한 경과에 대해서는, 何言宏, 楊霞 著, 『堅持與抵抗: 韓少功』(上海人民出版社, 2005), 64~66면 참조.

34 물론 '뿌리 찾기 문학'의 시작을 1985년보다 이른 1980년대 초, 특히 1982년 2월 『新疆文學』에 발표된 왕쩡치(汪曾祺)의 「민족전통으로 돌아가자, 현실 언어로 돌아가(回到民族傳統, 回到現實語言)」으로 보는 견해도 있다. 이에 대해서는 曠新年, 「尋根文學的指向」, 『文藝研究』 2005年 6期, 17면 참조.

35 吳俊, 「關於尋根文學的再思考」, 『文藝研究』 2005年 第6期, 9면.

로 규정하고 이것과 단절을 시도하였다. 전통문화와 단절하여 문화를 현대화하고 문화를 계몽하는 것이 '문화 열기'를 주도한 지식인의 주요 관심사였다. 이들의 이러한 전통관은 5·4 신문화운동 세대들의 전통관과 유사하다. 전통을 단일한 실체로 보고 총체적으로 부정한다는 점, 전통문화를 봉건문화로 규정하는 점, 전통문화와 단절을 통해 서구 현대문화를 중국에 실현하고자 하는 문화적 계몽에 경도된 점에서 그렇다. 중국 전통문화의 부정을 통해 이른바 '전면적 서구화'(全盤西化)를 추구하였다는 점에서 공통점이 있는 것이다.

이러한 인식에 비해 '뿌리 찾기'파의 지식인들은 1980년대 중국 지식인 사회를 지배하던 반전통 흐름과 달리 전통의 재발견을 주장하고, 서구 문화의 일방적 수입을 비판하는 한편, 전통이 문학과 문화의 뿌리라고 주장하였다. '뿌리 찾기'파의 대표적 작가인 한사오꿍은 "문학에는 뿌리가 있고, 문학의 뿌리는 응당 민족 전설 문화의 토양에 깊이 뿌리내려야 하고, 뿌리가 깊지 않으면 잎이 무성할 수 없다."고 말하면서, 5·4 이후 중국문학은 줄곧 외국에서 배워 왔고, 그 결과 민족문화는 파괴되고 민족 자신감은 추락했다고 비판하였다.[36] 또한 한사오꿍은 1980년대 개혁과 건설 과정에서 서구에서 모든 것을 '가져오기'에 빠져 있는 현실을 비판하면서, '음과 양은 상생하며, 득과 실은 같이 있다'는 논리로 서구 중심주의를 비판하였다.[37] 그런가 하면, 정완룽은 "우리의 뿌리는 동방이다. 동방에는 동방의 문화가 있다."[38]고 말했다.

36 韓少功, 「文學的根」, 『世界』(湖南文藝出版社, 1996), 2면 및 6면.

37 위의 책, 7면.

38 鄭萬隆, 「我的根」, 『上海文學』 1985年 第5期.

이렇게 보자면 '뿌리 찾기 문학' 주창자들이 겨냥하는 것은 분명해진다. 바로 1980년대 개혁개방 이후 '문화 열기'를 주도하는 지식인들 사이에서 유행하는 반전통 서구 중심주의 주장이다. 그런데 '뿌리 찾기 문학' 주창자들이 보기에 이러한 반중국전통 서구 중심주의는 뿌리를 잃는 일이다. '뿌리 찾기 문학'의 성격을 두고 왕이추안이 '뿌리 찾기 문학'이 1980년대 담론을 현대성에서 전통성으로 전환시켰다면서 '뿌리 찾기 문학'의 의미를 평가하는 것은[39] 이런 맥락에서 나온 것이다.

둘째, '문화 열기'에 참여한 지식인들은 중국 전통을 하나의 단일한 실체로 간주한 가운데 중국 전통문화의 성격을 봉건성이라고 규정하면서 총체적으로 부정하였지만, '뿌리 찾기 문학'에서는 전통을 하나의 단일한 실체로 보지 않는다. 예를 들어 '문화 열기' 담론의 주요 논자인 진꾸안타오의 경우, 중국 봉건 사회에서 왕조 교체는 특별한 의미가 없다고 본다. 왜냐하면 사회체계나 이데올로기 체계 등에서 전혀 차이가 없기 때문이다. 중국 봉건 사회가 극단적인 안정구조를 지니면서 정체되었던 것은 이 때문이다. 그에 따르면 중국 전통 사회는 봉건 원리면에서 아무런 변화가 없었고, 전통문화 역시 아무런 변화가 없는 봉건 문화였다. 유교나 묵가, 도가는 봉건 사회의 극단적 안정 구조를 지탱하는 역할을 한다는 점에서 아무런 차이가 없다.[40] 이러한 관점에서 보자면 중국 전통문화는 시간의 흐름과는 상관없이 봉건성을 지닌 문화이고, 전통문화를 시기나 특정 문화별로 나누어 인식하는 것은 의미가 없다.

---

39 王一川, 「傳統性與現代性的危機」, 『文學評論』 1995年 4期, 98면.

40 金觀濤, 劉青峰, 『興盛與危機』(法律出版社, 2011) 참조.

하지만 '뿌리 찾기 문학' 지식인들에게 전통은 하나가 아니다. 이들은 중국 문화를 지역과 민족(소수민족), 민간과 관방, 도시와 농촌, 주류와 비주류 등으로 나누어 보는 가운데 중국 문화의 변방에 놓인 소수 민족 문화, 비주류 문화, 민간문화, 농촌문화에 대한 분명한 선호를 드러냈다. 리항위는 중국 문화를 '규범문화'와 '비규범문화'로 구분하고는 '규범문화'는 중원문화이고, '비규범문화'는 무엇보다 소수민족 문화이며, 그 다음은 한민족의 제하(諸夏), 형초(荊楚), 오월(吳越) 3대 문화라고 규정하였다. 중국 전통문화를 하나의 실체로 보는 것이 아니라 민족과 지역에 따라 나눈 것이다. 이런 구분에서 '뿌리 찾기 문학'의 관심은 비규범 문화 쪽에 있었다. 그래서 리항위는 "우리 민족문화의 정화는 중원 규범 밖에 더 많이 남아 있고, 규범적, 전통적 '뿌리'는 대부분 고사했다."[41]고 말한다. 한사오궁이 역시 "아름다운 초(楚) 문화는 어디 갔는가?"라고 묻는 것은 이들이 유교와 같은 주류 문화보다는 주변문화와 지역문화, 민간문화를 참다운 중국 전통문화로 간주한 때문이다. '문화 열기' 지식인들이 유교 등 주류 문화를 중국 전통문화의 핵심으로 보고 그 봉건성을 배척하였다. 이들에게는 중국 문화와 서구문화라는 '안과 밖'의 구분이 중요하였다. 하지만 '뿌리 찾기 문학' 지식인들은 '안과 밖' 혹은 서구문화와의 비교를 통해 중국 문화를 인식하는 것이 아니라, 중국 문화 자체를 그 내부로부터 변별하여 중국 문화를 재구성하였고, 중국 문화 속 비주류 문화와 지역문화에서 중국 전통의 생명력과 가능성을 본 것이다. 이처럼 '뿌리 찾기 문학' 지식인들에게

---

41 李杭育, 「理一理我們的根」, 『作家』 1985年 第9期.

중국 전통은 단일한 실체가 아니라 지역과 민족 등에 따라 다양한 문화의 집합체로 인식되었고, 이미 생명력이 다한 주류문화와 한족문화 등을 대체하여 비주류문화와 소수민족 지역문화, 민간문화, 농촌문화를 복원하여 중국 문화를 재구성하고 이를 통해 중국 문화의 생명력을 재창조하려고 하였다.

셋째, '문화 열기' 그룹과 '뿌리 찾기 문학' 그룹은 '문화와 중국'이라는 핵심 문제의식을 가지고 문화를 통해 중국을 재구축하려는 전망을 가진 점은 공통적이다. 하지만, '문화 열기' 그룹의 경우, 서구 근대문화를 중심으로 새롭게 중국이라는 상상의 공동체를 구축하려고 하였다면, '뿌리 찾기 문학' 그룹의 경우, 주류문화와 정통문화 밖의 소수민족문화와 지역문화, 혹은 민간문화를 통해 문화 중국과 중국 문화 공동체를 구성하여 중국을 재구축하려고 하였다. 허꾸이메이의 타당한 지적대로, 이들은 더 이상 단순히 〈중국 대 서구〉, 〈전통 대 현대〉라는 이분법 구조에 의지하는 것이 아니라 중국성(中國性) 자체의 문화 차이를 질문하고, 이를 통해 문화 중국 재구축을 시도한 것이다.[42] 이때 중국은 한족 중심의 유교 문화로 상상되는 것이 아니라 다양한 문화와 다양한 지역, 다양한 민족 등으로 상상되고 재구축되었다.

1980년대 중국 지식인은 문혁의 청산이라는 점에서 공통의 정체성을 찾았고, 문혁과 같은 비극이 초래된 근본 원인이 문화, 즉 중국 전통문화에 있다고 여기면서 문화의 변혁과 문화의 재구축을 통해 중국을 재구축하려고 하였다. 이런 점에서 보자면 1980년대는 문화혁명

42 賀桂梅, 『新啓蒙知識檔案: 八十年代中國文化研究』(北京大學出版社, 2010), 167~168면.

의 방식을 통해 중국 문화를 무산계급문화로 바꾸려고 했던 문혁과 목표는 달랐지만 문화의 변혁과 재구축을 통해 중국을 변혁하고 재구축하려는 문화혁명의 방식은 같았다. 1980년대에 문화혁명 방식으로 중국 문화를 재구성하려고 했던 지적 흐름 가운데 '문화 열기'그룹의 경우, 〈중국 대 서구〉, 〈전통 대 현대〉라는 이분법을 토대로 서구 중심주의에 경도되었다는 점에서, 문혁 시기의 문화혁명과는 정반대의 극단으로 나아갔다. 문혁 시기 비극의 청산과 현대화를 추구하기 위해 중국 문화를 봉건과 어둠, 낙후로 재발견, 재구축하고, 문혁 시기에는 악마로 상징되었던 서구를 이제는 현대와 빛, 발전의 상징으로 재발견, 재구축한 것이다. 이는 서구에 대한 상상적 재현과 서구의 시선에 따른 중국의 자기 재현, 즉 옥시덴탈리즘과 셀프 오리엔탈리즘이 결합된 산물이었다. 요컨대 반중국 서구 중심주의 문화 계몽 기획이었다. 이러한 문화 계몽 기획은 중국 문화의 봉건성 탈피, 중국 문화의 현대화에 크게 기여하였다. 하지만 다른 한편으로 서구 근대현대문화를 방법이 아니라 목적으로 설정하는 서구 중심주의와 식민주의에 빠져 있었고, 이는 1990년대 이후 문화 계몽이 중국 지식인 사회에서 급격하게 담론적 힘을 잃는 원인으로 작용하였다.

이러한 1980년대 지배적인 지적 흐름에 일종의 비주류 담론으로 출현한 '뿌리 찾기 문학'의 지적 흐름은 그러한 반전통 흐름에 저항하는 일종의 '반 반전통'조류이자, 주변문화와 소수민족문화, 지역문화, 농촌문화, 민간문화의 복원을 통해 중국 문화를 재구축하려는 기획이었다. 이들은 중국 문화를 서구문화와 비교하는 가운데 중국 문화를 인식하는 것이 아니라 중국 문화 내부에서 중국 문화 자체를 해체하고 변별하여, 그동안 주류문화에 억압당하고 밀려난 중국 주변문화의 복원을 통해 중국을 재발견하고 재구축하려 하였다. '뿌리 찾기 문학' 그룹 지식인들이 서구 문화에 대한 일방적 경도를 비판하면서 중국 전통문화를 재발견하려는 지적 노력은 1990년대 이후 중국 지식인들이 중국 전통을 다시 사유하는 데 영향을 미쳤다. 물론 1990년대 이후, 특히 2000년대 이후 중국 지식인 사회의 중국 전통 재발견은 '뿌리 찾기 문학' 그룹과는 달리 유교 등 주류문화를 재발견한다는 점에서, 주변문화를 재발견한 '뿌리 찾기 문학' 그룹의 전통 인식과는 중요한 차이가 있다. 요컨대, 둘은 서구 문화에 대한 비판적 인식을 공유하였다는 공통점이 있지만, 2000년대 이후 중국 전통 재발견이라는 지적 조류의 경우 유교를 중심으로 문화 중국을 구상하였다면, '뿌리 찾기 문학' 그룹 지식인들은 비주류, 지역 문화를 중심으로 한 문화 중국을 구상한 것이다.

3. 신계몽주의의 의의와 한계

1980년대 중국 인문 사상계를 주도한 사상 조류는 마오쩌둥 사회주의 시대의 주류 문화 사상에 대한 비판이었고, 1980년대 중국 사상계의 보편적인 인식은 신계몽 사상으로 대표되는 현대화 이데올로기였다.[43] 마오쩌둥 사회주의 시대에 대한 비판이 현대화라는 차원에서

43 賀桂梅, 『人文學的想像力』(河南大學出版社, 2005), 17면.

진행된 것이다. 이는 곧 마오쩌둥 사회주의 시대를 현대화 이전으로, 즉 전통 시대의 연장이나 봉건 시대의 연장으로 이해하는 가운데 현대화와 계몽을 새로운 시대적 과제로 인식한 것이다. 이러한 인식은 중국 근현대사의 민족주의 운동과 사회주의 혁명운동, 특히 마오쩌둥 시대 사회주의에 대한 매우 심각한 부정이다. 리쩌허우의 논리에 따르자면 민족주의 혁명, 리쩌허우식으로 말하면 민족혁명의 논리에 가려서, 즉 '구망'을 추구하느라 계몽과 현대화가 중단되었고, 진꾸안타오의 논리대로라면, 중국 봉건시대의 초안정 구조가 사회주의 시대에도 연속된 가운데 현대 중국에서도 봉건 전통이 계속되었다. 요컨대, 개혁개방이 시작된 1980년대 시점에서 볼 때 계몽과 현대화는 중단된 채 아직껏 실현되지 않은 과제이다. 계몽과 현대화의 과제가 마오쩌둥 사회주의 시대를 포함하여 중국 근현대사의 전개 과정에 대한 비판적 인식 속에서 제기되면서, 〈전통 대 현대〉 〈중국 대 서구〉의 이분법적 인식을 토대로 중국과 서구에 대한 재발견이 동시에 진행되었고, 중국을 봉건 전통이라는 차원에서 재발견하는 것과 동시에 서구를 현대화의 상징이자 중국이 추수해야 할 전범으로 재발견하는 반중국(전통) 서구중심주의가 유행하였다.

그리고 계몽과 현대화의 추진의 주체로서 지식인의 중심적 지위와 역할이 더없이 강조되었다. 1980년대에 이르러 중국 지식인은 사회주의 혁명 시기와 마오쩌둥 시기에 요구 받았던 인민 대중과의 결합과 인민 대중에게 학습을 통한 지식인의 개조라는 오랜 혁명 전통에서 벗어날 수 있었고, 인민을 계몽하는 선각자의 지위와 역할을 자청하였다. 1980년대 중국 지식인의 이러한 시대 인식과 지위 회복은 1980년대를 5·4 시대에 이은 또 하나의 5·4 시대나 5·4 계몽주의 정신을 계승한 신계몽주의 시대와 맞물려 있었다.

그런데 반전통을 바탕으로 한 서구화, 현대화에 경도되었던 1980년대 중국 지식인 사회의 이러한 인식은 자기 오리엔탈리즘과 서구에 대한 본질주의 해석에서 나오는 옥시덴탈리즘이 결합된 것으로, 비서구 사회에서 흔히 발견되는 식민주의 인식의 전형이었다. 이는 서구 근대(현대)에 대한 낭만적 경도 속에서 서구 중심주의에 빠진 1980년대 중국 지식인 사회의 식민성을 상징한다. 이는 1980년대 중국 지식인 담론이 지닌 치명적인 약점이다. 1980년대 지식인 사회의 식민성과 관련하여, 1980년대 세대 지식인 가운데 한 사람인 주뚱리(祝東力)가 자신의 청년시절을 회고하면서, 1980년대는 중국 역사를 비판하고 중국혁명을 부정하고, 국가와 민족, 집단에 질문을 던지면서 서구 정치와 경제, 과학, 언어, 문화, 학술사상을 쫓던 시대였고, 1980년대 지식체계, 가치관, 심미관은 상당 정도 부끄럽게도 반인민적이고 식민화된 것이었다고 회고하는 것도 이런 맥락이다.[44]

하지만 1980년대 중국 지식인의 신계몽주의의 성격을 이렇게 식민성으로만 규정하기에는 문제가 간단하지 않다. 현대 중국에서 빈번히 발견되는 옥시덴탈리즘에서 서구를 해방의 상징 혹은 악마의 상징으로 본질화(essentialization)시켜 재발견하는 일은 반복되어 왔다.[45] 마

44 祝東力, 「我們這一代人的思想曲折」(2005), 曲路淩, 「對新左派自由主義派泛中國特色派的梳理與思考」에서 인용, http://www.aisixiang.com/data/60531.html

45 현대중국에서 옥시덴탈리즘의 억압적, 혹은 해방적 기능에 대해서는 샤오메이 천, 정진배·김경아 역, 『옥시덴탈리즘』(강, 2001) 참조.

오쩌둥 시대에 체제의 필요에 따라 서구가 악마로 본질화되었다면, 1980년대 중국 지식인은 마오쩌둥 시대의 유산을 청산하고 현대화를 달성하기 위해 서구를 현대화와 해방의 상징으로 본질화시켰다. 이 차원에서 보자면 1980년대 중국 지식인 사회의 옥시덴탈리즘은 중국 당대 현실에 대한 저항의 성격을 지닌다. 1980년대 중국 지식인 사회의 서구주의 담론은 "모든 가치를 재평가하라"는 태도로서, 마오쩌둥 사회주의 유산의 청산과 현대화, 그리고 개인의 가치와 민주, 과학의 정신을 주장한 점에서 보자면 당시 중국 현실에서 가장 강한 저항성과 급진성을 지녔던 것이다. 1980년대 중국 지식인 사회의 식민성이 현실에서 저항성과 급진성을 갖는 것은 제3세계 지식인 사회의 식민성의 성격을 복합적으로 이해하는 하나의 사례가 될 것이다.

물론 1980년대 중국 지식인 사회의 이러한 반전통 서구 중심주의가 하나의 시대 조류로서 넓게 퍼지게 된 데에는, 중국 지식인 사회의 이러한 보편적 인식 못지않게 개혁개방과 현대화를 표방한 덩샤오핑 정권의 이데올로기와 접합점이 마련되었기 때문에 가능하였다. 왕후이가 1980년대 신계몽 사상의 기본 입장과 역사적 의의를 두고 당시 "총체적인 국가 개혁에 이데올로기적 기초를 제공"하였고, 신계몽주의 지식인과 국가 목표는 서로 연결되어 있었다라고[46] 평가한 것은 이 차원이다. 마오쩌둥 사회주의 청산, 그리고 개혁개방과 현대화 추진이라는 점에서 덩샤오핑 정권과 중국 지식인 사이에 시대적 과제에 대한 공통의 인식이 자리 잡고 있었던 것이다. 물론 이러한 공통의 인식

46 왕후이, 「중국 사상계의 현황과 근대성 문제」, 왕후이 지음, 이욱연, 차태근 옮김, 『새로운 아시아를 상상한다』(창비, 2003), 55면.

은 1980년대 말에 이르러 한계에 이르게 된다. 1989년 6·4 천안문 사태가 말해 주듯이 현대화를 경제적 차원에 국한하려는 정권 측과 현대화를 사상과 정치제도 등의 차원까지 폭넓게 인식하는 지식인 사이에, 특히 서구식 제도의 과감한 도입을 주장하는 급진적인 서구주의 지식인들 사이에 갈등이 일어나게 된다.

하지만 1980년대 중국 지식인 사회의 신계몽주의와 현대화 추구가 진정으로 도전에 직면한 것은 중국 정부 때문이 아니라 1990년대 중국 사회의 시장화로 인해서였다. 1980년대 이후 추진된 개혁개방 정책이 1993년부터 사회주의 시장경제 이름으로 한층 확대되는 가운데 1980년대 지식인들이 갈망하던 현대화가 빠르게 중국에서 실현되면서 역설적으로 1980년대 신계몽 사상은 위기와 분화에 직면하게 되었다. 사회주의 시장경제 시대에 신계몽주의의 현대화 논리는 사회주의 시장경제를 지지하는 자유주의 담론으로서 1990년대 새로운 체제 이데올로기로 작동하였고, 다른 한편에서는 급격한 현대화로 인한 갖가지 부작용이 속출하는 가운데 현대화에 대한 낭만적 환상이 깨지면서 현대화에 대한 비판적 인식이 등장하는 가운데 신계몽주의 대오가 분화한 것이다.

3장

사회주의 시장경제 시대 중국 지성 : 서구와 중국 사이

3장
사회주의 시장경제 시대 중국 지성: 서구와 중국 사이

1. 1990년대 중국 지식인 사회의 변화 : 새로운 정체성과 지식인 사회의 분화

중국 지성사의 관점에서 1980년대와 1990년대를 구분할 때, 중국 현대사의 가장 큰 비극이라고 할 수 있는 톈안먼 사태가 일어난 1989년을 경계로 삼으면서 "1989년은 분명 회피할 수 없는 결정적인 역사 시기"[1]라고 보곤 한다. 하지만 1980년대와 구별되는 1990년대적 양상이 나타나기 시작한 것은, 엄밀하게 말하면 1993년부터이다. 덩샤오핑이 1992년 '남순강화(南巡講話)'를 통해 개혁개방 정책이 100년간은

1 王岳川,『中國鏡像−90年代文化研究』(中央編譯出版社, 2001), 32면.

지속된다는 것을 천명하고 1993년 장쩌민(江澤民) 체제가 들어선 이후부터인 것이다. 이른바 사회주의 시장경제 시대가 열린 것이다. 톈안먼 사태가 비극으로 끝난 뒤, 중국 지식인 사회는, 일부는 해외로 망명하고, 일부는 시골로 떠나는 문혁 시기와는 다른 형태의 '하방(下放)'을 떠난 가운데, 한동안 적막에 휩싸였다. 이런 가운데 1990년 초반 중국 지식인 사회의 가장 주목할 만한 현상은 지식인들이 광장에서 밀실과 서재로 들어가는 이른바 '퇴거서재(退居書齋)' 조류가 그것이다. 이는 삼엄한 정치적 분위기로 인한 불가피한 선택이기도 하지만, 과도한 정치적 열광의 시대를 반성하고 학문을 통해 출구를 모색하려는 의식적인 선택이기도 하였다. 그러던 것이 1992년 덩샤오핑의 이른바 '남순강화' 이후 개혁개방의 원칙이 재천명되고 중국 사회가 다시금 활력을 회복해 가는 가운데 중국 지식인 사회도 차츰 정비되기 시작한다.

1980년대 중국 지식인 사회와 비교하여 1990년대 사회주의 시장경제 시대의 중국 지식인 사회의 가장 큰 특징은 지식인 사회의 분화다. 1980년대 중국 지식인 사회는 공동의 적과 공동의 목표가 있었고, 이로 인해 중국 지식인들은 하나의 집단을 이룰 수 있었다. 그 공동의 적이란 바로 마오쩌둥 사회주의였고, 문혁을 포함하여 마오쩌둥 사회주의, 그리고 마오쩌둥 사회주의의 봉건성의 토대로서 중국 전통문화의 봉건성이었다. 이러한 공동의 적을 타도하고 청산하기 위해서 현대화와 계몽을 외쳤고, 신계몽주의 사상을 중심으로 한 현대화 이데올로기가 1980년대 중국 지식인의 정체성을 규정하였다.

80년대에도 여러 가지 논쟁이나 이데올로기적 차이가 있었지만

이러한 차이의 배후에 자리한 지적 배경이나 사고틀, 가치 지향 등은 기본적으로 일치했다. 그들의 배후에는 공동의 사상적 자원이 있었는데, 계몽 담론이 바로 그것이다. 하지만 90년대 이후 그러한 동일성은 더 이상 존재하지 않게 되었다. 통일된 사상적 자원은 완전 해체되었고 모든 사람들이 한결같이 승인하는 기본 담론이 더 이상 존재하지 않는다. (…) 20세기 말 중국에서 하나의 통일된 중국 사상계나 지식계란 이미 존재하지 않는다."[2]

1980년대는 계몽과 현대화를 기준으로 삼아 마오쩌둥 사회주의와 중국 전통 문화를 비판하였다면, 1990년대 이후 계몽과 현대화 자체가 비판의 대상이 된 것이고, 계몽과 현대화에 대한 이해와 판단 차이에 따라 다양하게 분화된 것이다. 1980년대와 비교하자면 1990년대 중국 지식인 사회는 지적 쟁점으로 볼 때 1980년대 중국 지식인 사회에서는 현대화(modernization)가 지적 쟁점이었다면 1990년대는 현대성(modernity)이 지적 쟁점이 되었다. 즉 1980년대는 현대화라는 목표를 질문이 필요 없는 절대과제로 전제하고 중국 사회 각 영역의 현대화를 추구한다는 데서 중국 지식인 사회가 공동의 인식이 형성되었다면, 1990년대는 현대성의 본질을 질문하면서 현대성 자체에 대한 비판적 질문과 현대성의 재구성을 시도한 것이다. 그리고 현대성에 대한 이해의 차이를 바탕으로 지식인 사회가 분화하게 된다. 1980년대 지식인이 계몽과 현대화라는 목표 아래 단일 대오를 이룬 것과 달리 현대성에 대한 상이한 이해를 바탕으로, 이에 따라 사상 분화가 일어난

2 許紀霖, 「關於知識分子的系列思考」, 『東方文化周刊』 1999年 第6期, 王岳川, 위의 책, 81면에서 인용.

것이다.

1990년대 들어서 중국 지식인 사회에서 지적 쟁점이 변화하고 중국 지식인 사회가 분화하게 된 주된 배경은 1990년대 중국 사회의 변화 자체에 있다. 우선, 1990년대 들어, 특히 1992년 '남순강화' 이후 중국 경제가 빠르게 성장했고, 중국 사회의 근대화, 중국인들 표현으로 현대화 추세 역시 놀랄 만한 속도로 진행되었다. 매년 10~15%씩 경제가 성장하는 가운데 1980년대 지식인들이 갈망하던 현대화가 중국 현실에서 빠르게 실현된 것이다. 중국 경제의 고속성장과 이에 따른 중국의 현대화, 시장화는 중국 지식인의 위상과 역할에 변화를 가져온 것은 물론이고, 중국 지식인 사회를 분화시키는 주요한 배경이었다. 중국의 현대화와 시장화는 1990년대 중국 지식인 사회에 다음과 같은 변화를 가져왔다.

먼저, 1990년대 중국의 현대화와 시장화 속에서 중국 지식인은 더 이상 1980년대와 같은 계몽적 지위와 역할을 자임할 수 없게 되었다. 문혁 종결 이후 1980년대 중국에서 지식인들은 현대화를 가장 크게 외친 집단이자, 개혁개방 정권이 추진하는 현대화 정책의 가장 열렬한 지지자였다. 그런데 1990년대에 들어서 현대화가 빠르게 실현되고 중국의 현실이 그들이 꿈꾼 현대화에 근접해 갔지만, 중국 지식인들에게 현대화 되어 가는 현실은 더없이 잔혹하였다. 눈앞에 펼쳐진 시장경제 시대에 해방을 맞이한 것은 대중들이었고, 그들만이 환락의 시대를 맞은 것이다.[3] 대중문화의 급속한 확산, 미디어의 확장, 과학기술 지식의

3 孟繁華, 『衆神狂歡』(今日中國出版社, 1997), 197면.

확대 속에서 문화생산자로서의 지식인의 역할, 그리고 인민과 역사를 선도하는 계몽적 지식인으로서의 위상과 역할이 심각하게 도전을 받게 된 것이다. 그들은 이제 청중과 독자를 잃은 것이다. 1990년대 중국 민중들은 스스로의 오락 방식을 가지게 되었고, 피계몽, 피단결, 피교육의 피동적 지위를 벗어난 민중이었다.[4] 그런 중국 민중의 영웅은 지식인이 아니라 연예인이고, 문화 생산의 주체는 지식인이 아니라 미디어가 된 것이다.

그리고 이러한 변화를 추동한 근본적인 주역은 '시장'이었다. 이전 중국에서 국가의 지배이데올로기와 지식인 문화가 문화 공간을 지배하였다면 이제는 여기에 시장문화가 들어서서 빠르게 확산되어 가고, 그런 만큼 지식인들의 문화적 역할은 축소되었다.[5] 특히 1980년대 신계몽주의의 주요 주창자들이었던 이른바 지식청년(知識靑年)세대, 혹은 '홍위병' 세대 지식인들중 이상주의에 젖은 지식인들의 경우, 더더욱 시장경제의 흐름에서 낙오되면서, 강렬한 위기감과 상실감('失落感')이 이들 지식인들의 집단적 심리로 자리 잡게 된다.[6] 1980년대 신계몽주의를 이끌었던 지식인들이 이렇게 위기감과 상실감을 느낀 것은 이들이 빠르게 현대화 되는 중국 현실에 대한 해석력, 혹은 응전력을 잃은 데도 원인이 있다. 1980년대 신계몽주의 지식인들은 중국을 봉건사회로 규정하는 가운데 봉건성의 타파와 현대화의 쟁취를 중국 사회

4 陳曉明, 「分化的時代: 衆聲喧嘩與獨領風騷,」『原道』 第1輯(中國社會科學出版社, 1994), 361면.

5 孟繁華, 『衆神狂歡』(今日中國出版社, 1997), 16면.

6 위와 같음.

의 핵심 과제로 설정한 점에서는 혁명적, 시대적 역할을 수행하였다. 하지만 1990년대 들어 중국 사회가 빠르게 현대화되고, 세계 자본주의 체제에 편입되면서 발생하는 갖가지 문제, 예컨대 자본과 노동의 문제, 다국적 자본의 문제, 대중 소비문화의 문제 등에 대한 분석과 대응능력을 상실하였고, 이로 인해 중국 현실에서 급격하게 발언력과 영향력을 잃은 것이다. 1980년대 계몽주의 지식인을 대신해 1990년대 중국 지식인 사회의 주요 화두를 이끈 지식인들이 '지청' 혹은 '홍위병' 세대 이후의 새롭게 등장한, 당시 나이로 3, 40대 지식인들이라는 점은 이와 관련된다.

1990년대 중국 지식인 사회에서 일어난 두 번째 변화는, 중국 사회에 중국의 경제 성장과 국력 증대, 그리고 국제환경 변화에 따라 민족주의가 대두한 것과 맞물려, 이것이 중국 지식인의 정체성에 새로운 변화를 가져왔다. 물론 1980년대 말, 이른바 '신권위주의' 주창자들에게서도 민족주의적 색채가 드러나기도 했지만, 개혁개방 이후 중국에서 반서구적 민족주의가 중요하게 대두된 것은 톈안먼 사태(1989) 이후, 특히 장쩌민(江澤民) 집권(1993) 이후이다.[7] 1992년 이후 민족주의가 지배적 담론이 된 데에는 관변 쪽의 의도적 프로그램과 민간의 자발적 호응이 상호 작용하였다.

우선, 관변적 차원에서 보자면 1992년 이후 시장경제의 급속한 확산으로 인한 사회주의에 대한 신앙('信心')의 위기가 심해지고, 톈안먼 사태 이후 중국공산당의 권위가 추락한 가운데 이데올로기적 진공 상

7 Merle Goldman and Leo Ou-fan Lee eds., *An intellectual history of modern China*(New York: Cambridge University Press, 2002), 523~530면.

태 속에서 중국 정부와 중국공산당이 새로운 통치이데올로기로서 민족주의를 의도적으로 고취시킨 데서 그 원인을 찾을 수 있다. 텐안먼 사태 이후 사회주의가 이데올로기적 통치 작용을 잃은 상태에서 중국공산당과 정부는 "전통 이데올로기의 영향력 감소"에 따른 "새로운 이데올로기를 추동할 필요성"[8]을 느꼈고, 그 결과 염황(炎黃)자손 논리라든지, 중화민족 등에 호소하는 민족주의가 사회주의를 대신해 주요 통치 이데올로기로 부상한 것이다.[9] 1992년부터 시작하여 1994년까지 중국 당국이 전 매스컴을 동원하여 대대적으로 전개한 애국주의 캠페인은 바로 그러한 관변 민족주의운동(official nationalism)이었던 셈이다. 애국주의로 표현된 관변 민족주의 운동은 중국공산당과 국가로부터 이반해 가는 지식인들을 다시금 응집시키기 위한 시도이기도 하였다.

그런가 하면 민간에서도 민족주의 정서가 확산된다. 우선 민족주의 차원의 자부심이 확산되는데, 1990년대 초반의 경제적 비약으로 5·4 이래 중국인들의 주요한 근대성의 경험 중의 하나인 낙후에 대한 초조감과 위기의식, 중국이 낙후로 인해 세계에서 사라져 버릴지도 모른다고 생각하는 이른바 '구적(球籍) 박탈의 위기감'이 상당 정도 완화된다. "중국은 이미 대단한 성취, 공인된 성취를 이루었다"[10]는 인식이 폭넓게 확산된 것이다. 또한 서구와의 접촉이 늘어나고 서구 문화가 다량 유입됨에 따라 서구 및 현대화에 대해 지나치게 낭만적으로

8 馬立誠·凌志軍 著, 『交鋒』(今日中國出版社, 1998), 285면.

9 徐賁 著, 『文化批評往何處去一九八九年後的中國文化討論』(天地圖書, 1998), 240면.

10 李愼之, 「全球化時代中國人的使命」, 『東方』 第 1995年 5期, 14면.

생각하고 이상으로 여겼던 데서 차차 벗어나게 된다. 1980년대 계몽주의 지식인들에게 서구는 편리한 물질생활과 진보된 과학기술, 합리적 제도, 역동적 정신의 상징이었다. 그러나 개혁개방이 10여 년을 경과하는 가운데 서구 현실에 대한 접촉이 늘어나면서 서구가 완전한 것이 아니라는 사실을 깨닫기 시작했다. 서구에 대한 인식과 태도가 한층 이성적으로 되었고, 서구에 대한 물신주의적 접근(fetishistic towards)에서 벗어나기 시작한 것이다.[11]

이러한 국내 환경과 더불어 서구와 중국, 특히 중국과 미국의 긴장은 민족주의 열기에 기름을 부었다. 1993년에 나온 헌팅턴(Huntington, Samuel P.)의 문명충돌론, 영국과 미국의 반대로 인한 2000년 베이징 올림픽 개최 노력의 실패(1993)로 미국과 서구에 대한 비난이 자발적으로 일어나게 되고, 이는 중국 경제의 비약적 성장에 따른 자부심과 연결되면서 민족주의를 각성시킨다. 그런 가운데 1995년 리덩후이(李登輝) 타이완 총통의 미국 방문으로 인한 중미 관계의 긴장과 타이완에 대한 대륙의 무력시위, 미국을 필두로 서구에서 끊임없이 대두하는 '중국 위협론'과 '황화(黃禍)론'[12], 중국 경제의 급속한 발전에 따른 대국화를 견제하려는 미국 등 서구 국가의 시도[13] 등이 이어지면서 중국인들의 반서구적 민족주의 경향은 절정에 이르게 되는 것

11 1990년대 민족주의의 등장 배경에 대해서는 졸고, 「1990년대 중국의 탈식민주의 비평」, 『중국현대문학』 제18호(2000. 6) 337~343면 참조.

12 「美國圍堵中國?」, 『亞洲週刊』, 1995년 7월 23일, 18면.

13 1994년 말 미국에서 실시된 한 여론조사 결과 57%의 미국인들은 중국의 발전이 미국을 위협하게 될 것이라고 응답했다. Yongnian Zheng, *Discovering Chinese Nationalism in China*(Cambridge Univ. Press, 1999), 3면. "번지는 중국 공포증", 『뉴스위크』(한국판), 1995년 7월 19일, 14면.

이다. 『노(No)라고 말할 수 있는 중국(中國可以說不)』, 『중국은 왜 노(No)라고 하는가(中國爲什麽說不)』, 『중국을 악마로 만드는 배경(妖魔化中國的背後)』 등등의 책이 쏟아져 나온 것은 그러한 반서구적, 특히 반미적 분위기의 산물이다.

1990년대 중국 사회에서 민족주의는 끊임없이 다른 요소들과의 결합을 통해 자기 증식을 해나갔다. 정치적으로는 신권위주의와 결합하여 중국이 서구처럼 개인주의와 자유주의의 길을 가서는 안 되며, 집단정신과 권위주의적 구심력을 지닌 채 개혁개방을 추진해야 한다는 주장으로 나타났다. 이러한 정치적 신권위주의가 경제적으로 유교자본주의와 동아시아모델에 강한 집착을 보인 것은 당연했다.

그런가 하면, 민족주의가 문화적으로는 문화 보수주의로 발현되었다. 민족주의에 경도된 지식인들의 경우, 중국과 서구의 관계에서 중국이 서구의 주변에 처해 있다고 판단하는 한편 그 같은 주변적 위치에 처한 중국 민족의 처지와 자신을 동일한 약세 위치, 주변 위치에 놓았다. 그리고 이를 통해 자신과 민족은 공동운명체가 되고, 스스로를 민족 문화의 대변인·수호자로 자임하면서 나아가 민족 본토 문화의 순수성 재건을 위한 막중한 임무를 자각하였다. 1980년대 대다수 지식인들이 '나는 누구인가(我是誰)'라고 묻는 가운데 자기 정체성을 찾았다면, 1990년대에는 '우리는 누구인가(我們是誰)'라는 물음 속에서 자기 정체성을 모색하였다.[14] 1980년대 지식인들이 계몽 지식인이었다면 1990년대 지식인은 '본토 지식인'이었던 것이다. 1980년대 중국

---

14 徐賁, 「我們是誰?: 論文化批評中的共同體身分認同問題」, 李世濤 主編, 『知識分子立場: 民族主義與轉型期中國的命運』(時代文藝出版社, 2000), 483면.

지식인들이 마오쩌둥 사회주의를 반봉건으로 규정하는 가운데 계몽적 지위와 역할을 자임하면서 지식인 내부의 집단적 정체성과 역할을 모색하였다면, 1990년대 중국 지식인들, 특히 문화 보수주의에 경도된 지식인들은 민족(문화)의 대변인으로서 정체성과 역할을 모색한 것이다. 탈식민주의(post colonialism, 後殖民主義)와 포스트 모더니즘(post modernism, 後現代主義) 등 이른바 '포스트(post) 주의(後學)'에 경도된 지식인들의 경우, 특히 그러하였다. 이처럼 민족주의 분위기의 대두는 1990년대 중국 지식인 사회의 담론은 물론이고 중국 지식인의 정체성에도 새로운 변화를 가져온 것이다.

1990년대 중국 지식인 사회에서 일어난 세 번째 변화는, 현대화(근대화)와 현대성(근대성)에 대한 성찰이 진행되면서 1980년대 계몽 대열이 분화하는 가운데 다양한 지적 분파가 출현하였다는 점이다. 1990년대 중국 지식인 사회는 대논쟁의 시대였고, 논쟁을 통해서 중국 지식인 사회의 분화가 빨라지고 분명해졌다. 쉬지린은 1990년대 중국 지식인 사회에서 일어난 분화를 주요 논쟁을 중심으로 3단계로 분류한다. 첫 단계는 1990년부터 1992년까지로, 학술 규범에 관한 토론과 급진과 보수를 둘러싼 논쟁이 일어난 시기다. 홍콩에서 발행되는 『21세기(二十一世紀)』 잡지와 베이징에서 발행되는 『동방(東方)』 잡지를 중심으로 위잉스(余英時) 등[15] 해외 학자와 중국 대륙 학자가 참여하여 벌인 이 논쟁에서 급진주의에 반대하는 지식인들은 5·4부터 문혁, 그리

15 余英時는 1988년 9월 홍콩 중문(中文)대학에서 「중국 근현대사상사의 급진과 보수(中國近現代思想史上的激進與保守)」라는 특강을 하는데, 이것이 대륙 지식인 사회에 전해지면서 관련 논의가 확대되었다.

고 1980년대에 이르기까지 중국 사회에서 급진주의 사조만 유행하고 보수주의가 설 자리를 잃으면서 중국 근현대사의 비극이 초래되었다고 보았다. 리쩌허우의 '혁명과 작별(告别革命)'론이 상징하듯이, 중국 근현대사에 등장한 급진주의 개혁론을 경계한 것이다. 1980년대 반전통 현대화, 반전통 서구화 주장과 달리 점진적 현대화와 전통 질서를 존중한 가운데 현대화를 추진할 것을 주장하는 신보수주의가 이런 주장에 동조하였다. 이러한 주장에 비판적인 지식인들은 중국 현대화가 좌절되고 현실 변화가 초래되지 못한 것은 급진주의 때문이 아니라 너무 강한 보수주의 때문이었다고 반박하면서[16] 논쟁이 진행되었다.

두 번째 단계는 1992년 덩샤오핑의 남순강화 이후 사회주의 시장경제가 본격화되고 중국 경제가 비상하기 시작하던 무렵이다. 1994년에 일어난 인문정신 논쟁과 포스트 모더니즘과 탈식민주의 논쟁이 일어난 시기다.[17] 세 번째 단계는 1997년 이후로, 1997년 말 왕후이의 글 「현 중국의 사상 상황과 현대성 문제(當代中國的思想狀況與現代性問題)」[18]

---

16 급진과 보수의 논쟁의 주요 쟁점과 경과에 대해서는 쉬지린 등 저, 이주노 등 역, 『계몽의 자아와해』(전남대학교출판부, 2014), 79~118면 참조.

17 인문정신 논쟁에 대해서는 3장 3절, 포스트모더니즘, 탈식민주의 주장에 대해서는 3장 4절 참조.

18 汪暉의 이 글은 원래 필자와 왕후이와 대화하던 도중 필자의 요청에 따라 왕후이가 한국인을 위해 쓴 것이고, 이후 중국에서 여러 차례 판본을 달리하며 발표되었다. 최초 간단한 메모 수준의 구상이 『고대신문』 1994년 5월 2일자(1205호)에 발표되었고, 이어 『창작과비평』, 1994년 겨울호(제22권 4호) 56~75면에 「중국 사회주의와 근대성 문제」라는 제목으로 발표되었다. 그 후, 『창작과비평』에 실린 글이 일본 『世界』와 미국 『Social Text』에 전제되었다. 중국 내에서는 그 글이 담고 있는 민감한 내용 때문에 발표되지 못했고, 몇몇 지식인들 사이에서만 복사본으로 돌려 읽혀지다가 3년이 지난 뒤 하이난다오(海南島)에서 발행되는 진보적 문학계간지 『天涯』 1997年 第5期에 공개되면서, 중국 지식계에 파장

가 발표된 것을 계기로 일어난 자유주의와 신좌파 사이의 논쟁이다.[19] 1990년대 중국 지식인 사회에서 논쟁이 다양한 주제를 둘러싸고 논쟁이 격렬했던 것은 1980년대 지식인이 공유하였던 마오쩌둥 사회주의 청산이라는 공동의 적도 사라졌을 뿐만 아니라 계몽과 현대화라는 공동의 목표도 더 이상 공유할 수 없었기 때문이다. 이런 의미에서 보자면, 1990년대 중국 지식인 사회의 논쟁은 이론과 학술 차원의 논쟁이기도 하지만 중국 현실 인식과 중국의 미래 구상 및 실천과 관련한 정치 색채가 매우 강한 일종의 이데올로기 투쟁이었다. 특히 자유주의와 신좌파 사이의 논쟁이 더욱 그런 색채가 강했다.

1990년대 중국 지식인 대오의 분화는 중국 지식인의 지위와 정체성, 문화적 역할 차원에서 볼 때 〈국가(관변) 대 지식인〉 〈시장 대 지식인〉이라는 이원대립 구도가 더 이상 유용한 분석틀이 될 수 없다는 것을 말해 준다. 1990년대 문화는 과거처럼 국가(관방)와 지식인의 결합 혹은 대립에 의해 생산되는 것이 아니라 국가(관방), 지식인, 시장 3자에 의해 이루어지고 있다는 점에서 크게 구별된다. 하지만 이들 3자

을 불러일으켰다. 그러나 여기에는 주석이 빠져 있다. 『文藝爭鳴』에 실린 것이 가장 최종적인 저본인 셈이고, 『창작과비평』에 실린 내용과 대부분 같지만, 서론 부분과 1990년대 사상계에 관한 일부 내용, 그리고 주석이 추가되었다는 점, 그리고 『창작과비평』에 실린 것보다 몇 부분에서 표현이 다소 완화되었다는 점이 다르다. 국내에는 여러 번역본이 있다. 『창작과비평』에 원래 실렸던 글, 그리고 『文藝爭鳴』의 수정본을 저본으로 한 이희옥 번역의 『당대비평』 번역본(「세계화 속의 중국, 자기 변혁의 추구 1, 2」 『당대비평』 5, 6호, 2000년 2월, 6월), 그리고 최종 수정본을 바탕으로 한 번역본이 둘이다. 왕후이 저, 이욱연, 차태근 역, 『새로운 아시아를 상상한다』(창비, 2003), 왕후이 지음, 김택규 옮김, 『죽은 불 다시 살아나』(삼인, 2005).

19 자유주의와 신좌파 사이의 쟁점에 대해서는 3장 6절 참조.

가 독자적으로 작동하여 나름의 문화를 생산하는 것은 아니다. 때로는 대립하기도 하고, 때로는 공조하기도 한다. 예컨대, 국가는 대중문화에 대해 억압자로 출현하기도 하지만 시장과 더불어 대중문화의 창출자이기도 하다. 지식인들이 국가 및 시장과 맺는 관계 역시 그러하다. 1990년대 중국 지식인 대오의 분화는 바로 이러한 1990년대 변화된 중국 현실의 필연적 산물인 것이다.

1990년대 중국 지식인 사회에서 일어난 네 번째 변화는, 학술과 사상의 분리를 통한 학자형 지식인의 등장이다. 1989년 톈안먼 사태가 비극적으로 마감되고 일정 기간 침묵을 거친 뒤 1990년 초에 창간된 학술잡지 『학인(學人)』과 『원도(原道)』는 일반적으로 중국 지식인 사회가 사상(사)에서 학술(사)로 전환한 것을 상징한다고 평가된다.[20] 톈안먼 사태 이후 중국 지식인이 광장에서 서재로 돌아가는 이른바 '퇴거서재(退居書齋)' 조류는 한편으로는 현실에 대한 소극적 대처이자 일종의 도피의 성격을 지니지만, 다른 한편으로는 정치와 현실에 지나치게 민감하였던 지적 분위기와 지식인의 사회 참여에서 벗어나 직업으로서의 학문이라는 인문연구의 직업화와 학자형 지식인의 출현을 가져온 것이다. 서구 근대 학문의 규범에 따른 학술연구 규범을 수립할 것을 요구하는 논의가 나오는 가운데, 중국 인문 지식인들이 전통 시대부터 지속되어 온 '문인' 기질에서 벗어나 문학 연구자로서 거듭나야 하고, 하나의 과학이자 학문으로서 문학을 연구해야 한다는 요청이 제

20 賀桂梅, 『人文學的想像力』(河南大學出版社, 2005), 27면 및 陳萍, 「新啓蒙主義思潮的演進軌迹」, 『重慶大學學報(社會科學版)』 2009年 15卷 第6期, 142면 참조.

기되었다.[21]

1990년대 중국 지식인 사회는 1980년대 지식인들이 갈망하였던 현대화가 현실로서 눈앞에 전개되는 가운데 1980년대 신계몽주의 지식인에게서 보이던 반전통 서구 중심주의에서 벗어나게 된다. 그런 가운데 중국 전통과 중국 근대성(현대성), 나아가 중화성, 그리고 중국 사회주의 경험을 재발견하게 된다. 1980년대 개혁개방부터 시작하여 2010년대 '중국의 꿈'(中國夢)이 제기되는 시점까지 보자면 중국 지식인 사회의 지적 관심과 지적 조류는 서구 중심주의에서 중국 중심주의로 이동하는데 1990년대는 과도기적 전환점이었다. 물론 1990년대 중국 지식인 사회는 중국 현실인식과 미래 전망, 근대성(현대성)에 대한 이해를 둘러싸고 다양하게 분화되었지만, 2000년대 이후 중국의 가치와 중국의 경험, 중국 근대성(현대성)에 대한 재발견을 특징으로 하는 중국 재발견이라는 큰 흐름을 여는 전환점이었다.

2. 국학의 대두와 전통 재평가

1990년대 중반 무렵부터 중국 지식인 사회에서 국학이 대두하게 된 것은 1990년대 이후 중국 지식인 사회에서 급진주의, 특히 문화적 급진주의를 비판하는 문화 보수주의 흐름이 형성되는 것과 관련이 있다. 급진주의에 대한 비판은 가깝게는 1980년대 지식인 사회의 주된

21 宣炳善, 「當代人文學者文人化傾向之批判」, 『學術界』 2002年 第3期, 105~108면 참조.

사상 흐름이었던 급진적인 서구 중심주의에 대한 비판이었지만, 멀리는 근대 신문화운동 시기의 급진주의에 대한 비판이기도 하였다. 1980년대의 사상적 지도자 중 한 사람인 리쩌허우가 1989년 사태에 대한 반성을 토대로 혁명은 좋은 것이고 개량은 나쁜 것이라는 인식을 바꾸는 담론의 전환을 주장한 것과 더불어 제기한 '혁명과 작별(告別革命)'은 그 개인만이 아니라 중국 지식인 사회가 1980년대의 서구화 주장에서 1990년대 문화 보수주의로 전환되어 가는 상징이었다.[22]

근대 초기의 국학운동이 사회주의 중국 성립 이후 자취를 감춘 뒤, 중국 지식인 사회에서 국학이 하나의 지적 조류로 등장한 시점은 1993년이다.[23] 중국사회과학원에서 『원도(原道)』를 창간하였고, 『문학평론(文學評論)』 등 여러 인문 잡지에 신문화운동과 1980년대 '문화열' 조류 등, 문화 급진주의를 비판하는 글과 논쟁이 잇달아 실리면서 국학운동이 하나의 새로운 지적 흐름으로 대두한 것이다. 국학운동은 1990년대 초반에 대두할 당시에는 일종의 지적 조류로서 지식인 사회의 관심사항이었지만, 1990년대 후반에 이르러서는 중국 사회의 광범위한 전통 부활 흐름과 맞물리면서 지적 조류를 넘어 폭넓은 사회적, 문화적 흐름으로 확대된다.

1980년대와 비교하여 1990년대는 전반적으로 보자면 전통으로 회귀한 시대인데,[24] 중문학자 판친린(范欽林)은 1990년대 당시 시점에서 중국에서 문언문이나 번체자는 물론이고, 심지어 『24효행도(二十四孝

22 方克立, 「評第二次文化熱的話語轉換」, 『高教理論前線』 1995年 第5期, 61면.

23 王岳川, 「國學熱的背景及走向」, 『社科新息文薈』 1995年 11期, 29면.

24 王岳川, 『中國鏡像: 九十年代文化研究』(中央編譯出版社, 2001), 33면.

行圖)』 같은 지금까지 줄곧 비판의 대상이 되어 온 것을 포함하여 갖가지 전통적인 것이 다시금 봄을 맞았다면서, "복고주의 유령이 베이징의 대지를 떠돌고 있다!"고 평하기도 했다.[25] 1990년대 중후반에 접어들면서 국학이라는 학문적 차원만이 아니라 다방면에 걸쳐 전통에 대한 재평가, 전통 회귀의 양상이 나타난 것이다. 1990년대 초반에 국학열기가 전통 부활의 단초였다면, 1990년대 중후반 이후에는 중국 전통 문명이나 세계관이 현대 문명을 극복할 대안으로 재평가되기도 하고, 텔레비전에서는 중국 고대 문명의 찬란함을 다룬 다큐멘터리가 계속 등장하기도 했다. 이러한 전통 부흥 흐름은 정치에서는 신보수주의로, 문화에서는 문화 보수주의로 표출되기도 했다. 그리고 2004년 9월 28일에는 사회주의 정권이 들어선 이후 처음으로 공자 탄생 2555주년 행사가 중국 정부의 참여 속에 열리기도 했다. 그런가 하면 초등학생들에게 경서를 교육시키는 붐이 일어나는 등, 정치와 경제, 사회, 문학 분야는 물론이고 관방에서 민간에 이르기까지 매우 광범위하게 전통으로 회귀 및 전통에 대한 재평가 현상이 일어났다.

1990년대 이후 이처럼 전통에 대한 새로운 인식이 생겨나고 전통의 긍정적 가치를 재발견하게 된 배경은 크게 네 가지 차원에서 검토할 수 있다. 첫째 배경은, 중국 경제의 비약적 성장에 따른 초조감의 완화와 민족적 자신감 회복이다. 1992년 1월에 이루어진 덩샤오핑의 '남순강화(南巡講話)'로 인해 중국에서 시장경제가 불가역전의 대세로 자리 잡는 가운데, 이후 1995년까지 연평균 11.7% 고속 성장을 이

25 范欽林, 「民族自尊的誤區與現代文化的選擇－對一種東方懷古情結的批判」, 李世濤主編, 『知識分子立場: 激進與保守之間的動蕩』(時代文藝出版社, 1999), 336면.

루고, 대외개방 도시가 339개로 확대됨으로써 대외 개방이 한층 급류를 타게 된다.[26] 1990년대 초중반의 이러한 경제적 비약은 5·4이래 중국인들의 주요한 근대성의 경험 중의 하나인 낙후에 대한 초조와 위기의식이 상당 정도 완화된다. "중국은 이미 대단한 성취, 공인된 성취를 이루었다"[27]는 인식이 폭넓게 확산된 것이다.

전통을 재발견하게 되는 둘째 배경은, 서구 현대화(근대화)에 대한 인식 심화와 1980년대에 유행한 전면적 서구화에 대한 반성적 인식이다. 서구와의 접촉이 늘어나고 서구 문화가 다량 유입됨에 따라 서구 및 서구의 현대화에 대해 지나치게 낭만적으로 생각하고 서구를 이상으로 여겼던 데서 차차 벗어나게 된다. 1980년대 중국인들에게 서구는 편리한 물질생활과 진보된 과학기술, 합리적 제도, 역동적 정신의 상징이었다. 그러나 개혁개방이 10여 년을 경과하면서 서구가 완전한 것이 아니라는 사실을 깨닫기 시작했다. 서구에 대한 인식과 태도가 한층 이성적으로 되었고, 서구에 대한 물신주의적 접근(fetishistic towards)에서 벗어나기 시작한 것이다. 중국 문학자 쉬밍(徐明)이 1980년대 초 자신은 중국 문화의 운명에 대해 사고하면서 서구주의에 서 있었으며 봉건시대에 형성된 중국 전통은 중국의 현대화에 어떤 동력도 되지 못한다고 생각하였지만 1980년대 후반 이후 그러한 전면적 서구화 사고방식이 물러나고 중국 사회와 서구 사회는 그 성격이 다르다고 인식하게 되었고, 중국 전통 속에서 현대화를 위한 건설적인 요소를 참고하

26 馬立誠, 凌志軍 著, 『交鋒』(今日中國出版社, 1998), 223, 299면.

27 李愼之, 「全球化時代中國人的使命」, 『東方』 1995年 5期(總6期), 14면.

게 되었다고 술회한 것은 그러한 인식 변화의 한 전형을 보여 준다.[28]

그런가 하면 1990년대 이후 현대화가 빠르게 진행되면서 현대화의 갖가지 부작용이 드러나게 되고, 이와 더불어 서구에서 현대성(근대성)을 비판하는 논의들이 중국에 소개되면서 서구식 현대화에 대한 비판적 인식이 확산되었다. 이로 인해 서구의 분석적 사유 방식은 이미 한계에 이르렀으며 21세기는 동양의 종합적 사유 방식과 '천인합일(天人合一)'의 세계관이 서구적 사유 방식을 대체하는 동양 문화의 세기가 되어야 한다는 인식하는 등, 중국 전통 문화의 미래적 가치가 재평가되었다.[29]

셋째, 민족주의의 확산과 문화 보수주의의 등장이다. 민족주의의 대두는 1990년대 중국의 가장 중요한 특징 가운데 하나로, 1980년대 중국의 추수적 세계주의와 선명한 대조를 이룬다.[30] 텐안먼 사태 이후 중국 관변이 추진한 애국주의 운동과 더불어 민간 차원에서도 1990년대 초중반 악화된 대미(對美) 관계, 서구의 중국 견제론, 1993년 미국의 방해로 인한 올림픽 개최 신청 실패 등 일련의 사건들이 겹치면서 반미, 반서구적 민족주의 분위기가 일어났다. 더구나 1990년대 후반 들어 빈부 격차, 지역별 소득 격차 등 경제적, 사회적 분열 현상이 증가하면서 중국공산당과 중국 정부가 국가적 통합을 위해 민족주의에 호소하는 경향이 강해졌고, 중국의 민족주의 열기는 1999년

---

28 徐明, 「難以承受的可爲: 一個人文知識分子的精神自審」, 『原道』第1輯, 88면.

29 程炳生, 「21世紀中國文化的復興-季羨林先生談話錄」, 李軍 等編, 『中國文化年報 2004年版』(蘭州大學出版社, 2004) 25면.

30 馬立誠, 凌志軍 著, 『交鋒』(今日中國出版社, 1998), 285면.

미국의 유고 주재 중국 대사관 폭격으로 인한 반미 정서, 그리고 올림픽 개최권 획득으로 인한 민족적 자부심의 고양과 맞물려 절정에 이르게 된다.

반서구 민족주의가 고양되는 한편 민족적 자부심이 높아지고, 1990년대 이후 서구 문화가 대량 유입되면서 민족문화의 위기감이 고조되면서 문화 보수주의 또는 신보수주의가 더욱 촉진되었다. 서구 문화가 대량 유입되자 "제국주의 강세 충격 속에서 본토 문화의 처지에 대해 우울함"을 느끼고 "본토에 들어 온 강력한 서구 생활 방식의 부정적 작용에 대한 우려"를 갖는가 하면, "본토 문화에 대해 불안을 느끼"[31]는 중국인들이 늘어났다. 그런가 하면, 대외 개방의 확대에 따라 다국적 기업의 진출이 늘어나고 그들 기업의 제품이 중국인들의 일상생활을 지배하는 데 따른 반감도 늘어나 중국이 외국 자본에 포위당한 '조계(租界)'가 되어 가고 있다는 인식이 확산되어 갔다.[32] 이러한 위기감이 문화 주권을 수호하고 서구 문화의 도전을 막으려는 차원에서 전통문화의 가치를 재발견하는 것으로 이어졌다. 전통이 더 이상 현대화를 위한 장애가 아니라 문화 주권을 수호하고 민족 정체성 창출을 위한 기제로서 그 가치가 재인식 되고, 중국 전통에 기초한 중국 특색을 지닌 현대화를 추진하기 위한 문화적 자원으로 인식된 것이다.[33]

넷째, 중국이 세계무역기구(WTO)에 가입한 뒤 지구화 시대 중국

31 蘭愛國, 「世紀末文學: 文化保守主義思潮」, 『文藝爭鳴』 1994年 6期, 37면.

32 凌志軍, 馬立誠 著, 『呼喚-當今中國的五種聲音』(廣州出版社, 1999), 251~255면.

33 楊春時, 「新保守主義與新理性主義: 九十年代人文思潮批判」, 李世濤主編, 『知識分子立場: 激進與保守之間的動蕩』(時代文藝出版社, 1999), 486면.

문화의 정체성에 대한 관심이 증대된 점이다. 전지구화와 민족화의 문제가 전면에 부상한 가운데 문화의 전지구화가 문화의 미국화, 서구화 혹은 식민화로 귀결되어서는 안 된다는 인식 속에서 민족의 우수한 전통 문화의 발양과 전통과 서구 선진 문화를 종합하고 재창조하는 것이 문화적 식민주의에 저항하는 수단이자 문화 주권을 수호하는 가장 훌륭한 수단이라고 보았다.[34] 이 과정에서 전통의 창조적 전환을 통해 민족 특색을 지닌 현대 문화를 건설해야 한다는 이른바 '전통 창신(創新)론'이 주도적인 흐름을 형성하면서, 사회주의 시장경제 건설과 전지구화 과정에서 전통 문화가 지니는 의미가 무엇인지에 대한 인식이 심화된 것이다.

그런데 1990년대 중국에서 전통 재발견의 양상과 성격은 크게 두 개의 시기로 나누어 볼 수 있다. 1990년대 초중반의 경우, 주로 민족주의와 결합한 문화보수주의 차원에서 전통이 재발견되면서 전통 창신론이 주도적이었다면, 1990년대 후반부터 2000년대 초반에는 그러한 기조가 주로 지식인들 사이에서 여전히 유지되는 한편으로 대중 차원까지 확산되어 전통이 하나의 상품으로, 시장경제 시대의 경쟁력 있는 상품이자 중국인의 일상생활의 하나로서 재발견되는 양상을 지니게 된다.

물론 1990년대 중국에서 전통이 부활하는 것이 중국공산당과 중국 정부, 그리고 지식인의 담론의 추동에 따른 것만은 아니다. 1990년대 중국에서 전통은 지식인들의 담론 공간을 넘어 일상생활 차원에서,

34 鮑宗豪, 「文化全球化與民族文化主權」, 『深圳特區報』 2002年 10月 14日, 『中國文化年報2004年版』(蘭州大學出版社, 2004) 81면.

특히 소비문화 차원에서 중요한 문화적 코드로 등장하였다. 민간문화와 대중문화에서 전통이 시장과 결합하면서 1990년대 이후 중국 문화 시장에서 가장 인기 있는 상품 중의 하나가 된 것이다. 전통 문화 열기는 1990년 후반 이후, 특히 2001년 중국이 WTO에 가입하고 2008년 베이징 올림픽 개최권을 획득한 이후 더욱 확대되고 있다. '탕쭈앙(唐裝)' '치파오(旗袍)' 같은 중국 전통 복장, 홍등 걸기, 중국 매듭('中國結') 등이 크게 유행하는가 하면,[35] 중국의 부동산 투자 열기 속에서 중국식 인테리어가 서구식을 밀어내고 주류를 이루는 등, "전통적인 것, 민속적인 것이 전례 없이 사람들의 주목을 끌었다."[36] 전통이 대중들의 소비품이 되고, 전통 문화 붐이 일어나는 현상은 전통을 부정하는 가운데 현대화를 갈망하던 1980년대에는 찾아 볼 수 없던 것으로, 이는 중국의 현대화가 이미 상당 정도 진전되어 일부 사람들은 이미 현대화에 들어섰다는 것을 말해 주는 것이라고 해석할 수 있다.[37]

하지만 민간문화와 대중문화 차원에서 일어난 갖가지 전통의 부활이 단순히 시장의 수요 때문에 출현한 것만은 아니다. 여기에는 복합적인 배경이 작용하였다. 무엇보다 이른바 '위치우위(余秋雨) 현상'을 볼 때 그렇다. 1992년 『문화 기행(文化苦旅)』이 출간된 이래 계속 출간된 위치우위의 일련의 역사 산문은 주로 중국 전통 문화 유적지 탐방으로, 유적지를 탐방하면서 자연 경관 역사적 사실, 옛 문인의 발자

35 「唐裝, 中國結和大紅燈籠 今年春節民俗回家」, 『北京晨報』, 2002年 2月 16日.

36 「中式設計今年將走'福'運樓市編織中國結」, 『北京晨報』 2002年 3月 6日.

37 「當'傳統'成爲大衆消費品」, 『中國新聞週刊』 2004年 10月 29日. 이 기사에서 陶東風은 이러한 전통 열기 속의 전통은 복고주의적 노스탤지어 차원이 아니며 현대문화와 충돌하지 않는 탈역사화된 것이라고 규정한다.

취 등에 대한 자신의 감상을 적은 것들이다. 그의 역사 산문은 해적판을 감안하지 않더라도 5백만 부 이상 팔리면서 공전의 베스트셀러가 되고, 작자의 문혁 당시의 행동에 대한 논란, 책에 나오는 오류에 관한 논란 등이 이어지면서 문화적, 사회적 신드롬을 일으켰다. 그의 역사 산문이 이처럼 큰 반향을 일으킨 배경에 대해서는 대체로 다음과 같은 분석이 있다. 이 책들이 기본적으로 대중들이 관심을 갖고 있고, 대중들에게 익숙한 역사적 사건과 인물, 유적지 등을 다루고 있다는 점, 매우 읽기 쉬운 서술 방식을 쓰고 있다는 점, 이 책의 주요 독자층인 젊은이들이 그동안 역사 교육을 제대로 배우지 못하여 역사적, 문화적 지식이 거의 공백인 상태에서 이들 책 속에 담긴 풍부한 역사적 지식, 전설, 역사적 인물에 관한 이야기 등이 지적 만족감을 제공해 준다는 점 등이 인기의 주요 원인이라는 것이다. 요컨대 위치우위의 산문이 대중의 요구를 잘 파악하고 거기에 부합한 역사 산문을 쓰는 시장 전략을 잘 구사했다는 것이다.[38]

하지만, 쭈따커(朱大可)는 보다 근본적인 차원에서 위치우위의 산문과 1990년대 중국에 퍼진 민족주의, 문화보수주의 사이의 연관성을 지적한다. 위치우위의 산문은 기본적으로 "지식인의 우환의식(憂患意識)과 전통적인 애국주의"를 기본적인 서사 책략으로 하고 있고, 이것이 민족주의가 유행하던 1990년대 중국 사회 분위기와 맞물려 이 책

38 朱大可, 「論余秋雨現象」(1999), http://www.qhsms.com.cn/js_ycy/wentanredian/yqy/37.htm 및 徐江, 「學者包裝批判」, 吳炫 主編, 『中國十代社會熱點批判』(學林出版社, 2000), 173~178면.

이 크게 유행하게 되었다는 것이다.[39] 하지만 위치우위 산문이 유행하게 된 또 다른 중요한 배경으로는 1990년대 후반부터 일기 시작한 중국인들의 여행 열풍을 들 수 있다. 중국인들의 소득이 높아지고 마이카 붐이 일면서 국내 명승지, 문화 유적지 등에 대한 여행이 늘어나는 가운데 위치우위의 책이 고급 문화여행 안내서 역할을 한 것이다. 민족주의와 시장경제 시대의 현대화된 생활 패턴, 현대화된 여가 문화가 생겨나면서 위치우위의 산문이 폭넓은 대중적 인기를 누렸다고 볼 수 있다.

위치우위 산문이 유행한 문화적 현상을 사례로 보자면 1990년대 중반 이후 중국 민간에 폭넓게 형성된 대중적 차원의 민족주의 조류와 중국 사회의 현대화, 시장화가 결합하면서 전통이 하나의 경쟁력 있는 상품으로 되고, 대중들이 전통을 소비하는 현상이 나타나고 있다고 볼 수 있다. 그리고 이는 1990년 중반 이후 중국 사회가 민족주의와 시장주의라는 두 좌표축에 의해 형성되고 있다는 것을 상징하는 문화적 상징이라는 해석이 가능하다.

그런데 위치우위 산문뿐만 아니라 좀 더 시야를 넓혀 민간문화와 대중문화에서 이루어지는 전통의 부활이라는 포괄적 차원을 고려하면, 1990년대 이후 중국 사회에서 전통의 부활은 시장에 의해서만 추동되는 것이 아니라 관변과 민간, 민간, 시장이라는 세 문화 생산 및 유통 주체의 합작품이었다. 예컨대 이른바 '중국 매듭'이 1990년대 후반 이후 중국에서 크게 유행한 현상을 볼 때 그렇다. 중국 전통 매듭은

---

39 위와 같음.

1990년대 후반 이후에 핸드폰 줄, 머리핀, 팔찌 등을 가릴 것 없이 대유행을 이루었다. 중국 매듭이 이처럼 인기를 누리게 된 것은 중국 정부가 베이징 올림픽 엠블럼(emblem)에 중국 매듭을 이용하는 등, 국가 상징물로 중국 매듭을 이용하면서부터다.

중국에서 국가 상징물은 시대에 따라 변해 왔다. 문혁 시기에는 마오쩌둥이라는 태양이 존재하던 시대였던 만큼 태양과 관련한 해바라기가 그 상징물이었고, 1980년대 개혁개방 시대 국가 상징물은 과학과 현대화를 상징하는 원자(原子)의 모형도였다. 그런데 1990년대 이후에는 중국 매듭이 국가 상징물로 등장하였다. 중국에서는 전통적으로 매듭을 이용해 갖가지 모양과 장식품을 만드는 매듭 공예가 매우 발달하고, 매듭은 전통적으로 상호연결과 경축, 복과 행운을 상징한다. 중국 매듭이 이러한 상징성을 지닌다고 할 때, 중국공산당과 중국 정부가 중국 전통 매듭을 이용해 갖가지 문양과 글자 등을 만들어 국가 상징물의 조형으로 사용하는 것은 중국의 국가주의 미학이 세속적 민간 전통 문화에서 그 정통성의 토대를 찾는 것이라 해석할 수 있다. 중국 매듭이 국가의 각종 상징물은 물론이고 민간의 장식물로 폭넓게 유통되는 것은 상호 연결과 복과 행운을 상징하는 중국 매듭의 의미가 관방과 민간, 시장을 잇고 결합시켜서 국가적, 민족적 차원의 공동의 정체성을 창출하고 민족적, 국가적 행운을 기약하는 문화적 상징 기제로서 변용된 것이다. 이 차원의 중국 매듭은 단순한 전통물이 아니라 국가주의 미학의 기호이고, 1990년대 이후 국가 이데올로기가 변화하는 가운데 민간 전통 문화가 국가주의적인 성격을 지니게 되고, 새로운 국가 이데올로기가 민간문화와 전통문화를 정복하려는 시도가 이

미 성공을 거두었다는 점을 상징한다고 하겠다.[40]

요컨대 1990년대 중국에서 전통을 매개로 민간과 국가가 화해하고 있으며, 시장과 국가는 이러한 의미를 지닌 전통을 민간에 보급하고 유통시키는 주체였다. 이러한 차원의 전통은 민간의 것이자 국가 이데올로기의 상징물로서 전통이 시장에서 광범위하게 유통되면서 민간과 관방 사이를 연결하여 일체감과 공동의 정체성을 구축하는 매개물로 변용되었다. 사회주의에 대한 믿음이 쇠퇴하고 급속한 경제 발전 과정에서 사회적, 경제적 분열이 심해지는 중국 현실에서 전통이 국가와 민족의 구성원들을 묶어 하나의 '상상의 공동체'를 형성하는 문화적 아이콘 역할을 하였고, 가장 경쟁력 있는 문화 상품의 하나가 되었다.

1990년대 중반에 일어난 국학운동과 문화 보수주의 흐름은 1990년대 후반 들어 전면적인 전통 부활과 전통 열풍으로 이어졌고, 이러한 분위기는 2000년대 들어 국학이 정부의 정책과 지식인 및 대학의 적극적인 제창, 언론 및 민간의 적극적 호응과 수용, 그리고 전통이 새로운 문화 상품으로서 시장에서 호응을 얻게 되면서 더욱 확대되었다.[41] 국학과 중국 전통의 유행은 2000년대 들어서 학술 조류나 대중문화 현상을 넘어서 교육제도와 교육과정, 대학과 학술기구 개편으로 이어지면서 제도화의 길로 들어서게 된다.

---

40 張宏, 「中國結: 新世紀的國家圖騰」, 朱大可, 張閎主編, 『21世紀中國文化地圖』 第二卷(廣西師範大學出版社, 2004), 206면. 새로운 국가 토템으로 작동하는 전통의 정치적 의미에 대한 분석은 기본적으로 張閎의 분석에 따랐다.

41 王彦坤, 「國學熱的持續升溫與值得思考的幾個問題」, 『暨南學報』(哲學社會科學版) 2009年第1期, 138~139면.

3. 상업화와 세속화에 대한 저항과 인문정신 논쟁

중국 지식인 사회의 분화는 기실 1990년대 중국 사회가 직면한 문제가 그만큼 다층적이고 복잡해진 데 따른 것이었다. 1980년대 중국 지식인 사회는 좌/우, 급진/보수, 개혁/반개혁 등과 같은 단순한 이원 대립으로도 중국 현실을 추상화해 낼 수 있었고, 비판 대상 역시 중국의 봉건성이나 문혁과 같은 거의 모든 지식인들이 합의 가능한 대상이었다. 하지만 1990년대 들어 빠르게 진행된 시장화는 과거 국가의 일원적인 중국 사회 지배 구도에 변화를 가져왔고, 사회가 분화되고 문화 생산 기제가 다양화되면서 지식인 대오 역시 빠르게 분화되었다. 이와 관련하여 타오뚱펑(陶東風)은 1980년대는 지식인들의 비판 대상이 단일했던 것에 비해 1990년대 중국 지식인들의 경우 비판 대상이 4개로 분화되었고, 이에 따라 네 가지 지식인 그룹이 출현하고 각기 다른 정체성 모색이 시도되었다고 지적하였다. 비판대상으로 보자면, 세계문화, 세속적 대중문화, 관변문화, 지식인문화에 대한 비판이 주요 대상이었다. 그리고 이에 따라 각각 서구문화를 주요 비판대상으로 삼는 제3세계문화파와 세속적 대중문화를 비판대상으로 하는 인문정신 혹은 도덕적 이상주의파, 그리고 문화적 독재를 비판하는 민주주의 문화파, 포스트 모더니즘에 경도되어 세속문화를 긍정하는 동시에 지식인 문화에 비판적인 세속정신 혹은 대중문화 옹호파 등으로 분화되었

다는 것이다.[42]

타오뚱펑의 진단대로, 1990년대 중국 지식인 사회의 인문정신 논쟁은 현대화, 시장화가 빠르게 진행되는 1990년대 중국 현실 앞에서 이를 인문정신의 상실이라는 차원에서 비판하는 지식인들과 세속화, 시장화를 지지하는 지식인들 사이에 벌어진 논쟁이었다. 인문정신 논쟁이 촉발된 것은 1993년 왕샤오밍(王曉明) 등 일단의 상하이 지식인들이 한 좌담회에서 인문정신 상실로 인한 문학의 위기와 인문정신의 위기를 주장하면서 비롯되었다.[43] 이들은 문학의 위기와 인문정신의 위기를 동일 개념으로 파악했는데, 이 둘이 위기에 직면한 가장 큰 원인을 1990년대 중국 사회의 상품화에서 찾았다. 이 상품화란, 1990년대 중국의 전반적인 상품화 속에서 인문정신의 수호자여야 할 작가들마저 상업 활동에 나서는 이른바 '샤하이(下海)'가 유행하고, 문학이 상업화, 통속화되는 경향을 말한다. 이들의 문제 제기가 도화선이 되어 1994~1995년 사이 중국 지식인 사회는 인문정신에 관한 대규모의 논쟁이 벌어졌다. 그 주요 논점은 인문정신이란 무엇인가에서부터, 왜 인문정신이 상실되었고, 인문정신의 상실이 무엇을 의미하는지, 그리고 인문정신 회복이 과연 필요한 것인지 등이었다. 이러한 쟁점들을 둘러싸고 여러 가지 대립 구도가 형성되었지만, 가장 중요한 대립은 상업화, 세속화로 인문정신이 상실된 현실을 비판하면서 인문정신 회

42 陶東風, 『社會轉型與當代知識分子』(上海三聯書店, 1999), 182면.

43 王曉明 等, 『曠野上的廢墟-文學和人文精神的危機』; 王曉明 編, 『人文精神尋思錄』(文匯出版社, 1996), 1~17면. 이 좌담은 원래, 『上海文學』 1993年 第 6期에 실렸다.

복을 위한 지식인들의 비판정신과 책임감을 강조하는 입장과 그것을 계몽주의 지식인들의 시대착오적인 노력으로 규정하면서 중국 사회의 세속화, 시장화를 긍정하는 입장 사이의 대립이었다.[44]

그런데 인문정신 논쟁에서 주목할 것은, 인문정신을 옹호하는 지식인들의 입장의 경우 인문정신의 위기가 지식인의 생존위기와 동일시되고, 인문정신이 상실된 원인의 탐색과 재건의 모색이 지식인의 자기반성과 역할 찾기라는 과정으로 이어졌다는 점이다.[45] 결국, 인문정신 논쟁은 급격한 시장화, 세속화의 현실 속에서 '상실감과 위기감'에 빠진 1990년대 중국 지식인들, 특히 계몽주의 지식인들의 자기 정체성 확인 작업의 일환이었고, 1990년대 시장화, 세속화 된 현실 속에서 지식인이 어떻게 새로운 역할을 찾을 것인가가 핵심이었는데, 바로 인문정신에서 그것을 찾은 것이다. 하지만 이러한 입장에 대해 세속화, 상업화가 중국 문학과 문화의 새로운 출구를 가져다줄 수 있다고 보는 장이우(張頤武), 왕이추안(王一川)을 비롯한 포스트모더니즘 주창자들, 인문정신 회복론을 한낱 지식인들의 중심 복귀 욕구로 보는 왕수어(王朔), 그리고 중국 지식인들의 과도한 이상주의이나 숭고함과 신성함에 대한 추앙이 문혁과 같은 재난을 가져온 마당에 또다시 그러한 속성의 인문정신을 제창하는 것은 경계해야 한다는 왕멍(王蒙) 등이 반대론을 펼쳤다.

---

44 인문정신 논쟁의 주요 글의 번역은, 백원담 편역, 『인문학의 위기』(푸른숲, 1999) 참조.

45 심혜영, 「인문정신 논쟁과 90년대 중국사회의 정신적 풍경」, 백원담 편역, 위의 책, 239면.

인문정신 논쟁에서 그러한 입장 차이를 가져온 가장 근본적인 원인은 1990년대 상업화와 시장화를 어떻게 볼 것인지의 문제였다. 인문정신 주창자들이 상품화로 인해 문학계가 뿌리까지 뽑혀 나가고 있고, 이러한 문학의 위기를 중국인들의 인문정신의 위기의 상징이라고 보는 반면, 반대론자들은 상품화와 시장화에서 새로운 가능성을 발견하였다. 왕멍(王蒙)의 경우, 시장화가 사는 길이고, 잘 살아야 경제도, 문화도, 교육도 발전할 수 있고, 부유하다는 것은 문명의 속박이 아니라 오히려 문명의 열매라면서 1990년대 시장화, 상품화가 가져다주는 탈이상화와 탈숭고주의, 인간의 세속적 욕망에 대한 인정 등을 긍정적으로 평가하였다.[46] 그런가 하면, 포스트모더니즘 주창자들은 1990년대 이후 중국에서 예전의 지식인 위주로 형성되었던 계몽 문화가 해체되고 대중문화가 확산되는 가운데 복합적인 문화 공간이 연출되고 있다는 점에 주목하고 시장화로 인해 중국 문화 공간에 새로운 가능성이 열리고 있다고 진단하였다.[47] 요컨대 인문정신 논쟁의 근본에는 시장화, 상업화로 인해 변화된 1990년대 중국 현실을 어떻게 볼 것인가에 대한 입장 차이가 놓여 있었다.

46 王蒙, 「人文精神問題偶感」, 王曉明 編, 위의 책, 106~119면 및 백원담 편역, 위의 책, 141~159면.

47 張頤武, 「人文精神: 最後的神話」, 王一川, 「從啓蒙到溝通」, 각각 王曉明 編, 위의 책, 137~141면 및 206~221면 참조.

4. '포스트주의'와 '중화성'의 발견

인문정신논쟁이 현대화, 시장화를 비판하는 과정에서 일어났고, 이 논쟁 과정이란 1980년대 신계몽주의 지식인 집단의 분화과정이라고 한다면 포스트모더니즘(後現代主義)과 탈식민주의(後殖主義)[48] 지식인들은 비판의 대상을 1980년대 신계몽주의만이 아니라 근현대까지 확대하였다. '포스트주의(Post-ism, 後學)'를 주장하는 이른바 '후학(後學)' 지식인들은 근현대 이후 중국은 서구 현대성의 수입과 모방에 몰두하였고, 이는 바로 식민화의 과정이었다고 진단하면서 이제는 '현대성' 대신에 '중화성(中華性)'을 추구해야 한다고 주장하였다.

중국 지식인 사회에서 중화성 개념이 집중하여 등장하고 관련 논의가 시작된 것은 1995년을 전후하여 포스트모더니즘과 탈식민주의라는 이른바 포스트주의가 유행하고, 포스트주의 지식인들이 출현하면서부터다. 중국 지식인 사회에서 포스트주의라는 개념은 매우 포괄적이고, 어찌 보면 매우 혼란스럽게 사용되고 있다. 포스트모더니즘, 탈식민주의, 제3세계론, 후기구조주의 등이 다양하게 뒤섞여 있는 것이다. 포스트주의란 개념의 이러한 혼란과 모호함이 바로 중국 포스트주의로 불리는 사상 조류의 특징이라고 말할 정도이다.[49] 하지만 이처럼 다양한 포스트주의 이론들 가운데 중국 지식인 사회에서 가장 이론

48 1990년대 탈식민주의 비평에 대해서는 졸고, 「1990년대 중국의 탈식민주의 비평」, 『중국현대문학』 18호(2000년) 333~364면 참조.

49 汪暉, 余國良 編, 『90年代的後學論爭』(香港中文大學出版社, 1998)의 편자 서문 참조.

적 영향력과 관심이 컸던 것은 포스트모더니즘과 탈식민주의이고, 일반적으로 중국 지식인 사회에서 포스트주의라고 할 때는 이들 두 사상 조류를 일컫는다.[50] 포스트모더니즘과 탈식민주의의 문제의식이 혼재된 가운데 형성된 것이 중국의 포스트주의다. 때문에 중국의 포스트주의를 분석할 때 중국의 포스트주의를 서구의 포스트모더니즘이나 탈식민주의와 비교하는 것은 그리 의미 있는 일이 되지 못한다. 이보다는 상이한 지적 배경과 이론 체계를 가진 두 가지 이론을 어떤 차원에서 하나의 개념으로 수용하여 중국판 포스트주의라는 지적 흐름을 형성하였는지가 중요하다.

포스트주의 학파 지식인들이 포스트모더니즘과 탈식민주의에서 발견한 것은 근대(현대), 특히 서구 현대(근대)에 대한 비판과 서구 중심주의에 대한 비판이다. 포스트모더니즘과 탈식민주의를 서구 현대성에 대한 비판 이론 차원에서 받아들인 것이다. 이들은 서구와 중국을 이분법적으로 나눈 가운데 서구와 중국의 관계, 서구 현대성과 중국 현대성 사이의 관계와 중국 현대성 특징과 역사를 재검토하였다. 포스트주의 학파 지식인들이 제기한 중화성이라는 개념은 이러한 검토의 결과물로서 제기된 것이다. 포스트주의 학파의 인식을 상징하는 주장을 담고 있는 장파(張法), 장이우(張頤武), 왕이추안(王一川) 세 사람이 쓴 「현대성에서 중화성으로(從現代性到中華性)」라는 글에서 보이듯이, 포스트주의 학파 지식인들은 아편전쟁(1840) 이후 중국의 역사는 서구 근대성을 이식하고 추구하는 역사였고, 이 과정에서 중국은 자아를 잃고

50 王岳川, 『後現代後殖民主義在中國』(首都師範大學出版社, 2002), 33면.

타자로 되었다고 보았다. 요컨대 중국 현대성 추구의 역사는 중국 타자화의 역사였고, 이 과정에서 중국은 식민화되고 실어 상태에 빠졌다는 것이다.[51] 그런 서구 현대성에 의해 중국이 타자화, 식민화되는 과정이 중국 현대성의 역사였고, 그 과정은 1980년대까지 계속되었다고 보았다. 왕닝(王寧)은 5·4 시기(1915~21)에 중국 문화가 1차로 식민화되었고 1980년대에 2차로 식민화되었다고 보았다.[52] 이들의 이러한 인식은, 쉬뻔(徐賁)의 비판대로, 일종의 본토주의(nativism)인데, 〈본토(중국) 대 타자(서구)〉라는 이분법을 토대로 서구와의 접촉 또는 서구문화의 유입으로 원래 중국 본토 문화가 가지고 있던 순정함과 자족성(autonomy)이 훼손되었다고 보는 것이다.[53] 이들은 근대 이전 중국 문화의 순수성에 대한 의심이 전혀 없고, 오직 순수한 중국 전통문화가 서구 현대성으로 타락하고 식민화되었다고 보았다.

이렇게 중국 현대성의 역사가 서구 현대성을 이식하는 역사였고 그로 인해 중국은 타자로, 식민지로 되었다는 인식을 토대로 식민화, 타자화 된 중국 현대성에서 벗어날 수 있는 대안적인 근대성 차원에서 중화성(中華性) 추구를 제시하였다. 포스트주의 학파 지식인 장이우에 따르면 중화성은 "새로운 지식 형태"[54]이다. 포스트주의파 지식인들은

---

51 이러한 인식에 대해서는 張頤武, 王一川, 張法, 「從現代性到中華性」, 『文藝爭鳴』 1994年 2期(總 52期), 10~20면, 陶東風, 王一川, 張法 等, 「邊緣, 中心, 東方, 西方」(좌담), 『讀書』 1994年 1期, 151면. 陶東風, 「中國文化與學術中的西方影響－兼論中國學術的本土化問題」, 『原道』 2集, 352~353면 참조.

52 王寧, 「全球化語境下的後現代和後殖民研究」, 王寧, 薛曉源 主編, 『全球化與後殖民批評』(中央編譯出版社, 1998), 123면.

53 徐賁, 『走向後現代與後殖民』(中國社會科學出版社, 1996), 200면.

54 위와 같음.

현대성과 중화성의 차이를 강조하는데, 현대성은 서양의 눈으로 세계를 보는 것이며, 직선적 진보관, 보편적 기준 등을 강조하면서 중국을 완전히 서구화시키는 것을 목표로 하는 데 비해 중화성은 중국의 눈으로 세계를 보는 것이며, 차이를 존중하고, 특수성, 다양성을 존중한다[55]고 말한다.

그런데 포스트주의 학파 지식인이 내세우는 중화성 구축 주장에서 더불어 주목할 것은, 포스트주의 학파가 중화성 구축을 통해서 중국의 탈식민을 주장하지만 동시에 중국 중심의 동아시아 문화공동체 건설도 주장한다는 점이다. 포스트주의 학파 지식인들에게 중화성 구축은 중국의 탈식민, 탈서구의 과정이기도 하지만 중국을 중심으로 하여 동아시아 한자문화권, 유교문화권을 하나로 묶어 중화 문화권을 건설하는 과정이기도 하다. 그들은 오랜 문화 전통과 구심력을 지닌 중국을 중심에 두고, 제2층위에 대만, 홍콩, 마카오가 제3층위에 세계 각지의 화교가 제4층위에 중국 문화의 영향을 받은 한국 등 동아시아, 동남아시아 각국이 위치하는 동아시아 중화문화권을 구상하는 것이다.[56] 이때 중화성 구축은 중국의 탈식민, 탈서구 전략이자, 동시에 문화 차원에서 중국이 중국 문화를 중심으로 동아시아를 망라한 중화 문화 공동체의 중심으로 부상하는 기획이기도 하다. 이런 의미에서 보자면 중국 포스트주의파 지식인들의 중화성 주장은 중국 현대성을 재구축하려는 담론인 동시에 중화성을 중심으로 동아시아 중화문화공동체를 구축하

---

55 張頤武, 王一川, 張法, 「從現代性到中華性」, 『文藝爭鳴』 1994年 2期(總 52期), 18면.

56 위와 같음.

려는 중화판 동아시아 문화 공동체 담론이다.

하지만 국내용 담론이든 동아시아 담론의 성격을 지니든 어떤 경우라도 중화성 주장은 서구 중심주의를 중국 중심주의로 전도시킨 뒤 동아시아에 중국을 중심으로 한 위계적인 문화공동체를 구상한다는 점에서, 문화 차원에서 중국 중심주의, 문화 패권주의 논리이다. 이러한 구상이 "과거 조공 시스템으로 돌아가는 것이 아니다"[57]는 그들의 부인에도 불구하고, 중화성을 동아시아 문화공동체의 중심에 둔다는 점에서 볼 때 그렇다.

중화성을 중심으로 한 동아시아 중화문화권을 건설하자는 주장은 1990년대 후반과 2000년대 들어서 중화문화, 유교문화를 동아시아의 공동체의 기반으로 삼아 '문화 동아시아'를 건설하자는 주장에서도 유사하게 제기된다. 중국에서 '문화 동아시아'를 주창하는 지식인들은 문화를 통해 동아시아 공동의 가치관과 정체성을 창출하고 동아시아를 하나로 묶자고 주장한다. "동아시아 의식의 핵심은 문화의식"[58]이라고 보고, "동아시아 문화의 동일성에서 시작하여 동아시아 각국 문화의 공통성을 발굴, 강조하고 동아 각국의 문화교류와 협력을 강화하여 민족을 초월한 동아시아 문화의 정체성을 구축하자"[59]고 주장하는 것이다. 그런데 문화를 통한 동아시아 의식, 동아시아 공동의 정체성 확립이 중요하다고 할 때 여기서 가장 문제가 되는 것은, 그렇다면 어떤

57 위와 같음.

58 周玉淵, 「東亞意識與東亞秩序」, 『東南亞研究』 2007年 第5期, 27면.

59 邵業樓, 「文化認同與東亞共同體的構建」, 『寧波廣播電視大學學報』 第5卷 第4期(2007年 12月), 110면.

문화로 동아시아를 하나로 정합할 것이냐는 점이다. 이에 대해 중국의 여러 '문화 동아시아' 논의들은 거의 일치된 의견을 보이고 있다. 중화문화(다른 이름으로 화하문화)를 대표하는 문화이자 동아시아가 과거에 폭넓게 공유하였던 유교문화가 바로 그것이다. 중국 동아시아 공동체 주요 주창자 가운데 한 사람인 딩레이가(丁磊)가 "유교문화를 핵심으로 한 전통문화의 부활이 중국 동아시아주의의 긴박한 과제이다"[60]고 주장하는 것은 유교를 동아시아 공동체의 기반으로 삼겠다는 구상에서 나온 것이다.

또한, '문화 동아시아'라는 개념을 중국 학계에 제기한 대표적 학자 가운데 한 사람인 천보하이(陳伯海)는 동아시아는 지리적 개념이자, 문화적 개념이라고 규정한다. 그런 가운데 "화하문명(華夏文明)의 확산으로 출현한 동아시아 문화권은 층차와 선후 관계의 차이를 지니고 있는데, 중국 본토 문명이 그 기둥 줄기이고, 조선과 월남 문화는 두 날개이며, 일본문화는 그 주변이다"[61]고 말한다. 성빵허(盛邦和) 역시 중화문화를 중심으로 '문화 동아시아'를 구상하는데, "중화문화는 동아시아 문화의 내핵이자 발원지"이고 "문화 동아시아의 출현은 이 지역의 화해와 이익만이 아니라 경제적 번영과 사회 발전을 가져다줄 것"이라고 본다. 최근 들어 '동아시아 의식'을 집중하여 주창하는 리핑(李平)은 동아시아 의식이란 "중국, 일본, 한국을 주축으로 하는 동아시

60 丁磊, 「東亞共同體與中國東亞主義」, 『山東社會科學』 2006年 第4期(總第128期), 137면.

61 陳伯海, 「東亞文化與文化東亞」, 『上海社會科學院學術季刊』 1997年 第1期, 135면.

아지역에 내재하는 유교를 핵심으로 하는 의식"[62]이라고 정의한다. 유교 문화권이 동아시아의 지리적 범주이자 문화적 범주라는 것을 명확히 하고 있는 것이다. 포스트주의 학파 지식인들이 한자문화권과 유교문화권이라는 동질성을 바탕으로 위계적인 중화문화권을 구상하였듯이, 2000년대 이후 제기된 중국의 동아시아 문화공동체 담론에서도 유교를 고리로 하여 중국이 중심이 된 동아시아 문화권 구상이 제기되고 있는 것이다. 이렇게 보자면 서구 현대성이 중국에서 실현, 전개되면서 중국이 서구의 타자로 되고, 식민지로 되었다는 인식을 바탕으로 중화성을 구축해야 한다는 주장은 국내용이자 동아시아용이고, 중국 차원에서는 문화 보수주의의 논리이며 동아시아 차원에서는 중화 문화 패권주의 논리이다.

이른바 포스트주의 지식인들은 1980년대 반중국 서구 중심주의를 반서구 중국 중심주의로 전도시키고 있다는 점에서 얼핏 보면 1980년대 지식구조와 인식체계에서 벗어난 듯이 보이지만 실은 이들 역시 〈서구 대 중국〉이라는 이분법적 인식에서 전혀 벗어나지 못하였다. 〈서구 대 중국〉이라는 이분법은 그대로 둔 채, 이러한 이분법을 전제로 하여 서구와 중국 사이의 위계질서를 전도시켜 중국을 중심으로 복원시킬 따름이다. 그리고 중국을 중심으로 위계적인 동아시아 문화공동체를 건설하려는 구상에서도 보듯이, 중국 중심주의의 한 극한을 보여 주는 지적 흐름이었다.

62 周玉淵, 「東亞意識與東亞秩序」, 『東南亞硏究』 2007年 第5期, 27면에 거론된 중국의 대표적인 '동아시아 의식' 주장들 참조.

5. 신좌파의 대두와 중국 현대성의 재발견

포스트주의 지식인들이 현대성에 대신하여 중화성의 복원과 재발견을 주장하였다면, 1990년대 후반에 등장한 신좌파 지식인들은 서구 근대성(현대성)을 유일하고 보편적인 것이자 궁극적인 것으로 보는 것이 아니라 다원적 시각으로 근대성(현대성)을 이해하는 가운데, 서구와 다른 중국 근대성(현대성)을 재발견할 것을 주장하였다. 중국 지식인 사회에서 신좌파는 개혁개방 시기인 1980년대 계몽주의, 그리고 그 연장이자 심화라고 할 수 있는 1990년대 자유주의를 비판하면서 중국 지식인 사회에서 사상적 입지를 확보했다.[63] 신좌파 지식인으로는 추이쯔위앤(崔之元), 왕후이(汪暉), 리투어(李陀), 한위하이(韓毓海), 따이진후아(戴錦華), 쾅신넨(曠新年), 깐양(甘陽), 황지쑤(黃紀蘇), 천옌구(陳燕谷), 왕사오꽝(王紹光) 등이 거론된다.[64] 1950년대 후반 혹은 1960년대 초반에 태어난 사람들이 대부분으로, 문혁 때 유년시절을 보낸 사람들이다.

이들은 우선 1980년대 신계몽주의를 비판하면서, 1980년대 신계몽주의의 역사적 역할이 1990년대 들어 끝났다는 점을 지적한다. 신좌파를 상징하는 지식인인 왕후이에 따르면, 1980년대 계몽사조는 문

---

63 신좌파의 소개에 대해서는, 졸고, 『중국 지식인사회의 새로운 동향』, 『실천문학』 1999년 가을호(통권 55호) 199~223면 참조.

64 신좌파와 자유주의자들 사이의 논쟁을 모은 公羊의 『思潮: 中國新左派及其影響』이란 책에는 이들 외에도 李民騏, 韓德强, 田力爲, 蕭喜東, 張廣天 등의 문장이 실려 있다. 신좌파 진영이 확대되고 있다고도 볼 수 있는데, 1990년대 중반 처음 신좌파가 대두할 때는 주로 문학을 연구하고 비평하는 이들이 주류를 이루었다.

혁 비판이라는 측면에서는 중국 사회 개혁에 거대한 해방 역량을 제공하였지만, "중국에서 가장 활력 넘치던 사상적 자원이었던 계몽주의는 갈수록 애매모호한 상태에 저해 가고 있고, 현재 중국 사회 문제를 신단하고 비판하는 능력을 상실해 가고 있다."[65]고 본다. 즉, 신좌파는 중국이 시장화 개혁으로 인해 이미 기본적으로 세계 자본주의와 연결된 시장사회로, 자본화된 사회로 변했다고 판단하는 것이다. 왕후이의 언급대로, "중국 사회주의 개혁은 이미 중국의 경제와 문화의 생산과정을 전 지구적 시장 속으로 편입시켰"고, "자본의 운동이 사회생활 각 분야에까지 스며들고 있는 역사적 상황"이라고 중국의 현실을 진단하는 것이다.[66] 사실, "왕후이의 이러한 판단은 1990년대 중국 사회의 변화에 대한 중국 지식인 사회의 민감한 반응을 표현한 것이자, 신좌파가 중국 문제를 보는 기본 관점이기도 하다."[67]

1990년대 중반 인문정신을 제창한 지식인들이 시장화, 상업화 되어 가는 중국 현실에 대한 대안으로 인문정신 회복을 주장하였다면, 신좌파 지식인들은 중국 현실을 자본화된 현실로 보고, 중국 사회의 시장화와 글로벌 체제 편입이 중국 사회를 좋은 사회로 변화시킬 수 없다는 비판적 인식을 바탕으로 이에 대한 대안으로서 신좌파(New Left)적 관점을 내세운 것이다. 이들은 마르크스 레닌주의 이데올로기를 견지하고 마오쩌둥 시대를 복원하려는 노좌파(老左派, Old Left)와

65 왕후이, 「중국 사상계의 현황과 근대성 문제」, 왕후이 지음, 이욱연, 차태근 옮김, 『새로운 아시아를 상상한다』(창비, 2003), 44면.

66 위와 같음.

67 許紀霖 羅崗 等著, 『啓蒙的自我瓦解』(吉林出版有限責任公司, 2007), 201면.

구분하여 신좌파로 불린다.[68] 서진영은 신좌파와 구좌파의 차이를 네 가지로 본다. 첫째는 신좌파는 폭력 숭배, 스탈린주의, 경직된 계획경제체제, 중앙집권적 정치체제를 비판한다. 둘째, 신좌파는 정통적인 마오쩌둥 사상으로의 회귀에 반대하면서, 시장경제와 사유제도를 폭넓게 수용하되 국가의 적극적인 개입을 통해 인민대중의 권익을 확대해야 한다고 주장한다. 셋째, 신좌파는 스탈린식 당의 일방적인 지배를 비판하면서도 삼권분립, 다당제 같은 서구식 자유민주주의 체제에도 반대하고, 정치와 경제 분야에서 모두 대중의 참여를 확대하여 정치권력의 집중, 자본주의 경제의 독과점, 그리고 문화 헤게모니의 출현을 막아야 한다고 주장한다. 넷째, 신좌파는 기존의 정통 사회주의 이론을 조정해 서구의 후기 마르크스주의의 이론적 방법을 차용하고 있고, 이를 통해 서구 주류 이데올로기인 자유주의, 합리주의, 자본주의를 연결해 비판한다.[69]

1990년대 사회주의 시장경제 현실을 전제로 대두한 신좌파는 중국 현실을 자본화된 현실로 보는 것인데, 이러한 신좌파의 현실인식은 중국 정부가 추진하는 시장화 개혁과 그로 인해 파생되는 빈부 격차의 문제에 대한 비판으로 이어진다. 1990년대 중국의 시장화는 1980년대 계몽사상이 주장한 현대화가 그 이념적 토대를 이루는데, 이제는 시장화 자체가 중국의 문제이자, 중국 사회가 극복해야 할 모순으로 변했다고 보는 것이다. 왕후이는 이와 관련하여 "80년대 중국의 계몽사상이 약속했던 '좋은 사회'는 경제 시장화와 함께 도래하지 않았고, 시장

68 Joseph Fewsmith, *China since Tiananmen*, Cambridge UP, 2001, 124면.

69 서진영, 『21세기 중국 정치』(폴리테이아, 2015), 125~126면.

사회 자체가 새로운, 어떤 의미에서는 훨씬 극복하기 어려운 모순을 드러냈다"[70]고 비판한다.

왕후이가 1980년대 계몽주의와 1990년대 자유주의를 비판하는 것은 일차적으로는 1990년대 중국에서 세계화가 빠르게 진행되고 시장주의 개혁이 확산되면서 나타난 부작용이 확산되고 있다는 판단 때문이다. 사회양극화, 국유기업 민영화에 따른 국부 유출과 부패, 노동자 농민의 생계 압박 등의 문제가 발생한 것에 대한 지적 대응인 것이다. 하지만 왕후이와 신좌파가 계몽주의와 자유주의를 비판하는 궁극적 이유는 이들이 서구 근대성과 서구 근대를 비판적으로 인식하는 가운데 대안적인 중국 근대성과 대안적인 현대화를 추구하기 때문이다. 서구 일부 학자들이 왕후이와 신좌파 지식인들을 포스트 모더니스트라고 분류하는 것도 이와 관련되는데, 왕후이와 신좌파 지식인들은 중국이 서구의 길을 가야 하는지, 갈 수 있는지에 대해 의심하기 시작하였고, 서구에 대한 탈신화화(demythification)를 시도한 것이다.[71] 왕후이는 근대 이후 중국 지식인들이 중국 문제를 해부할 때 〈중국 대 서구〉 〈전통 대 현대〉를 이분법적으로 대립시킨 가운데 사고하는 것과 비교하여 신좌파의 사상적 배경을 설명하였다. 그는 "일부 서구, 특히 미국에 거주하면서 서구의 비판사상에 영향을 받은 지식인들은 '서구의 길'

---

70 왕후이, 「중국 사상계의 현황과 근대성 문제」, 왕후이 지음, 이욱연, 차태근 옮김, 『새로운 아시아를 상상한다』(창비, 2003), 43면.

71 Joseph Fewsmith, "The enlightenment tradition under challenge, Conference on China's intellectuals and social power in the 21st century"(Colorado College, Oct. 26~28, 2001), 18면.

이 중국의 모델이 될 수 있을지 의심하기 시작했다”[72]고 말하였다. 신좌파 지식인들은 중국 문제를 서구 근대의 기준으로 중국을 보는 것이 아니라 서구 모델과 다른 대안적 근대성, 대안적 근대를 사고하면서 중국 문제를 보는 것이다.

신좌파를 대표하는 지식인인 왕후이가 중국 현대성(근대성)의 특징을 재발견하는 것도 서구 현대(근대)와 다른 대안적 현대성(근대성), 대안적 현대(근대) 모색이라는 중국의 미래 변혁 전망 차원이다. 그는 먼저 중국 현대성의 특징과 관련하여, “현대성에 대한 회의와 비판 자체가 중국 현대성 사상의 가장 기본적인 특징이라고까지 할 수 있다”고 말한다. 왕후이는 중국 현대성이 내부에 자기모순적인 특징을 지닌 채 전개되어 왔다고 보는데, 한편으로는 서구 현대성을 추구하면서 다른 한편으로는 그것에 대한 비판적 성찰을 담고 있다고 보는 것이다. 근대 이후 중국의 현대화 운동은 현대화를 추구하면서도 “어떻게 하면 서구 자본주의 현대성의 갖가지 폐단을 피할 수 있을 것인지를 사고하지 않을 수 없었다”[73]는 것이다. 그는 이를 ‘반현대성적 현대성’(反現代性的現代性)이라고 부른다. 이 개념에 중국 현대성의 특징이 들어 있다는 것이다. 그에 따르면 이러한 중국 현대성의 특징은 청말 시기부터 중국 지식인들이 지속적으로 추구해 온 것이고, 마오쩌둥의 사상의 특징 역시 그러하다고 본다.

---

72 왕후이, 「중국 사상계의 현황과 근대성 문제」, 왕후이 지음, 이욱연, 차태근 옮김, 『새로운 아시아를 상상한다』(창비, 2003), 42면.

73 왕후이, 「중국 사상계의 현황과 근대성 문제」, 왕후이 지음, 이욱연, 차태근 옮김, 『새로운 아시아를 상상한다』(창비, 2003), 48면.

"내가 제기하였던 '반현대성적 현대성'의 문제는 중국의 경우 현대성에 대한 비판(실제로는 대안적 현대성)이 청말 때부터 있었고 장타이옌(章太炎), 루쉰(魯迅), 량수밍(梁漱溟) 등도 자본주의 현대성에 대해 비판하였고, 그러한 비판에는 고전적 지혜가 안에 들어 있었다. 당시의 사회주의운동 자체도 반근대적 현대로 볼 수 있다. 사회주의 운동은 현대를 계승한 것이고, 그것의 시간관이나 기본적 가치관은 근대성과 완전 일치하는 것이다. 하지만 그것은 서구 자본주의와 전혀 다른 길을 추구하였고 유사한 과정이 모든 사회 영역에 침투되어 있다.[74]

왕후이는 최근 들어 '대안적 현대성'(另類現代性, Alternative Modernity), '다원적 현대성'(多元的現代性)이란 용어를 자주 사용하는데, 이는 단순히 서구 현대성의 신화를 해체하여 중국 현대성을 재구축하는 차원을 넘어 서구와 다른 발전 모델을 추구하는 것과 연결된다. "다원적 현대성이란 한편으로는 현대의 여러 가지 불가피함과 가치를 인정하면서 다른 한편으로는 다른 전통과 사회 조건 속에서 출현하였던 다른 현대 모델을 인정하는 것"[75]이라고 말하는 것은 이런 맥락인데, 이는 중국이 서구 자본주의 근대(현대) 체제와 다른 발전 모델을 모색하려는 문제의식의 소산이다.

왕후이가 마오쩌둥 사상과 마오쩌둥 시대를 재평가하는 것도 대안적 현대성(근대성)과 대안적 현대(근대)를 추구하는 데서 연유한다. 중국 현대성의 특징 차원에서 보자면 마오쩌둥 사상이 중국 현대성의 특

74 위의 책, 9면.

75 汪暉 인터뷰, 「中國制造與另類的現代性」, 『裝飾』, 總第181期(2008年5期), 8면.

징을 여실히 체현하고 있고 대안적 현대성의 성격을 지닌다고 보기 때문이다. "'반현대성적 현대성이론'은 마오쩌둥 사상의 특징이자 청말 이후 중국 사상의 중요한 특징 가운데 하나"[76]라고 보는 것이다.

마오쩌둥 사상과 마오쩌둥 시대에 대한 재평가는 왕후이만이 아니라 추이쯔위앤(崔之元), 쾅신넨(廣新年), 깐양(甘陽) 등 신좌파 지식인들의 공통적인 사상 경향으로, 이는 신좌파를 자유주의 지식인들과 구분시키는 중요한 기준이다. 자유주의 지식인들은 중국 현실의 주요 문제를 마오쩌둥 사회주의 시대의 유제가 채 청산되지 않은 데서 파생하는 사회주의 체제의 문제로 보고서 시장화를 통해 그 유제를 청산하려고 한다. 이에 비해, 왕후이와 신좌파 지식인들은 중국 현실의 주요 문제가 시장화, 자본화, 세계화로 인해 초래되고 있다고 보는 가운데 중국 현실 문제를 해결하고 대안적 현대화를 추구하려는 차원에서 마오쩌둥 사상과 마오쩌둥 사회주의 역사 경험의 합리적 요소를 재발굴하는 것이다.[77] 예를 들어 추이쯔위앤이, 마오쩌둥 시대에 대한 재평가를 바탕으로 한 새로운 제도 창출을 언급하면서 "서구 자본주의가 유일한 모델인가?"라고 묻는 것은 그러한 맥락에서 나온 것이다. 추이쯔위앤은 이러한 질문과 더불어 마오쩌둥 시대의 경제 모델을 재평가하면서

76 왕후이, 「중국 사상계의 현황과 근대성 문제」, 왕후이 지음, 이욱연, 차태근 옮김, 『새로운 아시아를 상상한다』(창비, 2003), 48면.

77 마오쩌둥 시대에 대한 평가 등, 자유주의와 신좌파 지식인들 사이의 사상 차이에 대해서는 다음을 참조. 김도희, 「지식계의 사회변혁 담론: 신좌파와 자유주의를 중심으로」, 정성흥 편, 『체제전환의 중국 정치』(에버리치홀딩스, 2010), 205~237면. Joseph Fewsmith, *China since Tiananmen*(Cambridge UP, 2001), 124~139면, 許紀霖 羅崗 等著, 『啓蒙的自我瓦解』(吉林出版有限責任公司, 2007) 194~215면 등.

마오쩌둥 시대 경영방식인 이른바 '양참일개삼결합(兩參一改三結合)'[78]을 경제 민주의 모델로 부활시키려 하고, 중국 자유주의자들을 겨냥하여 서구 특정 국가의 시장 작동 방식이나 정치제도를 절대적인 보편 모델로 생각하는 서구 제도에 대한 물신주의에 빠져 있다고 비판한다.[79]

요컨대 신좌파는 1990년 후반 들어 심각해지고 있는 빈부차이라든가 국유 재산의 민영화 과정에서 나타나는 사유화로 인한 국부 유출 등의 중국 사회 문제를 중국이 시장화 되면서 파생되는 시장화 자체의 문제로 파악하는 가운데 자본화, 시장화 되어 가는 과정에서 발생하는 여러 가지 중국 현실문제의 해결을 위해서는 중국 정부가 시장을 통제해야 하고, 마오쩌둥 시대의 합리적 요소를 재발굴하여야 한다고 보는 것이다.

중국 지식인 사회에서 신좌파의 등장은 서구 현대(근대), 특히 서구 현대성(근대성)에 대한 비판적 인식을 바탕으로 대안적 현대성(근대성)을 모색하는 지적 조류의 등장을 의미한다. 과거 사회주의 방식도 아니며, 당연히 1980년대 신계몽주의나 1990년대 자유주의가 서구 근현대를 보편으로 상정하는 것과도 다르게 서구 근현대를 극복하는 새로운 대안적 역사를 모색하는 것이다. 이 과정에서 이들은 마오쩌둥 사회주의 시대의 경험, 중국 근현대 역사의 경험을 자유주의 입장에서 부정하는 것이 아니라 그중 유효한 경험을 재발굴하여, 갈수록 시장

78 1960년 3월 마오쩌둥이 지시한 사회주의 기업 관리 원칙이다. 간부의 생산노동 참여, 노동자의 기업경영 참여가 '兩參'이고, 기업의 불합리한 규정 개혁이 '一改', 기술 혁신 과정에서 간부와 기술자, 노동자의 결합이 '三結合'이다.

79 崔之元, 「制度創新與第二次思想解放」, 『二十一世紀』 1994年 8月號(總第24期), 10면.

화 되어 가는 중국 현실을 개선하는 한편, 나아가 글로벌 자본주의 체제를 극복하는 사상 자원으로 삼으려고 하였다. 이들이 대안적 근대성(현대성) 모색과 더불어 중국 경험의 재발견을 강조하는 것은 이런 맥락이다.

한편, 국유기업 민영화에 대한 비판, 빈부 격차 및 부패에 대한 비판 등, 1990년대 중국 현실에 대한 이들의 비판적 문제 제기는 2000년대 이후 중국 정부와 중국공산당이 이러한 문제를 해결하는 데 관심을 갖는 등 국가 정책의 변화를 가져오는 한 계기로 작용하였다. 하지만 2000년대 이후 중국공산당과 중국 정부의 이러한 정책 변화는 신좌파의 반미국, 반서구 민족주의의 사상 경향, 중국 사회의 경험 및 근현대 중국 경험과 중국의 길의 의미에 대한 재발견 주장과 결합하면서 신좌파가 민족주의로 기울고 있다는 비판을 받게 된다. 특히 2008년 미국의 금융위기 이후 미국 중심 체제가 위기에 직면한 데 비해 중국은 안정적인 성장의 길을 지속하는 가운데 중국이 부상하여 G2대국이 되면서 중국의 경험과 중국의 길, 중국 현대성의 특징에 과도한 의미를 부여하는 민족주의 경향이 더욱 강해지고 있다는 비판에 직면하게 된다. 사실, 미국 중심의 글로벌 질서를 변화시키는 한편 중국 사회주의 역사 경험이 갖는 의의를 재발굴하여 현재 자본주의와 서구 민주주의 질서의 한계를 넘어선 대안적 질서를 모색하려는 신좌파의 입장은 중국공산당과 중국 정부가 자신들의 주장을 수용하는 정책 행보를 취할 때 민족주의 성향을 지닐 소지가 많다. 특히 이들은 서구나 미국을 문명사적 보편으로 상정하지 않는 가운데 중국의 독자적 길과 중국 경험, 대안적 질서 창출과 중국 근대성(현대성)을 강조한다는 점에서 보자면,

자유주의 입장에서 이들을 서구 근대라는 보편문명을 거부하는 민족주의, 그리고 나아가서 서구와 다른 중국의 길을 가려고 하는 중국공산당과 중국 정부를 지지하는 국가주의라라고 비판할 수 있다.[80]

하지만 그렇다고 하여 신좌파를 관변 지식인이나 국가주의자, 나아가 중국공산당과 함께 중화의 위대한 꿈을 부흥시키려는 중화주의자로 규정하는 것은[81] 정치적 비판 차원에서는 가능할 수 있지만, 이들 주장에 대한 엄밀한 학문적 검증 차원의 비판은 아니다. 왜 그런가 하면, 첫째, 신좌파와 중국공산당이나 중국 정부의 관계 차원에서 볼 때 신좌파가 여전히 중국공산당이 정부를 견제하지 못하고, 민심을 정부에 전달하는 정치적 기능을 하지 못한 채 중국 정부에 일방적으로 이끌려가면서 '정치'가 실종되고 있다면서, 현재 중국의 당-국가 체제의 문제점을 비판하고 있다는 점, 둘째 신좌파의 정책 건의를 중국공산당 혹은 중국 정부가 수용하고, 일부 신좌파 지식인의 경우 정부쪽에 참여하기도 하고 있지만, 이는 중국공산당과 중국 정부에 대한 무조건적 지지와 다른 정책적 지지라는 점에서 양자 사이에 여전히 긴장이 존재하며, 보시라이 사건을 두고 일어난 중국공산당과 신좌파 사이의 갈등에서[82] 보듯이 양자 사이에 대립이 상존한다는 점, 셋째 신좌파의 궁극 목표는 대안적 근대(현대) 창출이기 때문에 중국이 서구 자본주의 모델에 따른 발전주의 노선을 경주하는 한 신좌파와 중국공산당이나 중국

80 자유주의 지식인의 이러한 비판에 대해서는, 許紀霖, 「近十年來中國國家主義思潮之批判」, http://www.aisixiang.com/data/41945.html(2012년 7월 4일 검색)

81 이러한 시각의 신좌파 비판에 대해서는 조경란, 『현대 중국 지식인 지도』(글항아리, 2013) 163~203면 참조.

82 이에 대해서는 4장 2절 '비판적 지식인 사회의 분화' 참조.

정부 사이에는 대립이 돌출될 수밖에 없다는 점, 넷째 신좌파가 요구하는 정치의 활성화, 대중이 참여하는 민주주의 건설, 경제 민주화 등으로 미루어 보자면 신좌파와 중국공산당이나 중국 정부 사이에는 갈등이 여전하다는 점, 다섯째 신좌파와 중국공산당이나 중국 정부가 미국 주도의 질서를 비판하고 서구 정치 시스템 및 서구 근대를 넘어서는 대안적 질서를 모색한다는 점에서[83] 양자 사이에 공통점이 존재하지만 신좌파의 사상적 지향을 중국의 꿈 실현을 통한 중화주의의 완성으로 해석하는 것은 신좌파의 민중주의와 민주주의 지향을 지나치게 간과하고 있다는 점 때문이다.[84]

6. 자유주의의 보편문명 의식과 그 곤혹

사회주의 정권 수립 이후 단절되었던 자유주의 전통이 소생한 것은 1980년대 개혁개방 정책이 시행되면서부터다. 마오쩌둥 사회주의

---

83 서구 정치 시스템, 특히 서구 민주주의의 한계와 중국에서 '정치'의 실종을 두고 신좌파 지식인인 왕후이가 중국공산당을 비판하는 내용에 대해서는 왕후이 지음, 성근제 외 옮김, 『탈정치 시대의 정치』(돌베게, 2014), 59~160면 참조.

84 이와 관련하여 송인재는 조경란이 신좌파를 중화주의자, 국가주의자라고 보는 견해의 '정치성'을 비판하면서, 신좌파는 "국가가 소수이익집단에 경도되고 기층과 괴리되는 것에 대한 우려를 표하고 대의제로 대표되는 형식 민주주의의 전지구적 위기를 지적하고 실질적 민주주의 실현을 위한 방안 마련을 과제로 제시한다. 서양에서 연원한 정치체제를 비판했다고 이런 논리를 중국의 현실 문제를 외면한 채 중국만의 정체성을 찾는 문명제국 재구축에 골몰하는 논리, 권위주의 체제를 옹호하는 논리라고 규정할 수 있을지는 의문이다."고 지적하였다. 송인재, 「왕후이·간양에 대한 저자의 비판은 과연 타당한가?」, 『교수신문』 711호(2013년 12월 30일) 참조.

시대에 대한 비판과 극복이라는 대전제 속에서 현대화와 개혁개방을 추진하는 덩샤오핑 시대의 개막에 힘입어 소생한 것이다. 마오쩌둥 사회주의를 봉건사회주의로 규정하는 가운데 중국 사회의 당면 과제를 개혁개방을 통한 현대화의 실현, 생산력 발전으로 설정하면서 당시 개혁개방 정권과 자유주의 사이에 밀월기가 형성되었고, 개인숭배의 타파, 사상의 해방, 개인 자유의 확대, 민주, 법치 등의 목표를 공유하였다.[85] 자유주의와 개혁개방 정권 사이에 맺어진 이러한 정책적 공동 인식과 연합은 자유주의 지식인이든 신좌파 지식인이든 모두 인정한다.

하지만 1980년대 후반으로 가면서 개혁개방 정권과 자유주의 사이에 균열이 일어났다. 자유주의 지식인들은 마오쩌둥 사회주의에 대한 극복을 넘어 자유와 인권, 민주, 그리고 헌정(憲政)으로 자신들의 요구를 확대하였고, 반면에 개혁개방 정권은 이러한 요구에 대응하여 이를 '사상오염' 청산 운동과 반자유화 운동을 펼치면서 대립하기 시작하였으며, 그 대립의 정점에 1989년 6·4톈안먼 사태가 있다.

6·4톈안먼 사태 이후 자취를 감추었던 자유주의가 다시 소생한 것은 역설적으로 중국공산당과 중국 정부가 1992년 덩샤오핑의 이른바 '남순강화(南巡講話)'를 계기로 개혁과 개방의 지속을 표방하면서부터다. 개혁개방 정책의 성씨(姓氏)가 '자(본주의)' 씨인지 '사(회주의)' 씨인지를 따지면서 제동을 걸려는 좌파들의 공세에 맞서서 덩샤오핑은 시장개혁을 강력하게 다시 추진하였고, 이는 자본화, 시장화를 향한 개혁이었다. 이때부터 자유주의 전성기가 시작되어서 1998년 무렵부터

85 馬立誠, 「自由主義思潮」, http://www.aisixiang.com/data/35652.html

신좌파의 도전이 나오는가 하면 2003년 후진타오 체제가 들어서고 '조화사회' 실현을 내걸면서 '민생'을 챙기는 등, 자유주의 일변도의 정책을 수정하기 전까지, 그러니까 장쩌민(江澤民) 집권 시대인 1993년부터 2003년까지 중국 자유주의는 전성기를 누린다. 사회주의 시장경제를 추진하는 중국 정부와 새로운 밀월관계가 형성된 것이다. 이 밀월의 형성은 중국 경제의 시장화의 확대와 국영기업의 민영화, 정부의 기능과 역할 축소. 세계무역기구(WTO) 가입, 개인의 재산권 보호, 자본가 계층의 보호 등의 정책에서 중국 정부와 자유주의 지식인들이 일치된 인식을 보인 때문이다.

이 과정에서 자유주의를 대표하는 지식인인 우징렌(吳敬璉), 리이닝(厲以寧), 장우창(張五常) 등이 정부 정책 수립에 깊이 관여하거나 자문을 하기도 하였다. 이런 분위기에 힘입어 1995년에는 류쥔닝(劉軍寧), 왕옌(王焱), 허웨이팡(賀衛方) 등이 편집위원으로 참여하여『공공논총(公共論叢)』을 내면서 자유주의는 전성기를 맞았다.[86] 이러한 자유주의 열풍은 근현대 자유주의 지식인을 재조명하는 열기로 이어져서 근대 자유주의의 상징인 후스(胡適)를 필두로, 천인커(陳寅恪), 꾸준(顧准) 등을 재조명하는 자유주의 지식인 재조명 열풍이 불었다. 또한 자유주의 바람은 중국 언론계에도 강타하여, '난팡 주말(南方週末)' 등 난팡 계

86 자유주의 사상의 경과에 대해서는 다음을 참조. 馬立誠,『最近四十年中國社會思潮』(東方出版社, 2015) 134~153면, 曲路淩,「對新左派自由主義派泛中國特色派的梳理與思考」, http://www.aisixiang.com/data/60531.html, 徐友漁,「當代中國社會思想的分化和對立」, http://www.aisixiang.com/data/19018.html. 姚中秋(秋風),「中國自由主義二十年的頹勢」,『二十一世紀』2011年 8月號(總126期), 15~28면.

열 언론과 『재경(財經)』 등, 자유주의 언론을 잇달아 탄생시키면서, 이들 언론 매체를 기지로 하여 자유주의 주장이 대중적으로 크게 확산되었다.

특히 2004년 중국 헌법 수정안이 통과된 것은 자유주의자들이 줄곧 요구해 온 개인의 권리와 재산권 보호 등이 반영되었다는 점에서 자유주의의 최대 성과이자, 자유주의의 영향력을 확인하는 일이었다. 이 수정안은 장쩌민의 '3개 대표(三個代表)' 사상을 마오쩌둥과 덩샤오핑 이론과 함께 포함시킨 것도 중요하지만 자유주의자들이 주장해 온 법률에 의한 통치와 법률에 의한 개인의 권리와 인권, 재산의 보호를 명시한 점에 의미가 있다. 예를 들어, 20조에서는 국가가 공공의 이익의 필요에 따라 토지를 징발할 때는 법률에 따라 수용할 수 있다고만 되어 있었지만, 여기에 '보상'해야 한다고 추가하였고, 22조에서는 국가는 법률에 따라 사유재산권을 보호해야 한다고 최초로 사유재산 보호를 명시하였다. 또한 33조에는 "국가는 인권을 보장하고 존중하여야 한다는 조항을 추가하여, 인권 보장을 강화하였다. 이런 헌법 수정안의 내용들은 자유주의자들이 1990년대 중반부터 지속적으로 요구하던 것으로, 이 요구가 일정 부분 헌법에 수용된 것이다.

물론 1990년대 자유주의의 전성기가 지식인 사회에만 국한된 것은 아니었다. 중국 경제가 매년 15% 정도 성장하면서 중국인들이 시장경제의 혜택을 일상생활에서 피부로 느낄 수 있었다. 생활 여건이 편리해지고 물질적 풍요를 누리게 되었고, 소득 역시 늘어났으며, 무엇보다 중국의 국제적 지위가 크게 높아졌다. 특히 중산층이 크게 증

가하면서 자유주의 시장 개혁에 대한 중국인의 지지가 넓어졌다.[87]

일반적으로 중국 자유주의를 대표하는 지식인으로는 위에서 언급한 이들 이외에 원로 학자 리선쯔(李慎之, 2003년 작고), 쉬요위(徐友漁), 주쉐친(朱學勤), 차오쓰위앤(曹思源), 린젠타오(任劍濤), 친후이(秦暉), 치우펑(秋風) 등이 포함된다. 물론 자유주의 지식인 가운데 가장 급진적인 인물로, 2008년 광범위한 자유주의 정치개혁을 촉구하는 '08헌장(零八憲章)'을 주도한 노벨평화상 수상자 류샤오보(劉曉波)도 여기에 해당한다.[88] 자유주의자인 치우펑은 1990년대 자유주의를 주요 관심에 따라서 세 개의 분파로 구분하는데, 시장 자유주의 혹은 경제 자유주의와 계몽 자유주의, 정치 자유주의가 그것이다.[89] 자유 시장의 이념에 따라 시장과 경쟁, 재산권, 정부의 시장 간섭의 배제 등을 강조하는 사람들이 시장 자유주의 혹은 경제 자유주의 주창자로서, 우징렌 등은 중국 정부 정책에 적극 참여하여 중국 시장화를 견인하였다.

그런가 하면 주로 학계에서 중국 자유주의 전통을 복원하고, 자유주의 관점에 따라 중국 역사를 새롭게 해석하는 자유주의자들을 치우펑은 계몽 자유주의로 분류하는데, 이들 지식인으로는 레이이(雷頤), 위앤웨이스(袁偉時) 등이다. 이에 비해 류쥔닝, 쉬여위 등은 정치 자유주의자로서 정치 민주화를 강조한다. 물론 경제 자유주의 혹은 시장

87 周保松, 「自由主義左翼的理念」, 『二十一世紀』 2015年 6月號(總第149期), 37면.

88 류사오보와 차오쓰위앤 등 주로 자유주의 정치개혁 주장에 대해서는 이종화, 장윤미, 「중국 정치개혁에 관한 자유주의 논의의 비교 연구」, 『중소연구』 제35권 제4호, 2011/2012 겨울, 99~129면 참조.

89 姚中秋(秋風), 「中國自由主義二十年的頹勢」, 『二十一世紀』 2011年 8月號(總126期), 15~18면.

자유주의자와 정치 자유주의가 그렇게 확연히 나누어지는 것은 아니다. 왜냐하면 경제 자유주의자 지식인들이 시장화에 관심을 집중한 것은 주로 경제적 동기 때문이기도 하지만 시장화와 사유재산권 보장 등이 일당 지배 체제와 중국공산당의 과도한 권력을 해체하는 가장 중요한 토대라고 생각하기 때문이고, 이 차원에서 보자면 경제 자유주의와 정치 자유주의는 공동의 목표를 지니고 있기 때문이다.

이러한 차이에도 불구하고 중국 자유주의 지식인들은 공통적으로, 리선쯔의 주장대로 자유주의를 인류 보편의 가치라고 보는 가운데,[90] 개인의 존중, 자유의 확보, 정치에서 대의민주제, 법에 의한 통치('依法治國'), 경제에서 시장경제, 개인의 권리와 이익의 존중과 보호, 사적 재산권 보호 등을 주장하였다.[91] 이러한 제도와 가치는 중국에서 가장 부족하거나 시행되지 못하고 있는 것들인데, 이러한 인류 보편의 가치를 중국에서 실현하는 것을 목표로 삼는다. 물론 개인별로 보다 중점을 두는 점은 달라서, 류쥔닝은 사유재산권의 절대적 보장을 주장하면서 사회 복지 등은 전혀 거론하지 않는 가장 '순수한'(?) 자유주의자로 평가되고, 런젠타오는 신자유주의보다 고전 자유주의에 경도되어 있고, 류샤오보는 가장 급진적인 자유주의 정치개혁을 주장한다.

자유주의 지식인들이 생각하는 중국 변혁 구상은 1998년, 1999년

90 리선쯔는 『꾸준 일기(顧准日記)』「서문」에서 "중국 전통문화는 진시황이 천하를 통일하고 2천 년 동안 한마디로 독재였다. 독재를 치유할 유일한 출로는 계몽이고, 최근 3백여 년 동안의 인류 역사에서 주류는 자유주의로 독재를 대체하는 것이다."라고 말했다. 馬立誠, 「自由主義思潮」, http://www.aisixiang.com/data/35652.html 참조.

91 徐友漁, 「自由主義與當代中國」, 李世濤 主編, 『知識分子立場: 自由主義之爭與中國思想界的分化』(時代文藝出版社, 2000), 413~430면 참조.

에 신좌파 지식인과 논쟁을 벌이면서 한결 자신들의 주장을 분명하게 개진하는데, 자유주의 지식인의 사상 특징을 신좌파와 대비 속에서 살펴보면 다음과 같다.

첫째, 가장 중요한 것은 중국 현실 상황에 대한 인식의 차이다. 자유주의자는 중국에서 중국공산당 일당이 지배하는 사회주의 시스템에 근본적인 변화가 없으며 여전히 마오쩌둥 시대 사회주의의 유제가 작동하고 있다고 본다. 1990년대 중국 역시 기본적으로 마오쩌둥 시대의 연장선에 있다고 보는 것이다. 이에 비해 신좌파는 1990년대 들어 사회주의 시장경제가 실시되고 중국이 세계무역기구(WTO)에 가입하면서 세계 자본주의 체제에 편입이 되었고, 중국의 현실은 이미 시장화, 자본화된 현실이라고 본다.

둘째, 중국 현실 상황에 대한 상이한 인식을 바탕으로, 중국 자유주의자는 중국 현실의 문제는 사회주의 유제, 마오쩌둥 시대의 사회주의 잔재가 청산되지 않은 채 여전히 현실에서 강하게 영향력을 미치고 있기 때문에 일어나는 문제라고 본다. 즉 공산당의 일당 지배체제와 인권과 자유 보장, 민주 헌정 등이 확립되지 않아서 중국 현실의 혼란이 가중되고 있다고 보는 것이다. 하지만 신좌파는 중국이 자본화와 시장화 되는 과정에서 더 큰 혼란이 일어나고 있다고 본다. 빈부 격차의 확대라든가, 농민과 노동자의 권리 박탈과 주변화, 의료 보장 문제 등 민중의 기본 생존권이 시장화, 자본화의 과정 속에서 위태로워지고 있다고 보는 것이다. 중국 현실에 만연하는 부패문제만 하더라도 자유주의자는 중국공산당의 견제되지 않는 비대한 권력 때문에 일어난다고 보는 반면에, 신좌파는 시장화 과정에서 자본가와 관료, 자본가와 당권파, 그리고 여기에 외국 자본까지 결합하여 중국에서 부패가 확산되고 있다고 본다.

셋째, 현실 문제의 해결을 위해서 자유주의자는 정치 민주화, 그리고 정부의 권한을 축소하고 국영 기업을 민영화 하는 가운데 작은 정부의 실현과 시장의 확대를 강조한다. 자유주의자를 대표하는 주쉐친(朱學勤)은 권력 메커니즘의 문제로 일어나는 부패 등의 문제를 시장 메커니즘 탓으로 볼 수 없으며, 시장 메커니즘을 정치 체제 개혁으로까지 확장시키고 제도 측면에서 갖가지 권력 감시 장치를 마련하는 한편, 헌정 정치질서가 확립될 때 사회적 정의 문제를 해결할 수 있다고 주장한다.[92] 하지만 신좌파는 경제 민주화가 필요하고, 국가가 강력한 힘을 가지고 시장이 공평하게 작동하도록 통제해야 한다고 보며, 민영화로 인해 국부가 소수 자본가와 부패한 관리들에게 유출되는 것을 경계한다. 요컨대 신좌파는 자유주의자들이 시장이 모든 것을 해결한다는 시장 물신주의에 빠져 있다고 비판한다.

넷째, 문혁을 비롯한 마오쩌둥 사회주의를 어떻게 평가할 것인지와 관련하여, 자유주의자들은 마오쩌둥 시대는 일인 우상화와 독재, 억압, 비민주의 상징으로서 전면 폐기해야 한다고 생각하지만, 신좌파는 민중들의 직접 참여에 의한 민주제도, 요컨대 대자보를 붙이고 비판을 하는 등의 이른바 '대민주'(大民主), 그리고 노동자의 경영 참여, 농민과 노동자의 권익 보호 등의 면에서 나름의 '합리적 요소'를 지니고 있고, 이를 계승하여야 한다고 본다.

---

92 朱學勤, "自由主義與新左派分岐何在," 朱學勤, 『書齋裏的革命』(長春出版社, 1999), 420면.

다섯째, 자유주의자는 서구 근현대와 서구 근대성(Modernity)을 인류 보편의 역사와 가치로 보는 가운데 이를 중국에 적극 도입할 것을 주장하지만, 신좌파는 서구 현대성을 서구 사회의 산물로서 특수하게 취급하면서 중국 현대성을 구축해야 한다고 주장한다. 신좌파인 왕후이가 마오쩌둥을 평가하면서, 마오쩌둥 사회주의를 서구 자본주의 근현대를 넘어서서 새로운 근대성을 구축하려는 시도로 평가하는 것은 이러한 맥락에서다. 이런 이유 때문에 신좌파는 자유주의자를 서구 중심주의자라고 비판하고, 자유주의자는 신좌파를 반서구 민족주의자라고 비판한다.

자유주의와 신좌파 지식인의 인식 차이

	자유주의	신좌파
세대별 차이	문혁 전기 세대 국내파	문혁 후기 세대 유학파(해외파)
중국 현실 인식 차이	사회주의 유제가 남은 중국 시장화, 작은 정부 강조 중국문제 : 사회주의 유제 때문. 중국병+권력병 정치 민주화 강조 마오쩌둥 시대 : 봉건주의+사회주의 개방과 시장화 확대 서구화, 글로벌 기준 강조	자본화, 시장화된 중국 시장의 국가 통제 강조 중국문제 : 서방병 + 시장병 경제 민주화 강조 마오쩌둥 유산 계승한 현대화 개방과 시장화 통제 필요 중국 사회주의 경험, 마오쩌둥 시대 경험의 재평가 주장
상호 비판의 내용	마오쩌둥 시대의 공포와 진정한 문제를 모르는 책상물림이다. 폐쇄적인 반서구 민족주의자, 인민주의자다.	자유주의자는 시장 물신주의에 빠졌다. 외국 자본이 중국에서 새로운 부패를 낳는 현실을 보지 않고 있다. 중국 근현대 역사적 경험에 대한 허무주의에 빠져 있다.

자유주의와 신좌파는 단순히 한두 가지 정책 차원에서 발생하는 차이가 아니라 중국 현실 인식에서부터 미래 전망까지 많은 차이를 드

러내고 있다. 크게 보자면 자유주의 지식인들은 서구 근현대 역사와 현대성(근대성)을 인류 보편의 것이자 보편문명으로 상정한 가운데 그것을 중국에 실현시키려고, 즉 중국을 세계 보편 역사의 흐름에 편입시키려고 한다. 하지만 신좌파는 서구 근현대 역사와 현대성(근대성)을 서구의 것으로 특수화 시키고, 중국의 경험에 기반을 둔 중국 근현대 역사와 중국 현대성(근대성)을 중요하게 생각한다. 신좌파가 서구와 다른 중국 현대성(근대성)을 재발견하고 재구축함으로써 서구 근현대와 다른 역사적 전망을 모색하는 데 비해 자유주의는 서구 근현대의 경험과 역사를 인류 보편으로 상정하는 것이다. 그런 만큼 이 대립은 오랫동안 지속될 수밖에 없다.

그런데 2000년대 이후 자유주의는 소강 국면에 처하게 된다. 장쩌민 정부 시절 중국에서 가장 유력하고 폭넓은 지지를 받는 사상이었던 자유주의가 2000년대 이후 침체 상태에 빠진 이유는 무엇인가? 치우펑에 따르면, 2003년 후진타오 체제 등장 이후 자유주의는 이론만이 아니라 실천에서도 곤경에 처하게 되었고, 급격한 쇠락과 좌절을 겪게 되었다고 본다. 그는, 그 이유로 세 가지를 든다.[93] 첫째는 2003년 이후 변화된 중국 민중의 정서다. 2003년과 2004년 사이에 일어난 국유기업 민영화를 둘러싼 논쟁이 말해 주듯이, 국유기업 민영화로 인해 노동자가 대량 실업에 내몰리고, 민영화 과정에서 부패가 빈발하면서 중국 민중들이 이를 시장화의 책임으로 인식하면서 자유주의 개혁에 등을 돌리게 되었다는 것이다. 치우펑은 국유 부문을 민영화 하는

93 姚中秋(秋風), 「中國自由主義二十年的頹勢」, 『二十一世紀』 2011年 8月號(總126期), 27면.

데 지나치게 서둘렀고 수단을 가리지 않음으로써 권력과 자본의 결합, 이른바 '권귀사유화(權貴私有化)' 현상이 일어났고, 이는 일정 정도 경제 자유주의자들이 책임을 져야 한다는 것이다. 이는 치우펑만이 아니라 마리청(馬立誠)도 지적하는 것으로 1998년부터 2002년 사이에 3,500만 명이 구조조정을, 이른바 '샤강(下崗)'을 당하고, 이로 인해 반시장, 반경쟁의 정서가 중국 민중 사이에 폭넓게 퍼지면서, 자유주의에 위기가 초래되었다는 것이다.[94] 자유주의 시장화로 혜택을 입은 사람도 많지만 고통 받는 사람도 늘어나면서, 시장이 모든 문제를 해결하는 만병통치약이 아니며, 정부의 합리적 개입이 없는 상태에서 노동자의 근로환경과 대우도 열악해지고 의료나 교육 서비스도 보장 받지 못하고, 돈이 없으면 병원에도 갈 수 없고 학교도 보낼 수 없는 현실이 되면서 중국인이 시장화에 실망하고 불만을 갖기 시작하였고, 자유주의가 우리가 지지할 만한 것인지에 대한 회의가 퍼지면서 중국에서 자유주의가 쇠락한 주요 원인 중의 하나라는 것이다.[95]

둘째는 이와 연관되는 것으로서, 2003년 후진타오 체제 이후 변화된 정치 환경 때문이다. 치우펑은 후진타오 체제가 들어서면서 민생과 사회통합을 강조하면서 '조화사회(和諧社會)' 구호를 내거는 등, 자유주의 기조를 바꾸기 시작하였고, 중국공산당 지도부가 경제 자유주의에 토대를 둔 정책을 추진하여 얻은 경제 성장의 과실은 취했지만, 경제를 넘어 정치 차원의 자유주의 개혁 주장을 공산당의 통치력을 약화시

94 馬立誠, 『最近四十年中國社會思潮』(東方出版社, 2015), 254면.

95 周保松, 「自由主義左翼的理念」, 『二十一世紀』 2015年 6月號(總第149期), 36~37면.

키고 집권 체제를 위협하는 요소로 간주함으로써 중국공산당 지도부와 자유주의 사이에 유지되어 온 협력 관계가 깨졌고, 이것이 자유주의의 쇠락을 가져온 것이다.

셋째는 신좌파 영향력의 확대다. 이는 중국 현실 문제를 두고 자유주의의 책임을 묻는 것과 연관된 것인데, 신좌파 지식인들이 대학과 학계에서 영향력을 확대하고, 깐양(甘陽)이나 류샤오펑(劉小楓) 같은 예전 자유주의 지식인들까지 좌파로 전향하는 등 신좌파의 영향력 확대가 자유주의의 침체를 가져왔다는 것이다.

그런데 이러한 자유주의를 둘러싼 외부 환경의 변화도 자유주의가 침체 국면에 접어드는 원인이지만, 자유주의 자체에도 원인이 있다. 첫째는 중국 현실과의 접목 부족이다. 이는 치우펑이 특히 강조하는 것으로, 자유주의는 서구에서 수입된 이론인데, 이것이 중국 현실과 접목하는 '본토화(本土化)'의 과정을 거치지 않았고, 중국 자유주의 지식인들은 오직 자유주의의 기본 원리를 '상식'이라고 되풀이함으로써 중국 현실과 유리되었다는 것이다. 예컨대 사회복지와 사회보장을 도외시하는 주장은 기본적인 생활 여건도 충복하지 못하고 있는 절대 다수의 중국 민중들에게 호소력을 지닐 수 없었던 것이다.[96]

둘째는 중국 전통 및 중국 근현대 역사 경험에 대한 전면 부정의 자세다. 자유주의 지식인을 대표하는 리선쯔의 주장처럼, 자유주의 지식인들은 자유주의는 서구에서 기원한 것이고 중국 전통 사회는 전제

96 姚中秋(秋風), 「中國自由主義二十年的頹勢」, 『二十一世紀』 2011年 8月號(總126期), 27면.

주의(專制主義) 사회였다면서,[97] 그것이 사회주의 혁명과 개혁개방 이전 마오쩌둥 사회주의 시대에도 계속되었다고 본다. 뿐만 아니라 중국공산당 일당 지배체제라는 점을 강조하면서 마오쩌둥 시대나 사회주의 시장경제 시대나 통치 구조에 근본적 변화가 없다고 보면서 중국공산당 지배 체제의 변화를 무시하였다. 자유주의가 서구 자유주의 이론의 수입과 서구 자유주의의 중국 적용에 관심이 집중된 나머지 중국 역사와 현실에 대한 면밀한 분석에 소홀했던 것이다.

셋째는 서구 자유주의에 대한 환상과 무조건적 숭상이다. 리선쯔처럼 중국에는 자유주의 전통이 없고, 근현대사의 미약한 전통마저 사라진 마당에 자유주의를 부활시켜야 한다고 강조하는 가운데, 시장경제가 경제적 자유주의를 가져올 것이고 경제적 자유주의는 모든 다른 자유주의의 기초라고 여기는 사고가 팽배하였다. 자유주의의 도입으로 중국이 자존과 자강, 자율, 자기성찰, 타인에 대한 존중, 관용, 쾌락, 행복 등이 보장된다는[98] 낭만적 환상에 사로잡혀 있었던 것이다. 자유주의자의 이러한 주장은 바로 자유주의가 강조한 시장과 경쟁 시스템으로 중국 현실에 각종 사회문제, 경제문제가 빈발하면서 빠르게 자유주의 영향력을 감소시킨 것이다.

중국에서 자유주의가 2000년대 이후 곤경에 처한 것은 중국공산당과 중국 정부가 정치 차원의 자유주의를 용납하지 않을 뿐만 아니라 반서구 민족주의의 대두와 같은 외적 환경의 탓도 크지만 중국 역사와

97 李慎之, 「自由主義傳統在中國的發軔與復興」, 『北大傳統與近代中國』의 서문, http://www.aisixiang.com/data/32944.html.

98 위와 같음.

중국 현실에 천착하지 않은 서구 중심주의, 그리고 신좌파가 자유주의를 비판하듯이 일종의 시장 물신주의에 빠진 채 자유주의에 대한 낭만적 인식에 빠져 있는 점도 크게 작용하고 있다. 이러한 위기를 타개하기 위하여 일부 자유주의자는 자유주의 회생전략 차원에서 위해 서구 자유주의와 쌍생아라고 할 수 있는 기독교를 중국에 보급하는 길로 나서고 있기도 하고, 자유주의와 유교를 결합하는 방향으로 나서고 있기도 하다.[99]

2000년대 이후 중국에서 자유주의가 위기에 처해 있지만, 중국공산당과 중국 정부의 강권 통치가 여전하고 인권과 민주, 자유의 실현이 아직 충분히 보장 받지 못하고 있는 중국에서, 무엇보다 2000년대 이후, 특히 시진핑이 '중국의 꿈'을 제창하면서 중화민족의 위대한 부흥을 역설한 이후 중국에서 민족주의, 국가주의 파고가 갈수록 높아지는 상황에서 중국 자유주의의 역할과 중요성은 매우 중요하다. 중국 자유주의가 중국 현실이 요구하는 자유주의 과제를 수행하기 위해서는 중국 자유주의의 일대 쇄신이 필요하다. 전통시대 중국과 사회주의 시대 중국을 막론하고 중국을 전제주의 시대로 규정하는 한편, 이에 반해 서구 근현대를 문명의 시대라고 보면서 이를 인류 보편의 문명이라고 규정하여 서구 근현대와 서구 현대성을 중국에 이식하는 것을 기본 구상으로 하는 중국 자유주의의 기본 발상은 지나치게 서구 중심주의이고, 서구 근대 틀 안에 갇혀 있다. 이는 결국 서구 근현대 역사와 서구 근대성을 역사의 궁극이자 보편문명으로 상정하는 인식으로서,

99 이러한 동향에 대해서는 姚中秋(秋風), 「中國自由主義二十年的頹勢」, 『二十一世紀』 2011年 8月號(總126期), 23~24면 참조.

서구 근현대 역사와 서구 근대성을 역사화 시키는 발상이 부족하다. 서구 중심주의를 바탕으로 한 서구 자유주의의 중국 이식과 서구 근대 추종이라는 일방적 사고에서 벗어나 다양한 근대성에 대한 사고를 바탕으로 중국 미래에 대한 다양한 가능성을 전망하는 한편, 중국 현실에 보다 천착하면서 중국 민중의 요구를 실현하는 자유주의의 쇄신이 필요한 것이다.

4장

G2시대의 중국 지성 : '중국' 재발견과 재구성

4장

G2시대의 중국 지성: '중국' 재발견과 재구성

1. 중국 부상과 중국 지식인

후진타오 시대(2003~2013)와 시진핑 시대에 중국 지식인의 정체성 형성에 가장 중요한 배경이 된 것은 중국이 G2대국으로 부상한 점이다. 미국을 비롯한 서구 세계가 2008년 이후 금융 위기의 수렁에 빠진 데 비해, 중국은 베이징 올림픽(2008)과 상하이엑스포(2010) 등의 초대형 행사를 성공적으로 개최하고 원추안(汶川) 대지진(2008)의 참사를 효과적으로 극복하는가 하면 경제성장을 지속하면서 중국 정부의 능력과 체제의 안정성을 입증하였다. 아편전쟁(1840) 이후 서구와 일본 제국주의 침략으로 인해 중국이 겪었던 민족적 굴욕감은 현대 중국인의 의식에 뿌리 깊은 상처로 자리한 민족적 트라우마(national trauma)

이다.[1] 그런데 후진타오 시대는 그러한 민족적 트라우마인 굴욕감에서 벗어나 민족적 자긍심을 회복해 가는 전환점이 마련된 시기이다.

이러한 시대배경 속에서 2000년대 첫 10년 동안 중국 지식인들은 중국의 역사 경험과 중국의 제도와 가치, 유교 사상, 중국 근대성 등 중국적인 것을 재발견한다. '중국' 재발견에서 자신들의 새로운 정체성을 찾은 것이다. 중국의 굴기(崛起)가 세계가 공인하는 사실이 된 가운데, 굴기한 중국이 어디로 갈 것인지, 세계 대국으로서 중국은 어떤 문명적 가치를 세계에 제시할 것인지가 중국 지식인들의 지적 관심사가 된 것이다. 중국 가치와 중국 사상, 중국 모델, 중국성(中國性, Chineseness) 등이 지식인들의 담론에 화두로 등장하는 가운데 서구 근대의 보편성을 부정하면서 중국적인 것을 어떻게 보편의 지평으로 끌어올릴 것인지가 중국 사상계의 주요 관심사가 되었다.

2000년대 중국 지식인 사회에서 중국적인 것을 재발견하는 사상 조류를 크게 셋으로 나누자면 1) 서구 근대성에 대한 비판을 바탕으로 한 중국 근대성(현대성)의 재발견 2) 중국 전통 사상과 유교의 재발견 3) 중국 전통적 질서와 사회원리, 중국 역사 경험을 재발견 하는 흐름 등이다. 이들 사상 조류의 공통된 특징은 서구 근대의 보편성을 해체하고 중국의 특수한 경험을 보편의 지평으로 상승시키려는 데 있다. 과거 특수성으로 여겨지던 중국적인 것을 서구 근대와 차별되는 또 하나의 문명 수준으로 상승시키려고 하는 것이다. 이러한 21세기 초 중국 지식인 사회의 사상 흐름을 쉬지린(許紀霖)은 역사주의라고 일괄하

---

1 Zheng Wang, *Never forget national humiliation*(Columbia UP, 2012), 47면.

여 규정한다. 역사 배후에는 객관적 법칙이나 초월적 의지 혹은 보편적 인식이 존재하지 않으며, 역사는 오직 개성적인 방식으로만 존재하고 국가는 개성화의 집중 표현이라고 여기는 역사주의 인식이라는 것이다. 그에 따르면 21세기 초 중국의 역사주의는 중국 전통과 보편적 가치를 직접 대립시키는 것이 그 특징이다. 이를 1990년대 반서구주의와 비교하자면, 당시의 반서구주의는 '현실의 서구'를 적대시하였지만 21세기 초의 중국 역사주의는 '이념으로서 서구'에 대한 이론적 저항이라는 것이다. 요컨대 21세기 초의 중국 지식인 사회는 중국 전통에 대한 재발견을 통해 서구의 이념에 도전하고 있다는 것이다.[2] 이런 가운데 반서구 근대와 전통주의가 결합하는 양상을 보이고 있고, 이러한 흐름이 G2시대 중국 지식인 사회에서 갈수록 영향력을 확대하고 있다.

1990년대 중후반부터 싹이 터서 중국이 G2대국으로 부상한 21세기 첫 10년 기간부터 본격화된 중국 지식인 사회의 '중국' 재발견이라는 사상 흐름은 서구 근대를 보편으로 상정하는 보편론의 이론적 토대를 해체하는 작업과 중국을 문명국가로서 재발견하는 두 가지 작업이 바탕을 이루고 있다. 서구 근대를 보편 '문명'에서 특수한 '문화'로 해체, 하강시키는 지적 작업을 진행하는 것과 더불어 중국적인 것을 '특수한 문화'에서 '보편 문명'으로 재구성, 상승시키는 지적 작업이 동시

---

2 許紀霖, 『啓蒙如何起死回生』(北京大學出版社, 2011), 366면. 쉬지린은 2000년대 이후 '최근 10년 동안의 중국의 역사주의 사상 흐름'에 대해 언급하면서, 중국 지식인 사회의 이러한 지적 흐름을 반계몽적이고, 보편이성에 대항하는 역사주의라고 규정하는 한편, 보편 가치론과 중국 특수론 사이의 논전이 진행되고 있다고 정리하고 있다.

에 진행되고 있는 것이다. 중국 가치와 중국 전통시대, 중국 근현대의 역사 경험 등이 갖는 보편적 의미, 혹은 문명론적 의미를 강조하기 위한 일종의 이론적 토대 작업인 셈이다. 서구 근대의 보편 문명이라는 인식을 해체하는 것과 관련하여 장쉬뚱(張旭東)은 "보편성이란 특수성의 특수한 표현일 뿐이"며, "보편적인 것은 특수한 것의 이상화된 자아 형상이자 자아표현일 뿐이"라면서, 서구 문명이 보편 문명이 되는 과정이란 서구 문명이 세계적으로 확산되는 과정에서 만들어진 역사 신화라고 본다. 사유재산이나 주체성, 시민사회 등등이 점차 세계로 나아가는 과정과 세계사의 이름으로, 보편성이라는 이름으로 자신의 특수한 길과 특수한 이익을 변호하는 과정의 산물이라는 것이다.[3] 장쉬뚱의 논리에 따르면 서구=보편이라는 '신화'는 역사의 산물이며, 이 신화를 해체하는 작업과 중국이 자신의 정체성을 회복하는 작업은 동일 과정이다. 서구 근대 신화 해체와 중국을 재발견하는 작업이 하나로 결합되어 있는 것이다.

장쉬뚱의 이론 작업처럼 서구 근대를 보편적인 '문명'에서 특수한 '문화'로 해체, 하강시키는 지적 탐색이 진행되는 가운데 다른 한편에서는 중국을 문명국가로 재발견하는 지적 탐색도 진행되고 있다. 중국을 민족국가에서 문명국가로 재발견하는 것이다. 좌우파를 막론하고 그렇다. 신좌파 지식인으로 분류되는 깐양(甘陽)은 "중국에게 지난 세기(20세기~인용자)의 중심 문제는 현대 민족－국가를 건립하는 것이었지만, 21세기 중국에게 중심 문제는 민족－국가의 논리를 초월하

3 張旭東, 『全球化時代的文化認同』(北京大學出版社, 2005), 14면.

여 중국을 문명 국가의 틀로 다시 구축하는 길을 자각적으로 가는 것이다"[4]라고 말한다. 그런가 하면, 신권위주의 주창자로 지칭되는 장웨이웨이(張維爲)[5]는 중국의 굴기는 '문명형 국가'의 굴기라고 본다. 중국은 원래 '문명형 국가'로서 막강한 역사와 문화적 바탕을 지니고 있다면서, 다른 사람의 발길이나 추세를 따라가거나 서구나 다른 어떤 모델을 그대로 이식할 수 없고, 자기의 고유한 루트와 논리를 따라 변화하고 발전해야 한다고 강조하는 것이다. 깐양과 장웨이웨이는 중국 현실을 보는 정치적 시각의 차이에도 불구하고 중국의 미래 전망 및 중국 부상의 의미와 관련하여 중국은 역사적으로 문명국가였다는 인식에 토대를 두고서, 이제 중국의 부상과 중국의 꿈의 실현은 다시 문명국가로서의 중국의 정체성을 회복하는 길이어야 한다고 보는 것이다.

그런데 중국을 문명국가로 규정하고 중국의 굴기를 문명국가의 굴기로 해석하는 장웨이웨이가 서구식 민주에 반대하면서 강력한 정부를 주장하듯이, 중국 지식인 사회에서 문명국가 담론이 확산되면서 이와 더불어 국가주의 역시 확산되고 있다. 서구 근대의 보편성에 도전하면서 중국을 재발견하는 흐름, 문명국가로서 중국을 재발견하려는 흐름과 중국 지식인의 국가주의 정체성 강화가 분리되어 있는 것이 아니라 서로 연관되어 있는 것이다. 서구 근대의 보편성에 도전하고 중국을 재발견하는 과정에서, 그리고 그것을 실현할 주체로서 중국 정

4　甘陽, 「從民族國家走向文明國家」, 『文明 國家 大學』(三聯書店, 2012), 1면.

5　張維爲가 문명형 국가론을 제기한 책 『中國震憾』에 대한 蔡志棟의 서평 참조. 蔡志棟, 「新權威主義的當下變種」, 『二十一世紀』 2012年 4月號(總第130期), 148~152면 참조.

부와 중국공산당의 역할을 재발견하는 것이다. 2000년대 첫 10년 동안 중국 지식인 사회에서 국가주의 정체성이 강하게 대두하는 배경을 두고, 첸리췬(錢理群)은 중국 지식인들의 권력욕과 민족주의 성향, 취약한 비판적 지식인 전통 등을 그 원인으로 든다.[6] 이에 비해 쉬지린은 1990년대 이후 중국 사회에서 일어난 일련의 사건과 중국 사회의 변화에서 원인을 찾는다. 1990년대 대두한 갖가지 형태의 민족주의가 1999년 유고슬라비아 중국 대사관이 미국에 폭격을 당한 일, 2008년 베이징 올림픽 성화 봉송 과정에서 일어난 마찰, 그리고 '중국 굴기' 등과 맞물려 보수화, 정치화되면서 국가주의로 출현했다고 본다. 2000년대 국가주의를 1990년대 민족주의가 극단적으로 발전한 것으로 보는 입장으로, 그는 1990년대 민족주의와 G2시대 국가주의와의 차이에 대해 국가주의는 국가를 중심에 두고 국가의 강성과 국가 능력의 향상을 근대성의 핵심 목표로 삼으면서, 국가 그 자체를 목적으로 하는 국가주의가 대두하였다는 것이다.[7]

개혁개방이 시작된 때부터 중국이 G2대국으로 부상한 현재까지 중국과 서구, 전통과 근대라는 네 축이 중국 지식인들의 사고를 좌우하였다고 할 때, 2000년대 상황을 보면 중국 지식인 사회에서 중국 지식인의 정체성은 서구 지향에서 중국으로 귀환하는 방향으로 변화했다. 1980년대 서구에 대한 일종의 물신주의적 경도에서 1990년대 중

---

6 錢理群, 「回顧2010年」, http://www.howvc.com/Html/economy/macro/chinaroad/86994158773162.html(2012년 10월 4일 검색)

7 許紀霖, 「近十年來中國國家主義思潮之批判」, http://www.aisixiang.com/data/41945.html(2012년 7월 4일 검색)

국이 서구와 다르다는 인식과 서구 근대가 절대적 이상이 아니라는 인식의 확산 단계를 거쳐 2000년대 들어서는 문명론적 차원에서 서구 근대를 비판하고 '중국'을 재발견하는 것이다. 1980년대 반전통주의에서 2000년대에 중국 가치와 중국 전통, 중국의 역사적 경험을 재발견하는 '중국' 재발견하는 것으로 지적 흐름이 변화되는 것도 서구와 중국에 대한 인식의 변화와 맞물려 있다. 서구와 서구 근대에 대한 비판적 인식 속에서 '중국'이 재발견 되고 있고, 1990년대의 경우 중국적인 것이 서구와 다르다는 점을 강조하는 차원이었다면, 2000년대의 경우 중국적인 것이 서구 근대에 대한 새로운 대안의 차원으로, 보편 문명의 수준으로 사고되고 있는 것이다. 서구와 중국, 근대, 전통이라는 네 축을 기준으로 보자면 2000년대 이후 중국 지식인 사회는 서구와 근대 축에서 갈수록 중국과 전통 축으로 이동하고 있다.

2. 비판적 지식인 사회의 분화 : 첸리췬과 왕후이의 경우

첸리췬(錢理群)과 왕후이(汪暉)는 개혁개방 이후 중국 루쉰(魯迅) 연구를 대표하는 학자이자 중국 지식인 사회를 대표하는 비판적 지식인이다. 연령으로 보면 왕후이(1959년생)가 첸리췬(1939년생)보다 한 세대가량 아래이지만, 이 두 사람은 루쉰 연구에서만이 아니라 중국 현실에 대한 비판적 인식이라는 점에서도 나이를 뛰어넘는 우정과 연대를 견지하여 왔다. 루쉰 연구 차원에서도 선후배 관계이고, 인간적으로

도 둘의 관계는 각별하였다. 그런데 2010년 이후 첸리췬이 왕후이를 비판하면서 두 사람 사이에 분화와 대립이 시작되었고, 두 사람의 분화는 중국 지식인 사회에서도 화제가 되었다. 첸리췬은 2010년 왕후이가 이른바 논문 표절 시비에 휘말려 곤경에 처해 있을 때도 적극 나서서 왕후이를 옹호하였다. 그런데 첸리췬이 2011년 연말에 왕후이를 비롯한 신좌파가 마오쩌둥 시대에 대한 편향된 인식 속에서 관방 이데올로기를 대변하는 국가주의자로 변하였다고 비판하였고, 이렇게 시작된 두 사람 사이의 대립이 중국 지식인 사회에 화제가 되었다.

첸리췬과 왕후이 두 사람 사이의 분화와 대립이 중국 지식인 사회에서 화제가 된 것은 두 사람 사이의 대립이 사적인 차원에서 일어난 것이 아니라 2010년을 전후하여 중국 비판적 지식인 사회에서 일어나고 있는 새로운 분화를 상징하는 성격을 지니기 때문이다. 첸리췬이 왕후이 개인의 품성이나 인격을 두고 왕후이를 비판하기보다는 신좌파 리더인 왕후이의 사상과 현실인식에 비판을 집중하고 있다는 점에서도 짐작할 수 있듯이, 이 두 사람 사이의 분화와 대립은 2000년대 이후 변화된 중국 현실 속에서 당대 중국 현실을 어떻게 인식하고 중국을 어떻게 변혁할 것인지의 문제와 긴밀하게 연결되어 있는 것이다. 사실, 이 두 사람의 분화에는 보시라이(薄熙來)가 주도한 '충칭(重慶) 실험' 같은 민감한 정치 현안에 대한 평가는 물론이거니와 마오쩌둥 시대와 마오쩌둥 사상에 대한 평가, 중국공산당과 중국 정부에 대한 평가, 중국 변혁의 방향 등 당시 중국 지식인 사회의 민감한 쟁점들이 망라되어 있다. 이런 점에서 보자면, 첸리췬과 왕후이 두 사람의 분화와 대립은 두 사람 사이의 사적인 차원을 넘어 2000년대 이후 중국 지식인 사회의 새로운 분화를 상징하는 의미를 지닌다고 볼 수 있다.

첸리췬은 베이징 대학에서 퇴직한 이후 문혁을 포함하여 마오쩌둥 사상과 마오쩌둥 문화를 비판하고 극복하는 데 여생을 바치고 있다. 그가 최근에 쏟아내고 있는 여러 저작들을 관통하는 기본 주제는 마오쩌둥 사상과 마오쩌둥 문화에 대한 철저한 비판이다. 첸리췬은 자신은 마오쩌둥 사상과 마오쩌둥 시대의 산물인 동시에 마오쩌둥 시대에 대한 "목적의식적인 모반자"라면서, 마오쩌둥에 대해 "가장 철저한 정리와 비판"을 하는 것이 자신의 "역사적 사명"이라고 말한다.

> 저는 마오쩌둥 시대가 만들어 냈고 마오쩌둥 문화가 혈육과 영혼 속에 스며들어, 아무리 발버둥치고 자성하고 비판해도 여전히 구제불능인 이상주의자, 낭만주의자, 유토피아주의자입니다. 이러한 마오쩌둥 시대의 각인은 영원히 바뀔 수 없는 그런 것입니다. 다른 한편 저는 마오쩌둥 시대의 목적의식적인 모반자입니다. 저의 역사적 사명은 바로 창끝을 되돌려 마오쩌둥에 대해 동시대인이 할 수 있는 가장 철저한 정리와 비판을 해내는 것입니다. 그의 영향을 받았으면서 동시에 스스로가 철저한 모반자가 되도록 힘씁니다.[8]

"마오쩌둥 문화가 혈육과 영혼에 스며들어" 있다는 그가 "창끝을 되돌려" 마오쩌둥에 대한 비판을 필생의 업으로 삼고 있는 것이다. 첸리췬의 마오쩌둥 시대 비판은 대부분 그가 몸소 겪은 체험에 바탕을 두고 있고, 자신의 체험과 방대한 사료를 결합시켜 마오쩌둥 시대를

---

8 전리군 지음, 연광석 옮김, 『모택동 시대와 포스트 모택동 시대』(상)(한울아카데미, 2012), 21면.

해명하는 독자적 이론틀을 정립시키려 한다는 점에서 여느 비판과 다른 독특한 호소력을 갖고 있다.

첸리췬이 마오쩌둥 시대를 비판하는 대표적 개념은 이른바 '57체제'론이다. 첸리췬은 마오쩌둥이 신민주주의론을 폐기하고 사회주의적 개조로 나아간 뒤부터 역사적 파행이 시작되었고, 1957년 반우파 투쟁을 계기로 사회주의 일당독재체제인 이른바 '57체제'가 수립되었다고 본다. 그에 따르면 '57체제'는 네 가지 특징을 지닌다. 첫째, "줄을 다시 세우고 계급 대오를 다시 조직한다." 즉 계급과 성분에 따라 좌파에서부터 우파까지 정치적 줄 세우기를 하는 것이다. 둘째, "대권을 독점하는 당의 일원화된 지도체제"다. 이는 민주집중제로 표현되며 중국공산당, 특히 당중앙과 당의 1인자가 모든 것을 독점하는 구조다. 셋째, '흥무멸자(興無滅資)'를 중심으로 하는 새로운 이데올로기를 건립한 점이다. "이른바 '흥무멸자'란 프롤레타리아계급 사상을 흥하게 하고 부르주아계급 사상을 멸한다는 것"이다. 넷째, "부단히 대립 면을 설정하고 계급투쟁을 만들어내 '부단혁명'이라는 긴장된 상태를 유지하고, 이를 치국의 기본적인 방침과 책략으로 삼는 것"이다.[9]

그런데 첸리췬이 보기에, 마오쩌둥 시대를 상징하는 '57년 체제'는 마오쩌둥 시대의 종결로 끝난 것이 아니다. 마오쩌둥은 죽었지만, '57체제'에 기반을 둔 통치 시스템과 '마오쩌둥 문화'는 여전히 지속되고 있다는 것이다. 그가 마오쩌둥 문화라는 개념을 제기하는 것은 마오쩌둥 사상이 일종의 민족성(국민성)이자 한 시대의 문화와 정신이 되었다

9 위의 책, 228~251면.

는 판단 때문이다. 마오쩌둥 사상은 중국인의 사유방식, 정감방식, 행위방식, 언어방식을 전면적으로 바꾸었고, 나아가 민족정신, 성격, 기질에도 그것이 아주 깊이 각인되었다고 보는 것이다. 그는, 중국인들은 "중국 전통의 유, 도, 묵, 법(儒道墨法) 등 이외에 중국 대륙은 마오쩌둥 문화를 하나 더 가지"게 되었다고 말한다.[10] 그런가 하면 마오쩌둥 문화가 다시 부활할 수 있다고 경고하는데, "만약 마오쩌둥 시대가 형성한 새로운 국민성을 근본적으로 개조하지 않는다면 문혁과 같은 마오쩌둥 시대가 다른 방식으로 다시 등장하는 것이 불가능하지 않"[11]다고 말하는 것이다. 그는 여러 글에서 "중국에서 문혁은 역사가 아니라 현실"[12]이라거나 "마오쩌둥의 유령이 여전히 중국 대륙을 배회하고 있다"[13]거나, "마오쩌둥이 가져온 영향에서 벗어나는 것은 역사적인 것뿐만 아니라 현실적인 것이기도 하다"[14]라든가, "역사의 죄악을 신령스러운 무엇으로 새롭게 떠받들며 또 다른 형식으로 재포장하여 20세기의 역사 비극을 되풀이 하려 한다"[15] 등등의 우려를 표하고 있다.

마오쩌둥 시대의 유령이 지금도 배회하고 있고, 문혁과 같은 마오

10 위의 책, 26면.

11 위의 책, 27면.

12 첸리췬의 저서 「모택동 시대와 포스트 모택동 시대」 출간 관련 대담 「대재앙 낙인찍힌 문화혁명, 민중의 자발성 과감한 재평가를」(첸리췬, 백승욱 대담), 『경향신문』 2012년 9월 19일 23면.

13 첸리췬, 김영문 옮김, 『내 정신의 자서전(我的精神自傳)』(글항아리, 2012), 206면.

14 전리군 지음, 연광석 옮김, 『모택동 시대와 포스트 모택동 시대』(상)(한울아카데미, 2012), 34면.

15 첸리췬, 김영문 옮김, 『내 정신의 자서전(我的精神自傳)』(글항아리, 2012), 95면.

쩌둥 시대가 다시 등장할 수 있다는 중국 현실에 대한 그의 인식은 마오쩌둥 시대 부활을 초래할 수 있는 중국의 정치 현실 및 사상 조류에 대한 비판과 우려로 진전된다. 그는 마오쩌둥 사상과 마오쩌둥 문화를 체화한 세대가 중국 정치와 사회, 사상계의 주역이 되고 있는 지금 중국 현실을 깊이 우려한다. "이러한(문혁 방식–인용자) 운동의 장기적 주입과 은연중의 감화 속에서 성장한 세대들이 지금 대륙 중국의 정치 경제 사상 문화 교육 학술 등 각 영역과 나아가 반대 세력 속의 실제적 지도 역량과 중견 역량이 되"[16]고 있다는 것이다.

중국 사상계 분화와 관련하여 논쟁의 초점이 된 첸리췬의 「2010년을 회고하며(回顧2010年)」라는 글 역시 그의 이러한 우려를 바탕으로 하고 있다. 그는 2010년 시점에서 중국의 정치 현실과 중국 사상계의 흐름에 나타나고 있는 우려할 만한 상황에 대해 전방위적인 비판을 한다. 이 글에서 특히 눈에 띄는 것은 당시 정치 상황에 대한 우려와 비판으로, 18차 중국공산당 당대회를 앞둔 시점에서 구체적 정치 상황에 대해 매우 직접적으로 언급하고 있고, 이는 첸리췬이 왕후이를 비판하고 신좌파의 국가주의 조류를 비판하는 주된 배경이기도 하다. 첸리췬의 이 글은 첸리췬 개인의 시국선언이라고 보아도 좋을 것이다. 첸리췬이 이 글을 쓰기 시작한 2011년 5월 시점에서 중국 지식인 사회를 포함하여 당시 중국 현실 정세에 대한 분석 및 미래에 대한 우려와 초조, 그리고 분노가 강하게 드러나 있다는 점에서 그렇다. 앞서 첸리췬은 2010년 중국 지식인의 분화를 거론하면서, 이 분화는 18차 당대회

---

16 위의 책, 27면.

를 앞둔 시점에서 "당내 투쟁을 배경으로 하거나 당내 투쟁의 미래 모습에 대한 기대와 상상을 반영하"고 있다고 지적하였는데, 그의 글 역시 이러한 정치적 배경 속에서 나온 것이다.

첸리췬은 2007년 17차 당대회 이후 중국공산당 당내에서 '마오쩌둥파'와 '민주파'로 분화가 일어났[17]다고 진단한 가운데, 2010년 10월 중국공산당 17차 제5기 중앙위 전체 회의에서 시진핑을 차기 지도자로 결정한 것에 우려를 표시한다. 그는 시진핑 시대의 성격과 관련하여, 후진타오, 원자바오 시대가 문혁 기간에 대학생이었던 사람들이 국가 최고 지도자가 되었던 시대라면, 다가올 시진핑 시대는 문혁 기간 동안 홍위병과 지식청년이었으며 고급 간부의 자제들인 이들이 지도권을 잡는 시대가 될 것이라고 규정한다. 그는 홍위병 세대인 시진핑 시대를 매우 우려한다. 왜냐하면, 시진핑 세대는 "오지 좌파 혁명, 우파 혁명 금지!"라는 구호를 외치고 "간부 자녀가 당권을 잡으면 천하는 우리 것이다" "너희들이 혁명을 하면 우리는 즉시 진압할 것이다"는 사고에 익숙해 있는 사람들이며, 문제는 그것이 "젊었을 적 '미친 소리(狂言)'"였을 뿐만 아니라 "그들 몸에 배서 4, 50년 이후 오늘에도 변하지 않"았기 때문이다. 그래서 첸리췬은 "그들이 당시 '마오쩌둥의 홍위병'이라는 사실을 잊지 말아야 한다"고 강조한다. "오늘날 마오쩌둥에 대한 평가와 태도가 어떠하든 그들 성장 초기에 마오쩌둥에 받은 암묵적 영향은 소홀히 볼 수 없"고 "문혁 시기 잔인한 투쟁 속에서 형성된 목적을 위해 수단을 가지지 않는 사고와 보스 기질, 그리고 건달

17 錢理群, 『毛澤東時代和後毛澤東時代』(下)(聯經, 2012), 326~332면.

기질을 가장 경계해야 한다"[18]는 것이다.

첸리췬이 보기에 보시라이가 추진한 충칭모델은 마오쩌둥 시대의 부활을 예감하는 시진핑 시대의 전조다. 보시라이의 '홍색 충칭'을 두고 첸리췬은 이데올로기와 사회분위기 차원에서 마오쩌둥 시대로 회귀하는 것이자 마오쩌둥의 계급투쟁 방식으로 부패 문제를 해결하려는 시도라고 규정한다. 첸리췬이 보기에 "마오쩌둥의 정치 유산을 의도적으로 적용하"면서 마오쩌둥 시대로 회귀하는 것이 충칭모델인데, 시진핑은 충칭을 시찰하고 충칭의 경험을 긍정적으로 평가하고 있다고 우려한다.

하지만 첸리췬이 이런 진단을 한 2011년 시점에서는 그렇게 볼 수 있지만, 2012년 보시라이가 이미 당에서 제명되고, 투옥 되었다는 점을 감안하자면 첸리췬의 우려는 해소되었다. 첸리췬이 중국공산당 지도부가 취한 일련의 보시라이 사건 처리를 긍정적으로 평가하는 것도 '충칭 실험'을 바라보는 시각이 원자바오 등과 일치했기 때문이다. 중국공산당의 정세에 대한 첸리췬의 이러한 분석을 감안하면, 성근제가 첸리췬의 왕후이 비판을 분석하면서 첸리췬이 왕후이의 주장을 잘못 이해하고 있다고 지적하면서, 그러한 '오독'이 일어난 배경으로 "당 내부에서 신좌파 계열의 견해가 영향력을 확대하는 방향으로 구체적인 세력 관계 변화가 일어나기 시작한 것에 대한 인식"[19]을 든 것은 정확한 지적이다. 첸리췬의 시진핑 시대에 대한 우려는 충칭 모델에서 보

18 錢理群, 「回顧2010年」.

19 성근제, 「왕후이는 타락하였는가?」, 『동아시아브리프』 제6권 제4호(2011. 11. 1), 114면.

듯이 문혁 홍위병 세대들이 국가의 주요 지도자로 등장하면서 문혁 시대와 같은 사회분위기와 계급투쟁 방식, 그리고 인민주의가 부활하는 것을 경계하는 데서 나온 것이다.

'충칭 실험'에 대한 평가는 첸리췬과 왕후이 사이에 중국 현실 인식 차원과 미래 전망에서 나타나는 차이를 가장 극명하게 보여 주는 사례다. 앞서 살펴 본 대로 첸리췬은 '충칭 실험'을 마오쩌둥 시대의 부활 조짐으로 규정하면서 비판하였다. 하지만 충칭의 실험과 충칭 사건에 대한 왕후이의 평가는 첸리췬과 큰 차이가 있다. 왕후이는 보시라이가 체포되는 이른바 '충칭 사건'이 나고 쓴 글에서 '충칭 실험'을 기존 발전 모델을 넘어서려는 실험이라는 차원에서 그 의미를 부여하였다.

> 기존의 중국 체제와 발전 모델을 넘어서기 위한 어떠한 구체적인 방안도 마련되어 있지 않은 조건 하에서 충칭 실험은 지방 당정 기구의 조직과 추동, 군중의 적극적 참여, 지식계의 공개적 토론을 통해 추진되었던 정치, 경제, 사회에 대한 국부적 개혁이었다. 이러한 충칭의 개혁과 실험을 둘러싸고 각기 다른 견해와 평가들이 끊임없이 제기되어 왔다. 이는 이 개혁이 일종의 공개적 정치였으며, 민중의 참여를 지향하는 개방적 민주주의 실험이었음을 잘 보여 준다. 개혁개방 이후 일정 규모 이상의 개혁 실험이 이렇게 공개적인 방식으로 전개된 것은 그야말로 유례가 없는 일이었다.[20]

왕후이는 기본적으로 '충칭 실험'을 기존의 발전 모델, 요컨대 신자유주의 발전 모델을 넘어서기 위한 실험이라고 보고 있는 것이다.

---

20 왕후이, 성근제 옮김, 「충칭사건-밀실정치와 신자유주의의 권토중래」, 『역사비평』 99호(2012.5) 160면.

그가 "충칭의 개혁 실험이 전개된 기간은 우연찮게도 지구적 자본주의의 위기와 대체로 일치한다"[21]고 말한 것은 신자유주의에 대한 반성이 중국은 물론 전 세계에서 일어나던 시점, 왕후이 표현에 따르면 "신자유주의 이데올로기가 붕괴 위기에 처해 있으며 새로운 세대의 젊은 이들은 바야흐로 신자유주의 이데올로기의 환상으로부터 벗어나기 시작"[22]한 즈음에 신자유주의 발전 모델을 넘어 새로운 발전 모델을 찾는 실험으로서 '충칭 실험'에 의미를 부여한 데서 나온 것이다.

이런 맥락에서 왕후이는 보시라이가 실각한 '충칭 사변'은 중국공산당과 중국 정부가 왕리쥔(王立軍) 사건이라는 '개별 사건'을 '충칭 실험'과 연결시켜 "신자유주의 개혁을 다시 한 번 밀어붙이기 위한 일종의 기회를 제공하고 있다"고 그 본질을 규정한다. "왕리쥔의 미국 영사관 진입이라는 개별적 사건을 '충칭 실험'에 대한 평가에 끌어다 붙였을 뿐만 아니라 문혁 비극을 재연하는 것으로까지 문제를 확장시켰고, 중국 공산당 제11기 3중전회(1978)가 확정한 기본 노선과 역사문제에 관한 중국공산당 결의를 다시 거론함으로써 '충칭 실험'이 개혁 노선의 궤도를 벗어난 중대한 정치적 오류인 듯한 인상을 대중에게 심어 주었다"[23]는 것이다.

또한 왕후이는 『난팡 주말(南方週末)』등, 이른바 '난팡' 계열의 미디어와 지식인들이 "문혁이라는 주문을 외워서 사상적 토론을 압살하고

21 위의 글, 171면.

22 위와 같음.

23 위의 글, 172면.

정치적 적수를 공격하며, 심지어 정치적 박해를 자행하"[24]고 있다고 격하게 비판한다. '충칭 실험'과 충칭 사건을 보는 시각에서 첸리췬과 왕후이는 거의 대척점에 서 있는 것이다. 왕후이가 '충칭 실험'을 높이 평가하는 이유는, '충칭 실험'이 왕후이가 보기에 이미 한계에 직면한 신자유주의 발전 모델을 넘어선 대안적 발전 모델을 실험하였다고 보는 데 있다. 이런 의미에 비추어 볼 때, 원자바오를 비롯한 중국공산당과 중국 정부 지도자들은 이를 문혁을 재현하려는 시도라고 규정하여 폭력적으로 탄압한 뒤, 신자유주의 발전 모델을 다시 추진하려고 한다는 것이, 왕후이가 보는 이 사건의 핵심이다.

'충칭 실험'을 평가하는 왕후이의 시각에서 보듯이, 왕후이의 현실 인식의 핵심은 중국에서 신자유주의 발전 모델의 극복과 새로운 발전 모델 모색에 있다. 왕후이는 기본적으로 중국이 서구 근대의 (신)자유주의 모델을 중국에 이식하는 것을 경계하고 있고, 중국 사회의 문제는 마오쩌둥 사상과 사회주의 유산 때문에 생긴 것이 아니라 자본화와 시장화 때문에 발생하고 있다고 본다. 왕후이가 "마르크스주의만이 유일한 사상적 지주인 것은 물론 아니지만, 1990년대 중국 현실에서 자본이 "무소부재(無所不在)"하고 "사회생활 각 모퉁이에까지 침투해 있다"고 보는 점을 감안할 때, "자본 운동에 대한 분석을 방기한다는 것은 실로 이해할 수 없는 일이다"고 말하는 것은[25] 그가 중국 현실 문제의 핵심을 중국의 자본화, 시장화로 보기 때문이다.

24 위의 글, 176면.

25 汪暉, 「當代中國的思想狀況與現代性問題」, 『文藝爭鳴』, 1998年 第6期(總80期), 16면.

왕후이가 '충칭 실험'을 평가하는 것에서 보듯이, 왕후이의 현실인식과 변혁 전망은 중국의 자본화와 시장화에 대한 비판을 전제로 하고 있고, 그가 1990년대 중반 이후부터 제기하고 있는 대안적 현대성, 다원적 현대성 모색이라는 지적 작업과 연결되어 있다. 왕후이는 그가 추구하는 "다원적 현대성이란 한편으로는 현대의 여러 가지 불가피함과 가치를 인정하면서 다른 한편으로는 다른 전통과 사회 조건 속에서 출현하였던 다른 현대 모델을 인정하는 것"[26]이라고 규정한다. 그가 마오쩌둥 사상과 마오쩌둥 사회주의 시대를 '반현대성(근대성)적 현대성(근대성)' 또는 '반자본주의 현대화의 현대성'이라고 규정하는 것은 이 맥락에서다. 근대를 추구하면서도 동시에 근대를 극복하려는 사상과 그 과정이 마오쩌둥의 사상과 마오쩌둥 시대 사회주의이고, 이는 기실 루쉰 이후 중국 근현대 지식인의 모색과 일치한다는 것이다.

> "내가 제기하였던 '반현대성적 현대성'의 문제는 중국의 경우 현대성에 대한 비판(실제로는 대안적 현대성)이 만청(晩淸) 때부터 있었고 장타이옌, 루쉰, 양수밍 등도 자본주의 현대성에 대해 비판하였고, 그러한 비판에는 고전적 지혜가 안에 들어 있었다. 당시의 사회주의운동 자체도 반현대적 현대로 볼 수 있다. 사회주의 운동은 현대를 계승한 것이고, 그것의 시간관이나 기본적 가치관은 현대성과 완전 일치하는 것이다. 하지만 그것은 서구 자본주의와 전혀 다른 길을 추구하였고 유사한 과정이 모든 사회 영역에 침투되어 있다.[27]

---

26 汪暉 인터뷰, 「中國制造與另類的現代性」, 『裝飾』, 總第181期(2008年5期), 8면.

27 위의 글, 9면.

그런데 왕후이가 추구하는 대안적 현대성(근대성)과 관련하여 한 가지 주목할 것은 대안적 현대성(근대성)을 추구하는 왕후이의 변혁 전망이 미국을 중심으로 한 서구 근대질서에 대한 대항적 성격을 지닌다는 점이다. 왕후이는 "현대(근대)를 철저히 문제로 삼아야 문제를 제기할 수 있으며, 그렇지 않으면 그 패권 아래서 살게 될 것이다"[28]고 말한다. 반서구 패권에 대한 저항이 대안적 현대(근대) 모색과 결합될 수밖에 없는데, 여기서 첸리췬이 비판하는 왕후이의 민족주의(혹은 국가주의) 문제가 대두된다. 특히 중국 부상이 미국 중심의 서구 패권 구조에 대한 저항과 새로운 대안 모색의 성격을 갖는다고 보는 지점에서 그러한 경향이 드러난다. 왕후이는 "중국 부상의 다른 중요한 성취는 세계적인 패권구조를 변화시킨 것이다"면서, "미국 패권의 쇠락은 분명 중국의 굴기와 관련 있다"고 말한다. "긴 문명사를 지니고 있고, 근대 1백여 년간 그렇게 고통스런 모색의 기간"을 지닌 중국이라면 의당 현재의 "피라미드 꼭대기에 오르기만 해서는 안 되고, 진정으로 그 구조를 바꾸어야 한다"고 보는 것이다.[29] 왕후이의 대안적 현대 모색이 미국 중심의 신자유주의 세계질서의 극복을 전제하는 한, 왕후이의 지적, 실천적 모색은 좌파 민족주의와 만날 소지가 있고, 이 지점에서 첸리췬의 비판에 직면하는 것이다. 왕후이의 신자유주의 비판이 신자유주의를 매개로 한 미국과 중국 정부 사이의 공모를 지적할 때는 반정부적일 수 있지만, 중국 정부와 중국공산당을 미국 중심의 서구 패권주의 세계 질서를 극복하기 위한 거점으로 인식할 때 좌파 민족주의

28 汪暉인터뷰, 「中國制造與另類的現代性」, 『裝飾』, 總第181期, 2008年 5期, 9면.
29 위와 같음.

혹은 국가주의에 빠질 수 있는데, 첸리췬의 비판은 바로 후자의 맥락에서 나온 것이다.

첸리췬과 왕후이는 마오쩌둥 시대에 대한 평가와 인식에서 현격한 차이를 보이고 있다. 첸리췬은 마오쩌둥 시대에 대한 철저한 청산을 강조하고, 지금 중국 현실의 모순은 마오쩌둥 시대의 유산이 청산되지 않고 잔존하는 데서 일어나고 있다고 보고, 마오쩌둥 유산이 중국 현실에서 부활할 가능성을 경계한다. 하지만 왕후이는 대안적 근대성 모색 차원에서 마오쩌둥 시대의 합리적 요소의 재발굴을 강조한다. 중국 지식인 사회에서 자유주의 지식인들과 첸리췬 사이에는 여러 차이점이 존재하지만, 적어도 중국 현실 모순의 궁극적 원인을 무엇으로 보느냐는 차원에서만 보자면 첸리췬은 자유주의 입장에 서 있고, 왕후이는 전형적인 신좌파의 입장을 대변한다. 자유주의 지식인들과 신좌파 지식인들 간에 가장 큰 쟁점이 중국 현실 모순의 궁극적 원인이 무엇인지에 대한 상이한 인식에 있고, 자유주의 지식인들의 경우 중국 현실 문제를 마오쩌둥 시대 사회주의의 유산 때문이라고 보는 반면, 신좌파들은 신자유주의 정책의 도입으로 인한 시장화, 자본화 때문이라고 본다는 점에서 그렇다.[30]

마오쩌둥 사상과 마오쩌둥 시대에 대한 평가와 더불어 첸리췬이 왕후이의 「중국 굴기의 경험과 도전」[31]이라는 글을 중심으로 왕후이를

---

30 신좌파와 자유주의가 중국 문제를 보는 시각의 차이에 대해서는 許紀霖, 羅崗等著, 『啓蒙的自我瓦解−1990年代以來中國思想文化界重大論爭研究』(吉林出版集團有限責任公司, 2007), 201면 참조.

31 원제는 「中國崛起的經驗及其面臨的挑戰」(『文化縱橫』 2010年 2期, 2010.4. 24~35면)으로, 번역본이 『황해문화』 2011년 여름호(47~70면)에 실렸다.

비판하는 또 다른 쟁점은 중국공산당과 중국 정부를 보는 관점이다. 첸리췬은 왕후이가 세 가지 점에서 중국공산당과 중국 정부를 잘못 이해하고 있다고 비판한다. 첫째, 왕후이는 중국 정부를 중성정부 혹은 중성국가로 보고, 이것이 개혁개방이 성공한 전제라고 보고 있다. 둘째, 왕후이는 중국공산당 내부에 자기수정의 기제가 있다고 본다. 셋째, 왕후이는 정당국가화, 이른바 '당-국체제'(黨國體制)를 옹호하고 있다. 첸리췬은 왕후이가 "당이 곧 국가인 정당국가화를 극력 찬양하"고 있다고 비판하면서, 이는 "신좌파의 새로운 동향으로서, 신좌파가 갈수록 집권세력의 '싱크탱크'가 되"고 있고, 이는 "그들의 갈수록 강해지는 국가주의 정서의 필연적 선택"이라고 비판한다.

그런데 흥미롭게도 이러한 첸리췬의 비판에 대해 왕후이는 첸리췬이 자신의 주장을 오독하고 있다고 강하게 반발한다. 무엇보다 당-국가 체제는 왕후이가 가장 역점으로 두어 비판하는 점이며, 중성정부론 역시 중국 정부가 과거와 달리 대다수 인민의 보편적 이익을 대변하는 것이 아니라 특정 계층의 이익을 대변하는 것을 비판하기 위해 제기한 것이라고 말한다. 현재의 당과 국가를 비판하기 위해 중성정부라는 개념을 사용한 것인데 이를 옹호하는 것으로 첸리췬이 오독하고 있다고 반박하는 것이다.[32] 왕후이는 현재 중국에서 국가의 중립성은 근본적으로 존재하지 않으며 당-국가화는 장기적 과정 속에서 진행되었고, 1980년대 후반부터 최고조에 이르고 있다고 본다. 왕후이에 따르면 원래의 당-국가 체제가 지금은 국가-당 체제로 전환되었는데, 전

32 필자가 왕후이와 진행한 인터뷰에서 한 발언, 2012년 8월 13일 칭화대 왕후이 연구실.

자가 정치적 태도를 견지하고 있다면 후자는 오직 권력을 튼튼하게 하는 데만 관심을 기울인다면서, 이런 흐름이 탈정치화와 동시에 진행되면서 국가는 이제 '정치가 없는 국가, 혹은 탈정치화 국가'가 되었다고 본다.[33] 왕후이의 개혁개방 서사를 분석한 이종민의 지적대로, 왕후이의 이러한 문제의식은 "중국공산당 통치체제에 대한 비판에서 기인"한 것으로, "중국공산당은 인민의 보편적 이익을 대표하지 못하고 갈수록 국가기관과 혼합된 당-국 체제로 변화고 있다"는 비판에서 나온 것이다.[34]

또한 왕후이는 문혁의 발발 동기 역시 정당의 국가화 과정에서 찾는다. 중국공산당이 정치기능을 상실하고 국가의 관료주의와 권력화가 공고해지는 상황, 그리고 정당의 국가화 과정에서 사회적 동원을 통해서, 즉 당-국가 밖에서 정치 영역과 정치 가치를 촉발시켜 대중참여를 통해서 민주를 형성시켰다는 것이다. 마오쩌둥은 혁명 정당의 정치적 가치를 다시금 들고 나온 것이고, 사회운동과 정치 논쟁을 통해 정당과 국가의 절대 권위를 타파하려 했다고 평가하는 것이다.

이렇게 보자면, 적어도 왕후이의 주장에 따르자면, 첸리췬의 주장과는 달리, 왕후이는 당-국가 체제를 "극력 찬양"하는 것이 아니라 오히려 당-국가 체제에 비판적이다. 하지만 중요한 차이가 있다. 첸리췬은 그러한 당-국가 체제 형성 과정에서 마오쩌둥의 책임을 묻는 데 치

33 汪暉, 「去政治化的政治, 覇權的多重構成與60年代的消逝」, 『去政治化的政治』(三聯書店, 2008), 7~8면.

34 이종민, 「왕후이의 중국 개혁개방 서사에 대한 질의」, 『중국현대문학』 제61호(2012.6.30), 130면.

중한다면, 왕후이는 마오쩌둥이 대중의 참여와 대중 동원의 방식으로 당–국가 체제에 충격을 주었던 의미를 높게 평가한다(물론 그는 이러한 대중 동원으로 국가–당 체제에 충격을 주려고 한 동기의 한편에는 개인숭배의 욕망도 작동하고 있다고 본다). 왕후이는 1957년 이후 중국 정치에서 관료기구가 확대되고, 엘리트층이 공고해지는 가운데 당과 국가가 기층민중과 유리되고, 도시와 농촌의 격차가 확대되는 등의 문제를 두고 마오쩌둥이 당시 중국공산당과 중국 정부를 비판하였던 점에 주목하면서, 이러한 문제를 해결하기 위해 마오쩌둥이 사용하였던 대중 참여형 민주주의와 대중 동원 기제를 의미 있게 평가한다. 왕후이가 문혁 초기의 4대 자유 즉, '크게 외치고, 크게 발표하고, 크게 논쟁하고, 대자보를 붙이는(大鳴, 大放, 大辯論, 大字報)' 4대 자유를 높게 평가하고, 덩샤오핑 정권이 이를 헌법에서 삭제한 것을 비판하는 것[35]도 이런 맥락에서다. 왕후이는 마오쩌둥이 당–국가 체제가 성립하면서 관료주의와 국가 권력이 점점 강해지고 부단히 공고해지면서 억압적이 되어 가는 상황에서 당과 국가에 충격을 주기 위하여 참여 민주 방식의 대중 동원 방법으로 다시 정치화를 시도했다고 보는 것이다.[36]

35 汪暉, 「去政治化的政治, 霸權的多重構成與60年代的消逝」, 『去政治化的政治』(三聯書店, 2008), 4면.

36 첸리췬이 반우파투쟁에서 문혁에 이르는 정치과정을 파악하는 데 있어서 드러나는 가장 치명적인 약점은 모든 문제를 마오쩌둥 개인의 사상과 인격, 개성에서 유래하는 것으로 본다는 점이다. 당시 중국공산당 내부에서 일어났던 마오쩌둥과 비마오쩌둥파 사이의 갈등에 주목하지 않는다. 첸리췬의 분석에는 1956년 당시 마오쩌둥이 이미 당내 실권에서 멀어졌다는 점이나, 마오쩌둥이 공산당의 변질을 우려하고 관료주의를 악으로 보는 가운데 억압적 국가기구의 수립, 경제개발 과정에서 나타난 빈부 격차의 확대 등의 문제를 두고 끊임없이 당 관료들을 비판하면서 대립하였다는 점이 무시되고 있다. 마오쩌둥과 비마오쩌

사실 왕후이의 이러한 시각은 마오쩌둥 사상과 실천의 중요한 특징 가운데 하나인 대중(인민) 민주주의와 대중노선의 가치를 재발견하려는 시도이다. 당-국가 체제의 중국은 물론이고 다당제 서구에서도 정당이 탈정치화 되고, 국가 권력은 갈수록 공고해지며, 당의 관료화가 더욱 심화되는 가운데 정당과 국가가 특정 계층의 이익만 대변할 뿐 노동자 같은 약자나 인민 보편의 이익을 대변하지 못하는 정치의 위기와 정치의 실종, 민주 위기 등의 상황을 대중 참여형 민주주의와 대중 노선으로 극복하려는 시도인 것이다.

이런 입장에서 왕후이는 문혁의 비극이 초래된 것은 과잉 정치화 때문이 아니라 정당 정치 자체의 탈정치화 때문이라고 본다.[37] 그가 인민 민주주의를 독재 정치와 등치시키는 시각을 비판하면서, 이러한 시각은 냉전적 적대 구조의 산물이라고 비판하는 것도 이 때문이다.[38] 왕후이는 인민 민주주의를 탈정치화를 극복하는 계기로 파악하는 것이다. 이현정이, 마오쩌둥이 '인민 내부의 모순'을 해석하고 처리하는 방식을 검토하는 연구에서, 마오쩌둥이 인민 내부의 모순을 처리하는 방식은 "왕후이가 말하는 자기 부정적 정치형식이라는 개념과 일맥상통

둥파 사이의 대립을 발전방식에 대한 차이로 보는 관점이 없는 것이다. 그리고 이 점에 주목할 때 마오쩌둥 시대의 인민 참여형 민주에 주목하는 왕후이의 관점은 반우파투쟁 시기부터 문혁 시기까지의 일련의 과정을 마오쩌둥과 비마오쩌둥파 사이의 대립 속에서 분석하는 모리스 마이스너의 관점과 상당히 유사하다. 모리스 마이스너의 관점에 대해서는 모리스 마이스너 지음, 김수영 옮김, 『마오쩌둥의 중국과 그 이후1』(이산, 2004), 223~356면 참조.

37 賀桂梅, 「作爲方法與政治的整體觀-解讀汪暉的中國問題論」, 『天涯』 2010年 4期, 200면.

38 汪暉, 「再問'什麽的平等'?」, 『文化縱橫』 2011年 5期, 66면.

한다"[39]고 지적한 것은 왕후이가 '탈정치화' 극복을 위한 사상적 자원으로 마오쩌둥 사상을 긍정적으로 평가한 것에 주목한 것이다.

하지만 그래도 문제는 남는다. 중국공산당과 중국 정부의 자기 교정 능력을 어떻게 판단할 것인지가 쟁점이다. 첸리췬은 중국공산당과 정부의 자기 교정 능력에 대한 왕후이의 언급을 비판하면서, 만약 중국공산당당과 중국 정부가 자기 교정 능력이 있었다면, 문혁 후기부터 6·4 천안문사태에 이르기까지 대다수 민중은 물론 당의 간부까지 잘못을 알면서도 수정하지 않는 이유가 무엇이냐고 되묻는다.[40] 이에 대해 왕후이는 2010년 이후에 발표한 여러 글과 인터뷰에서 중국 지식인 사회는 물론 당 내부의 이론투쟁과 노선투쟁이 자기 교정 기능을 해왔다는 점을 강조한다. 왕후이는 프란시스 후쿠야마(Francis Fukuyama)가 "중국 정부는 늘 민중의 불만 정서를 억누르고 있지만, 상황을 파악하는 채널을 가지고 있어서 신속하게 반응할 수 있다"고 한 말을 인용하면서, 이 문제를 다당제 민주제인지 일당제인지라는 형식적 차원에서 판단해서는 안 된다고 말한다.[41] 그에 따르면 국가의 능력은 무엇보다 국가가 사회 요구에 반응하는 능력인데, 중국 정부는 어떤 면에서 보면 반응 능력이 빠르고 어떤 면에서 보면 느리다고 말한다. 그는 반응 능력이 빠르다는 것을 형식 분석의 틀을 떠나서 보면 그 사회에 민주

39 이현정, 「'인민 내부의 모순'과 루쉰식 자기부정」, 26면. 한국중국현대문학회 2012년도 춘계학술대회, 『당대 중국의 문제를 새롭게 읽다: 첸리췬 선생 초청 특별 좌담회』 자료집(2012년 6월 23일), 26면.

40 錢理群, 「回顧2010年」.

41 汪暉 인터뷰, 『中國道路的獨特性與普遍性』, 『社會觀察』 2011年 4期, 13면.

적 요소와 잠재력이 중요하다고 말한다.[42] 왕후이가 여기서 말하는 민주적 요소와 잠재력은 지식인 사회의 논쟁과 당내 이론투쟁 및 노선투쟁이다. 이러한 것들이 중국공산당과 중국 정부가 사회적 요구와 민의를 수렴하는 데 중요한 역할을 했다는 것이다. 그는 "민주를 착오 정정 기제라고 말하지만 이론 논쟁과 노선 논쟁 역시 착오 정정 기제이다"면서, 민주주의가 차단된 상태에서 당내에서 일어났던 이론투쟁, 노선투쟁이 그러한 민주적 기능을 수행하였고, 이를 통해 자기 교정 능력을 발휘하였다고 주장한다. 그는, 과거 개혁개방 노선을 채택할 때도 그러했고 1990년대 이후 농업, 농민, 농촌문제 등 삼농(三農)문제에 대한 관심, 2003년 이후 의료개혁, 2005년 국유기업 개혁과 노동자 권리에 대한 관심, 그리고 '사회적 공평'을 중시하고 '민생'을 중시하는 최근의 정책까지 당과 국가 정책이 조정된 것은 이론 논쟁 사회적 토론이 전체 방향 설정에서 큰 작용을 했기 때문이라고 주장한다.[43] 이러한 인식의 연장선에서 그는 다당제라고 하더라도 공공 정책의 조정과정에서 민중의 요구에 대한 정부의 반응 능력이 낮을 수 있다고 주장한다.[44]

그런데 왕후이는 중국공산당과 정부의 이러한 자기 교정 능력도 과거 일이고, 지금은 상황이 달라졌다고 본다. 왕후이는 "사회적 토론에 적극적으로 반응하고 기층의 민의를 살펴서 적시에 정책을 조정한

42 汪暉, 「上昇期的矛盾, 體系性危機與變革方向」, 『21世紀經濟報道』 2011年 12月 30日 第2版.

43 汪暉, 「中國崛起的經驗及幾面臨的挑戰」, 『文化縱橫』 2010年 2期 26면.

44 汪暉 인터뷰, 『中國道路的獨特性與普遍性』, 『社會觀察』 2011年 4期, 13면.

것이 원래 후진타오와 원자바오의 신정치였"지만, "권력의 기틀이 안정되고" "중앙정부의 개혁정책이 답보상태에 머무르며" "불과 몇 년 사이에 중국 국가 시스템의 관료화가 전에 없던 놀라운 속도로 진전"되면서 상황이 달라졌다고 본다. 특히 충칭 사건은 그 단적인 예다. 왕후이는 원자바오가 '충칭 실험'을 문혁을 부활하려는 시도라고 규정하는 것에서 충칭 사건이 갖는 정치적 의미가 드러났다고 말한다. 그는, "중국 개혁 내부에 서로 다른 노선이 존재하고 있음이 설명되었다"면서 "문제는 개혁과 반개혁 사이의 투쟁이 아니라 개혁의 방향에 대한 서로 다른 노선 사이의 투쟁이다"고 말한다. 이어서, 왕후이는 "서로 다른 노선과 가치 사이의 공개적 토론과 논쟁은 중국 사회를 성공적으로 개혁하기 위한 전제"인데, 원자바오는 충칭의 실험을 "문혁이라는 주문을 외워 사상적 토론을 압살하고 정치적 적수를 공격하며, 심지어 정치적 박해를 자행"하였다고 비판한다.[45] 왕후이는 충칭사건을, 그가 당-국가 체제를 비판하면서 지적하였던, 이론투쟁과 노선투쟁이 실종된 가운데 압제와 회피, 그리고 반대파를 '무참하게 타격'하는 방식의 권력 기제를 동원하여 당내 의지를 통일시키는 전형적 사례라고 보고 있는 것이다.[46]

정부의 역할과 관련하여, 왕후이는 대다수 신좌파 학자들이 그러하듯이 국가가 특정 계층, 특히 자본의 이익을 대변하지 않아야 한다

45 왕후이, 성근제 옮김, 「충칭사건 밀실정치와 신자유주의의 권토중래」, 『역사비평』 99호(2012), 176~177면.

46 汪暉, 「去政治化的政治, 覇權的多重構成與60年代的消逝」, 『去政治化的政治』(三聯書店, 2008, 17면.

면서, 정부의 적극적 역할을 강조한다. 왕후이의 중국공산당과 중국 정부에 대한 비판과 불만은 정부의 역할이 과도한 것에 대한 불만이 아니라 중국공산당과 정부가 강력한 역할을 하지 않는다는 데 있다. 왕후이는 중국공산당과 정부의 자주적 능력이 떨어졌다고 진단하는데, 이것은 "국가의지가 자본의 통제를 받는 가운데 인민 대중의 요구를 반영할 수 없"어서 그렇다고 보며, "국가의 자주성 문제가 바로 민주의 문제다"라고 말한다.[47] 왕후이가 보기에, 중국에 민주주의를 실현하는 것은 국가가 자본을 통제하는 가운데 대다수 중국 인민들의 보편 이익을 실현시킬 수 있는 길이자, 외부 패권에 저항할 수 있는 길이기도 하다. 왕후이가 보기에 민주와 강한 국가 능력은 상호 모순되지 않으며, 국가의 권위와 대중 민주의 상호 추동과 상호 협력을 통해 주류 계층과 그와 결탁한 지방 정권을 통제하여야 할 필요가 있는 것이다.[48]

민주화된 강한 국가와 국가의 적극적 역할을 강조하는 왕후이와 신좌파의 입장에서 후진타오 체제가 정책 변화를 보이면서 국가의 공공성을 강화하고 노동자 농민의 권리를 증진 정책으로 추진하는 것에 지지를 보내고, 몇몇 지식인들은 정부 정책을 입안하는 데 참여하기도 한 것은 이런 배경에서 나온 것이다. 그리고 이를 두고 첸리췬과 자유주의 지식인들은 신좌파가 갈수록 국가주의자로 변하고 있고, 중국공산당과 정부의 싱크 탱크로 전락하고 있다고 비판하는 것이다. 특히 첸리췬의 경우, "중국은 실질적으로 경찰과 정보요원들이 통치하는 국

47 汪暉 인터뷰, 『中國道路的獨特性與普遍性』(下), 『社會觀察』 2011年 5期, 11면.

48 黃壽松, 武晟, 「轉型中的民主與中國化意識－新左派知識分子關於中國政治體制改革的言說述評」, 『現代哲學』 2012年 第5期(總第124期) 9月號, 48면.

가"[49]로서, 현재 중국은 "마오쩌둥 사상문화의 수많은 부분은 오늘도 여전히 지속되고 있고, 중국 현실의 일당 전제체제 속에서 실제로 작동하고 있다"[50]고 본다. 현재의 중국 정부와 중국공산당에 어떤 희망이나 기대를 갖는 것은 애초에 불가능한 것이다. 첸리췬은 누구보다도 중국공산당 내 동향을 민감하게 주시하고 있고, 그런 가운데 자오즈양(趙紫陽)을 높게 평가하기도 하고, 원자바오가 주장하는 민주화에 신뢰를 보낸다.[51] 그의 표현대로 중국공산당 내부에 마오쩌둥파와 민주파의 대립이 있다고 할 때, 첸리췬은 명백히 민주파를 지지하고, 마오쩌둥파가 대두하는 것을 경계하며, 충칭 사건을 문혁의 부활 시도로 보는 점에서 원자바오와 첸리췬의 관점은 일치한다. 민주파가 중국공산당 내에서 대세를 잡고 정치 민주화를 시도한다면 아마 중국공산당과 중국 정부에 대한 평가가 바뀔지 모를 일이다. 그렇다고 하더라도 첸리췬은 왕후이가 적극적인 의미를 부여하는 인민(대중) 민주주의와 대중노선이 갖는 정치적 의미에 대해서는 결코 인정하지 않을 것이다. 첸리췬이 마오쩌둥 체제를 과거 체제의 노예가 새로운 체제에서 주인으로 탈바꿈하는 일종의 대중 독재체재라고 규정하는 이상, 그에게는 인민이 진리일 수 있다는 것을 전제로 하는 인민 민주주의나 대중노선은 마오쩌둥 시대의 전제주의와 대중 독재 시대로 회귀하는 것이기 때문이다.

49 錢理群, 「回顧2010年」.

50 전리군 지음, 연광석 옮김, 『모택동 시대와 포스트 모택동 시대』(상)(한울아카데미, 2012), 34면.

51 錢理群, 『毛澤東時代和後毛澤東時代』(下)(臺北聯經, 2012), 326~332면.

첸리췬과 왕후이 두 사람은 모두 마오쩌둥 사회주의가 정점에 이르렀던 1960년대를 기억해야 한다고 말한다. 하지만 둘은 정반대의 각도에서 1960년대에 대한 기억을 말한다. 왕후이는 정당과 정치에서 관료주의가 확산되고 국가가 점점 억압적이 되어 가는 세계사적 추세에 저항하여 인민(대중) 참여형 민주를 외쳤던 1960년대를 다시 기억해야 한다고 주장한다. 그런데 첸리췬은 마오 시대를 청산하기 위하여 1960년대를 잊지 말아야 한다고 주장한다. 확실히, 첸리췬은 비판적 계몽주의에 서 있고, 인민주의보다는 계몽주의적 엘리트주의에 서 있다. 이러한 첸리췬의 입장은 왕후이의 입장과 화해할 수 없다. 왜 그런가 하면, 왕후이는 미국 중심의 자본주의 근대 체제의 극복을 염두에 두고서 마오쩌둥 사회주의 시대의 대중노선과 인민 민주주의를 재평가하기 때문이다. 두 사람 사이에 가로 놓인 현실변혁 구도의 차이가 현실 인식의 차이를 낳고, 그것이 다시 사회주의 역사와 경험을 보는 인식의 차이를 낳았으며, 아니면 그 역순의 인식 과정 속에서 두 사람은 분화하고 대립한다.

3. 중국 전통과 유교의 재발견 : 문화유교, 정치유교, 좌파유교

2000년대 이후 중국에서 지식인 사회는 물론이고 문화와 정치 등 제반 분야에서 대두한 가장 주목할 만한 현상은 중국 전통, 특히 유교의 재발견과 부활이다. 전통과 유교의 부활은 전방위로 이루어지고 있다. 중국공산당과 중국 정부의 정책에서부터 지식인 사회의 담론은 물론이고, 대중문화와 중국인의 일상생활 차원에서도 그렇다. 공자와 노장(老莊) 사상을 다룬 책이 베스트셀러가 되는가 하면 독경학교(讀經學校)가 생겨나는 등 중국인들의 일상에까지 전방위적으로 이루어지고 있는 것이다. 전통 가치와 유교의 가치를 재발견하는 현상이 이처럼 광범위하게 퍼지고 있는 것은 무엇보다 중국공산당과 중국 정부가 이런 흐름을 앞장서서 주도하기 때문이다. 후진타오 체제(2003~2013)는 중국 전통 가치와 유교의 가치를 재발견하고 국가의 주요 정책 차원에서 적극적으로 이런 흐름을 확산시켰는데, 전통 가치와 유교의 가치를 재발견하는 이러한 정책은 문화강국, 문화대국 전략과 더불어 추진되었다. 후진타오 시대는 역대 공산당 지도부 가운데 문화의 중요성을 가장 강조하였고,[52] 문화정책에서 역대 공산당 지도부와 구별되는 획기적인 변화를 이루었다. 문화강국 건설을 국가 핵심 미래 전략의 하나로 설정하였고, 중국의 소프트 파워 향상을 위해 문화체제를 개편하여 '문화산업'이라는 개념을 중국공산당 문헌에 처음으로 도입하면서 문화산업 육성을 위한 기반을 마련하였다. 또한 공자 아카데미(孔子學院) 등을 내세워 중국 문화를 통해 중국이 서구를 비롯한 세계와 만나고, 중국 문화를 적극적으로 수출하는 이른바 '내보내기'(走出去) 정책을 적극적으로 추진하였다. 후진타오 시대는 문화가 중국의 부상을 위해서 중요하고 국가 역량의 중요 구성 요소라는 점을 확인하였다는 점

52 陶東風, 「什麽是文化强國, 如何建設文化强國－解讀六中全會決意」, 『當代文壇』 2012年 第1期, 6면.

에서 중요한 의미를 지닌다.[53]

후진타오 시대부터 시작되어 시진핑 체제(2013~)가 들어선 이후 여전히 진행형인 문화대국, 문화강국 정책에서 전통 가치와 유교 가치의 재발견은 핵심적 지위를 차지하고 있다. 중국공산당과 중국 정부는 '문화유산의 날'을 지정하는 등 중국 전통 문화 유산이나 문화 양식을 복원하는 것도 강조하지만, 더 중요한 것은 전통 가치, 특히 유교 사상의 가치를 재발견하여 이를 국가의 핵심 가치로 격상시킨 점이다. 후진타오 시대에 유교의 '화'(和) 가치에 토대를 둔 '조화사회'(和諧社會)론을 제창한 데 이어, 시진핑 시대에는 사회주의 가치와 전통 가치를 융합하여 부강, 민주, 애국, 성실, 우애, 직업의식 등 12가지 사회주의 핵심 가치관을 설정한 것이다.[54]

중국공산당과 더불어 2000년대 이후 전통가치와 유교를 재발견하는 흐름을 주도하는 있는 것은 중국 지식인 사회다. 지적 담론에서 학문 연구에 이르기까지 전통 가치와 유교를 재발견하는 흐름이 주도적 경향으로 자리 잡고 있는데, 1990년대 후반부터 중국 지식인 사회에 대두한 문화보수주의가 새로운 학문의 추세와 문명 담론의 수준으로까지 확대되고 있고, 과거 신유교와 구분되는 새로운 대륙 신유교[55]라는 새로운 지식 흐름을 형성하고 있다. 중국 지식인 사회에서 전통과 유교에 대한 재발견 흐름이 처음 일어난 것은 1990년대 초중반 베이

---

53 魏明, 「文化:綜合國力中的軟實力」, 『湖北大學學報』(哲學社會科學版)』 2007年3月 第34卷 第2期, 25~26면.

54 「胡錦濤在第18次中國共産黨全國代表大會上的報告」(2012年 12月 8日), http://cpc.people.com.cn/n/2012/1118/c64094-19612151.html

55 혹은 牟宗三 등의 '新儒學'과 구별하여 '大陸新儒學'라고 부르기도 한다.

징 대학과 잡지 『원도』(原道, 1994년 창간) 등을 중심으로 한 국학 운동, 그리고 원로학자 지센린(季羡林)과 경제학자 훙성(洪盛) 등이 서구 근대 가치와 대비하여 중국 전통 가치의 특질을 거론하고 전통 가치의 부활을 역설한 일련의 흐름이다. 지센린은 21세기는 중국 문화의 세기가 될 것이라고 예언하는 가운데, 중국 전통의 '천인합일'(天人合一) 사상만이 인류를 구원할 수 있을 것이라고 말했다.[56] 그런가 하면, 훙성은 근대에 서구가 승리를 거둔 것은 무기가 앞선 나라가 승리를 거둔다는 '무기선진자승(武器先進者勝)'의 규칙의 승리라면서 서구 문명의 본질을 경쟁과 상무(尙武)로 규정한다. 이에 비해 중국의 전통가치는 윤리로 문제를 해결하고 포용성과 화목함 등의 특징을 가지고 있고, 이런 중화문명이 세계를 통합하는 기능을 할 수 있고, 인류의 미래를 구할 수 있다고 주장했다.[57]

중국 지식인 사회에서 1990년대 초반과 중반에 일어난 중국 가치 재발견 흐름은 몇몇 지식인들이 개별적으로 문제를 제기하는 수준으로서 학술계에서 하나의 사상 조류로 자리 잡지는 않았다. 그런데 2000년 이후 사정이 달라졌다. 국학 운동이 문화 보수주의와 결합하면서 중국 전통 가치와 유교의 가치를 재발견하는 지적 조류는 중국 지식인 사회에서 강력한 사상적 흐름으로 자리 잡았다. 1990년대에 대두한 국학 흐름에 비판적 입장을 가지고 있던 사람들까지 긍정적인 태도로 입장을 바꾸면서, 2000대 이후 중국 전통 가치와 유교의 가

56 季羡林, 「關於天人合一再思考」, 『中國文化』(1994年2期), 13~22면.

57 洪盛, 「什麽是文明」, 羅崗, 倪文尖 編, 『90年代思想文選』第二卷(廣西人民出版社, 2000), 228~250면 참조.

치를 재발견하려는 문화 보수주의 사상은 자유주의, 신좌파와 더불어 2000년대 사상계를 3분하고 있는 것이다.[58]

중국 지식인 사회의 문화보수주의는 1990년대에 대두하여 2000년대 이후 지속적으로 확산되고 있다. 그런데 1990년대 문화 보수주의는 1990년대 초중반의 국학 열기와 1990년대 중후반에 일어난 탈식민주의와 포스트모더니즘을 기반으로 한 이른바 '포스트주의' 지식인들이 주도하였고, 이 시기에는 서구와 중국, 서구 근대성(현대성)과 중국 중화성을 대비시킨 가운데 중국적인 것의 상징으로서 중화성을 재발견하려 하였다. 그런데 2000년대 이후 문화 보수주의는 그 흐름이 국가 정책과 전체 지식인 사회, 그리고 민간사회까지 확산되고 있다는 점, 그리고 전통 가운데 유교가 독보적으로 강조되고 있고, 전통부활론은 기실 유교부활론이라는 점에서 차이가 있는데, 2000년대 이후 중국 지식인 사회에서 일어나고 있는 문화 보수주의는 다음의 몇 가지 특징으로 요약할 수 있다. 첫째, 가장 핵심적인 중국 전통 가치로서 유교를 강조하는 가운데 유교 가치의 재발견과 부활을 주장한다. 둘째, 유교를 문화와 가치의 차원에서만이 아니라 정치제도의 차원에서 재발견하는 정치 유교가 대두하였다. 셋째, 중국 전통 가치의 상징으로서 유교를 서구 근대에 대한 대안 차원과 인류 보편 문명의 자산으로 격상시키려 한다.

중국 지식인 사회에서 유교를 중심에 두고 중국 전통 가치를 재발견하는 문화 보수주의가 개별 지식인의 주장을 넘어 하나의 집단적

58 徐友漁, 「當代中國社會思想: 國學熱和文化保守主義」(南昌大學 강연, 2005년11월11일), 『社會科學論壇』 2006年 2期, 66면.

지적 흐름이자 사회 운동으로서 대두한 것은 2004년 전후이다. 먼저, 2003년에는 대륙 신유교를 대표하는 학자인 쟝칭(蔣慶)이 유교 경전에서 대표적인 글을 뽑아 「중화 문화 경전 기초 교육 낭송본」(中華文化經典基礎教育誦本) 총서 12권을 발행하고, 그해 여름 후난(湖南)에서 '전국 아동 경전 낭독 경험 교류회'(全國兒童經典誦讀經驗交流會)를 열었다. 이런 흐름 속에서 중국 언론의 보도에 따르면, 2003년 말에까지 중국 500만 가정이 유교 경전 읽기 대열에 합류하기도 했다. 그런가 하면 2004년 7월에는 쟝칭, 천밍(陳明), 홍성, 캉샤오꽝(康曉光) 등 대륙 신유교를 대표하는 학자들이 꾸이양 룽창(龍場)에서 쟝칭이 세운 '꾸이양 정사'(貴陽精舍)에 모여 대륙 신유교파의 창립 대회라고 할 수 있는 「꾸이양 유교 회의」(貴陽儒學會講)를 열었다. 2004년 9월 5일에는 「2004년 문화 지도자 포럼」(2004文化高峰論壇) 폐막식에서 저명 학자 지센린, 작가 왕멍(王蒙), 철학자 린지위(任繼愈) 등 원로 지식인들이 발기한 「갑오 문화선언」(甲午文化宣言)이 발표되었다. 이들은 선언문에서 "(중국) 문화 전통을 다시 평가하고 재건하며 중화 전통 문화의 핵심 가치를 드높여야 한다"고 주장하였다. 또한 2005년 5월 29일에 런민대학(人民大學)은 국학원(國學院)을 설립하기로 결정하였고, 2005년 6월 14일 중국 사회과학원 세계종교연구소는 '유교 연구 센터'(儒教研究中心)를 설립하기로 했다.[59]

현재 중국 지식인 사회에서 대륙 신유교파의 대표적인 학자로는 쟝칭, 천밍, 캉샤오광 세 사람을 꼽는다. 물론 여기에 홍성을 추가하기

59 위와 같음.

도 한다. 중국에서는 천밍은 '문화유교'를 대표하고, 쟝칭은 '정치유교'를, 캉샤오광은 '책론(策論)유교', 요컨대 정책적 대안으로서의 유교를 대표한다고 평가하기도 한다. 그런가 하면, 쟝칭을 정통파, 천밍을 보수파, 캉샤오광을 개혁파로 규정하기도 한다.[60] 이들 중 쟝칭과 캉샤오광은 문화 특수주의 입장에서 서구 근대성(현대성)을 비판하면서, 민주주의와 마르크스주의에 반대하고 유교를 국교로 만들 것을 주장하는 점에서 공통점을 지닌다.[61] 물론 유교를 국교로 지정해야 한다는 주장의 경우 캉샤오광이 2003년에 이를 주창하였고, 쟝칭은 유교 국교 주장에서 한 걸음 더 나아가 좀 더 극단적으로 정치기구 개편과 행정기구 개편까지 주장한다는 점에서 보자면 쟝칭이 가장 극단적인 유교 원리주의자다. 이들의 유교 국교론 주장에 대해 천밍은 그 현실 가능성에 회의적이다.[62] 대륙 신유교를 대표하는 네 사람 가운데, 쟝칭과 천밍은 '남장북진'(南蔣北陳)이라고 불릴 정도로 대표적인 지식인으로, 정치유교와 문화유교라는 대륙 신유교의 양대 흐름을 상징한다.

정치유교를 주장하는 "쟝칭의 관심은 중국성(Chineseness)의 상실과 회복 문제이다."[63] 그는 국가나 천하는 망하더라도 회복할 수 있지

60 蕭三匝의 陳明 인터뷰, 『左右爲難-中國當代思潮放談錄』(福建教育出版社, 2012), 230면.

61 張世保, 「背景, 立場, 問題及其命運(上)-評20世紀90年代以來的大陸新儒家」, 『貴州師範大學學報』(社會科學版), 2007年第1期(總第144期), 12~18면과 「背景, 立場, 問題及其命運(下)-評20世紀90年代以來的大陸新儒家」, 『貴州師範大學學報』(社會科學版), 2007年第1期(總第145期), 7~14면 참조.

62 蕭三匝의 陳明 인터뷰, 蕭三匝 『左右爲難-中國當代思潮放談錄』(福建教育出版社, 2012), 230~231면과 周良雨, 楊陽, 「儒學展開的新向度-簡評陳明的'文化儒學'」, 『鄭州輕工業學院學報』(社會科學版), 第14卷 第1期(2013年2月), 48면 참조.

63 天心,「蔣慶:王道與三重合法性」, 『中國文化』 2007年 11期, 57면.

만 문화가 망하는 것은 가치가 망하는 것으로 다시 회복할 수 없는 재난이라고 본다. 그는 유교를 중국 문화의 핵심이자 중국성의 핵심이라고 보는 것이다. 그런데 근대 이후 중국은 정치제도에서부터 가치관 교육방식, 학술연구에 이르기까지 끊임없이 서구화를 추구해 왔다. 그리고 모든 서구화의 핵심은 바로 정치적 서구화였다. 그에게는 서구식 정치에서 벗어나 유교를 바탕으로 한 중국성을 회복하는 것이 중요한데, 그것은 정치가 문화의 심층 가치관과 연결되기 때문이다. 특정 정치형태가 변하면 특정 문화의 심층 가치관 역시 변하고 심층 가치관이 변한다는 것은 특정 문화가 망한다는 것이다. 정치 형태는 문화 가치관을 대표하는데, 만약에 중국 정치를 서구 자유주의에 따라 민주 방향의 개혁을 진행한다면 이는 중국 문화이념과 연결된 고유한 정치 형태가 멸망하는 것이고, 이는 곧 문화의 멸망이라고 보는 것이다.[64]

쟝칭이 중국성의 회복을 위해 유교에 바탕에 두고 정치 제도를 바꾸어야 한다고 주장하는 것은 정치가 문화와 직결되기 때문이라고 보고, 서구의 정치제도를 도입하는 방향으로 개혁하는 것은 중국 전통으로 보자면 국가나 천하의 멸망보다 훨씬 근본적인 문화가 멸망하는 것으로, 이는 돌이킬 수 없는 멸망의 길이라고 보기 때문이다. 그는 유교의 왕도정치를 실현하기 위해 인심과 민의(民意) 차원의 정통성을 대표하는 서민원(庶民院)과 역사 문화적 정통성을 대표하는 국체원(國體院), 그리고 초월적 신성의 정통성을 대표하는 통유원(通儒院)을 건립할 것을 제안한다.[65]

64 蔣慶, 『政治儒學』(三聯書店, 2003), 2~3면.

65 蔣慶, 위의 책, 210면 및 蔣慶, 「王道政治是當今中國政治的發展方向」, http://

중국성 회복을 주장하는 장칭은 민주주의와 마르크스주의를 서구적인 것으로 보고 배척한다. 그는 민주 사상은 서구의 것이자 특정 문화에 속한 것으로서 비중국적인 것이라고 본다. 민주 사상은 서구의 역사전통에 뿌리박은 것이며, 서구 철학과 종교, 도덕, 법률, 습속 등의 영향을 받은 것으로, 이를 단순한 논리를 통해 전 인류나 중국에 보급할 수 없다고 본다. 서구 민주 사상을 중국에 보급하는 것은 중국 문화의 특질을 잃어버리는 것이고 비서구 문화가 문화의 자아를 상실하고 독특한 생명의 활력을 잃어버리며 죽음 상태에 빠지게 된다는 것이다.[66] 그런가 하면 그는 마르크스주의 역시 중국 것이 아닌 서구의 것으로서 배척한다. 그는 "오늘날 중국 대륙에서 일종의 외래 이족문화(異族文化)인 마르크스 레닌주의가 국가권력의 보호 아래 '국교'의 독존적 지위를 누리고 있다"면서, "유교가 당연히 마르크스 레닌주의를 대신하여 역사적으로 고유하게 존재했던 숭고한 지위를 회복하여 중화민족의 생명과 민족정신을 대표하는 정통 사상이 되어야 한다"고 주장한다. 그는 마르크스주의와 유교는 병존할 수 없다면서, "마르크스주의가 있으면 유교가 있을 수 없고, 유교가 있으면 마르크스주의가 있을 수 없다"고 주장한다.[67]

장칭의 정치 유교론에서 제기된 서구 근대성 비판과 유교 문화의 재건을 통한 중국성의 회복은 포스트주의 학파 지식인들이 아편전쟁

www.chinakongzi.org/rjwh/ddmj/jiangqing/200705/t20070523_2176672.htm(2013년 8월 2일 검색) 참조.

66 蔣慶, 위의 책, 284면.

67 張世保, 「背景, 立場, 問題及其命運(下): 評20世紀90年代以來的大陸新儒家」, 『貴州師範大學學報』(社會科學版), 2007年 第1期(總第145期), 9면에서 인용.

이후 중국 근대성의 역사를 서구 근대성에 식민화되고 타자로 되어가는 과정으로 이해하면서 중화성 구축을 주장한 것과 상통한다. 1990년대 중후반에는 포스트주의 학파의 문화 보수주의가 유행하였지만 2000년대 들어서는 대륙 신유교파의 문화 보수주의로 발전하면서 훨씬 극단에 치우치고, 폐쇄적 민족주의와 본토주의로 흘러가고 있고, 반서구, 반근대 담론으로 발전하고 있는 것이다. 쟝칭의 정치 유교론은 그 극단적 상징으로서, 극단적으로 표현하자면 일종의 유교 쇼비니즘의 혐의가 짙다. 또한 그의 왕도정치 이상은 군자와 소인이라는 유교 이분법을 그대로 오늘날에 적용하는 것을 바탕으로 하고 있다. 그의 왕도정치란 기본적으로 교육 받지 못한 사람을 안중에 두지 않는다는 점에서 유교의 지식인 엘리트 통치론의 부활이다.[68]

이러한 쟝칭의 정치 유교론을 두고 문화 유교를 주장하는 천밍은 매우 비판적이다. 그는 자신과 쟝칭 사이의 차이를 다음과 같이 정리한다. 첫째, 쟝칭은 유교의 각도에서 세계를 보고 중국의 문제를 보지만 자신은 중국인과 전 인류의 복지와 발전이라는 차원에서 유교를 본다는 것, 즉 쟝칭의 출발점은 유교를 본질화 시킨 데 있고, 자신의 출발점은 인간의 생존 발전이라는 것이다. 둘째, 쟝칭이 관심을 갖는 것은 중화성의 상실과 회복이며, 근대 이후 중국이 철저히 서구화 되고, 오랑캐로(夷狄化) 되었다고 보는 반면에, 그는 중화민족의 중흥, 즉 근대 이후 부강을 추구해온 문제가 관심 대상이라는 것이다. 그가 보기

68 Danniel Bell, *China's New Confucianism*, Princeton University Press, 2008, 191면, 徐友漁, 「當代中國社會思想: 國學熱和文化保守主義」(南昌大學 강연, 2005년 11월 11일), 『社會科學論壇』 2006年 2期, 72~73면.

에 중화성(中華性)은 역사적이고 구성된 개념으로 문화의 각도에서 단순히 그것을 본질화 시킬 수 없다고 말한다. 셋째, 장칭은 근대성에 대한 태도에서 완전히 부정적이지만, 자신은 근대성을 역사적 사실로서 이해하고 그런 뒤 그것을 생존 환경으로서 평가 분석한다는 것이다. 그는 자신이 중체서용(中體西用)을 계승하고 있다고 말한다. 넷째, 유교의 발전 전망에 대해 장칭은 유교를 국교로 할 것을 주장하지만, 그는 '공민유교(公民儒教)'를 주장한다는 것이다.[69]

천밍은 장칭의 '국교로서의 유교' 주장과 달리 '공민종교(civil religion)로서의 유교'를 주장한다. 공민종교라는 개념은 원래 루소(Rousseaau)의 『사회계약론』(*The Social Contract*)에서 처음으로 사용한 것으로, 루소는 이를 "한 인간이 그것 없이는 훌륭한 공민이나 충실한 백성이 될 수 없는 사회적 감정"이라고 정의하였다. 천밍은 자신이 제기한 공민유교라는 개념은 벨라(R. N. Bella)가 미국에서 공민종교의 기능을 논한 것과 긴밀하게 연결되어 있다고 말한다.[70] 종파 다원주의 혹은 종교 다원주의 나라 미국에서 종교적 신앙을 기반으로 하나의 미국 시민이라고 믿게 되는 미국의 새로운 국민적 신앙인 공민종교 개념과 역할에 영향을 받았다는 것이다.[71] 천밍은 공민종교로서의 유교와 종교로서의 유교의 차이에 대해, 종교로서의 유교는 주로 한족(漢族) 등

---

69 타이완 陳宜中의 陳明 인터뷰, 「公民儒教的進路」, 陳宜中, 『中國關鍵出問』(聯經文庫, 2013), 189면.

70 위의 책, 196면.

71 미국 공민종교의 성립과 역할, 기능, 그리고 미국 공민종교에 대한 R. N. Bella의 연구에 대해서는 김종서, 「미국적 신앙의 뿌리와 공민종교의 성립」, 『종교학연구』 15호(1996.12), 1~15면 참조.

유교에 찬동하는 집단을 대상으로 하지만 공민종교로서의 유교는 정치공동체로서의 국가 구성원(國族)을 대상으로 한다고 보며, 전자가 시간적 성격을 지닌다면 후자는 공간적 성격을 지닌다고 말한다. 그는 공민종교로서 유교는 다민족, 다문화 사회인 중국의 특성을 반영한 것으로, 중국의 다민족 다신앙의 에스닉(ethnic) 집단을 하나의 국가 안에 통합하려는 데 그 뜻이 있다.[72] 그는 미국에서 기독교의 역할이 그렇듯이, 유교를 최대공약수, 공동인식, 공동선으로 삼아 에스닉 집단 간의 통합을 이루도록 하겠다는 구상이다. 다만 공민종교로서 유교는 국교로서의 유교와 달리 기독교도와 무슬림, 불교도까지를 포함하며, 유교는 비교적 큰 사상 비중을 차지할 뿐이라는 것이다.[73] 그의 공민종교로서의 유교 개념은 명백히 미국 사회에서 기독교가 수행하는 역할을 염두에 두고서, 중국에서 유교가 그러한 역할을 수행하면서 다른 인종, 민족, 종교 집단들을 하나도 통합하고 응집시키는 한편 생활 방식과 국가 정신의 토대 역할을 하길 기대하는 것이다.

대륙 신유교를 대표하는 쟝칭과 천밍은 각각 정치유교와 문화유교를 제창한다는 차이점을 지니지만, 서구 근대성에 대한 대응 차원에서 유교를 부흥시키고 정치 차원에서든 문화차원에서든 유교를 중국 미래 국가 전략의 핵심으로 삼는다는 점에서 둘 다 문화 보수주의, 혹은 문화 민족주의 흐름으로 규정할 수 있을 것이다.[74] 이들 문화 보수주의

72 閻恒, 「卽用見體, 公民宗教-陳明文化儒學思想評述」, 『當代儒子』 第3集, 179면.

73 타이완 陳宜中의 陳明 인터뷰, 199면.

74 쟝칭과 천밍, 캉샤오꽝 등 유교 부활론자들의 주장을 문화 보수주의라고 규정하고 분석한 연구로는 원영호, 「현대 중국의 유학연구 동향과 전망-유교부흥운동과 문화보수주의를 중심으로」, 『동양사회사상』 제25집(2012), 125~150면 참조.

흐름의 대륙 신유교 지식인들은 마르크스주의를 서구 근대성으로 하나로 보고 비판하고 부정한다. 이른바 대륙 신유교 지식인들의 '숭유반마'(崇儒反馬, 유교를 숭상하고 마르크스주의에 반대한다) 경향 속에서 이들은 중국공산당을 개조하여 유교화(儒化共産黨) 시키려 하는 것이다.[75] 이데올로기 차원에서든 문화의 차원에서든 마르크스주의를 유교로 대체할 것을 주장하면서, 유교와 마르크스주의는 공존하거나 융합할 수 없다고 보는 것이다.

그런데 이들이 유교와 마르크스주의를 대립적으로 보는 것과 달리 유교와 사회주의의 결합을 시도하는 주장도 등장하고 있다. 유교와 마르크스주의의 결합을 시도하면서, '유교 사회주의'를 주장하는 지식인들이 늘고 있는 것이다.[76] 신좌파 지식인인 깐양(甘陽)이 '유교 사회주의'(儒家社會主義)[77]를 중국 미래 정치이데올로기로 생각하는 것이 대표적으로 그렇다.[78] 깐양에 따르면 '중화인민공화국'이라는 국호의 함의는 '유교 사회주의 공화국'이다.[79] '중화'(中華)는 중화문명이라는 뜻하며 그 핵심인 유교로 도교와 불교, 기타 문화요소를 포용하는 것이다. 다음으로 '인민공화국'은 이 공화국이 자본의 공화국이 아니라 노동자,

75 張世保, 「評崇儒反馬的大陸新儒學思潮」, 『思想理論教育導刊』 2010年 第6期(總第138期), 60~62면.

76 유교 사회주의 주장은 중국공산당의 현 정치체제와 정책을 지지하고 합리화시키기 위한 차원에서 나온 관방파 지식인들과 깐양 같은 일부 신좌파 지식인들이 제기하고 있다.

77 깐양은 '유가 사회주의'란 개념을 사용하고 있지만, 한국에서는 중국처럼 유교, 유교, 유교를 엄밀하게 구분하여 사용하는 것이 아니어서 한국어의 사용 관례에 따라 '유교 사회주의'라고 칭한다.

78 Danniel Bell, *China's New Confucianism*, Princeton University Press, 2008, 178면.

79 甘陽, 「中國道路:三十年與六十年」, 『文明 國家 大學』(三聯書店, 2012), 36면.

농민과 기타 노동자를 주체로 한 전체 인민의 공화국이라는 뜻이며, 이는 사회주의 공화국이라는 것이다. 결국, 깐양은 국호로 보자면, 중화인민공화국의 실질은 결국 '유교 사회주의 공화국'이라고 본다. 깐양이 중국이라는 국호에서 출발하여 중국은 유교 사회주의 국가라고 말하는 것은 중국은 유교 사회주의이어야 한다는 그의 바람을 표현한 것이다. 그가 "중국 개혁은 유교 사회주의의 깊은 뜻을 깊이 발굴해야 한다"면서 "이것이 중국 21세기의 최대 과제"[80]라고 하는 것은 이 때문이다. 중국의 미래를 유교 사회주의에서 찾고 있는 것이다.

깐양이 중국은 유교 사회주의 국가라고 규정하는 것은 21세기 중국의 문명국가 부상 전략과 연결되어 있다. 깐양은 20세기에 중국은 현대 민족-국가(nation-state)를 건립하는 것이 과제였지만, 21세기에 중국은 민족-국가의 논리를 넘어서 문명-국가(civilization-state)로서 중국을 다시 세우는 길을 가야 한다[81]고 본다. 그는 중국은 서구적인 의미의 민족-국가가 아니며 문명-국가일 수밖에 없다면서, 21세기에 중국은 민족-국가를 문명-국가로 전환시켜야 한다고 주장한다. 그의 관심은 중국이 문명-국가로서 "현대적이되 서구적이 아닌 길"을 가는 데 있고, 이 차원에서 유교 전통을 재발견하는 것이다. 그가 최근에 지속적으로 제기하고 있는 이른바 '통삼통(通三統)' 주장도 같은 맥락에서 나온 것이다. 그의 '통삼통'론은 공자 전통과 마오쩌둥 전통, 덩샤오핑 전통의 상호 회통을 말한다. 그는 "중국은 반드시 중국 현대 사회주의 전통과 중국 고전 문명 전통을 기초로 할 때 자유주의가 진정으로 발

80 위와 같음.

81 위의 책, 1면.

전할 수 있다"면서 사회주의, 보수주의, 자유주의 이 세 전통의 결합을 중국이 서구 근대와 다른 중국의 길을 가고 중국이 문명-국가로 나아가는 조건으로 보는 것이다.[82]

깐양은 중국이 유교전통, 사회주의 전통, 개혁개방 전통을 결합해야 한다고 주장하면서, 신좌파 지식인답게 마오쩌둥 시대의 전통에 대해서는 농촌기업 등 비교적 여러 가지를 거론하고 있지만, 유교와 덩샤오핑 전통의 어떤 요소를 적극적으로 발굴할지에 대해서는 면밀하게 논의하고 있지 않다. 유교 전통으로서는 인정, 고향에 대한 정('鄕情'), 가정관계 등만 거론하고 있고, 덩샤오핑 전통으로는 시장경제를 거론하고 있다. 서구의 좌파 중국학자로서 칭화대학 교수인 다니엘 벨(Daniel A. Bell)이 유교와 사회주의가 결합된 좌파 유교가 중국 대륙에서 가장 전망이 있다고 보면서 전통적 사회주의관과 유교의 가치관 중 상호 결합한 특징으로, 물질생활에 대한 관심이나 소수집단에 대한 관심 등을 거론한 것과 비교하더라도,[83] 깐양의 '통삼통'론에서 유교에 대한 인식은 깊이가 떨어진다. 다분히 문제 제기 수준인 것이다.

사실, 깐양의 '통삼통론'은 이론적 차원보다는 중국의 현실 정치적 차원에서 그 의미가 더 크다고 볼 수 있다. 그의 '통삼통'론이 중국 현실 정치에서 후진타오 시대 이후 중국공산당이 추진하고 있는 일련의 정책을 신좌파적 입장에서 정당화시키는 정치적 이데올로기로 작용하고 있다는 것이다. 깐양이, 중국공산당 16기 5중전회(2005)에서 사회적 공평, 그리고 공동 발전과 공동으로 부유해지는 길을 강조한 것

82 위의 책, 25면.

83 貝淡寧, 「儒家學說與社會主義的和解?」, 『開放時代』 2010年 11月, 26~33면.

을 두고 '개혁에 대한 새로운 공동의 인식'(新改革共識)이 이루어졌다고 평가하면서, 이를 '통삼통'론의 "초보적 실현"으로 보는가 하면, 후진타오 시대의 '조화사회'(和諧社會) 건설을 두고 이는 의심할 바 없이 중국 유교 전통에 뿌리를 둔 개념으로서 조화사회의 실질적 목표는 '공동 부유'(共同富裕)라고 평가하는 점을 볼 때 그러하다.[84] 이 점 때문에 첸리췬(錢理群)은 깐양의 유교 사회주의 주장을 새로운 국가이데올로기로서 공자를 내세우는 것으로서 국가주의 조류라고 비판하기도 한다.[85] 그의 '통삼통'론이 후진타오 체제에 합법성을 부여하는 체제 이데올로기로 작용할 소지가 있는 것이다.

2000년대 이후 중국 지식인 사회의 가장 중요한 지적 조류는 전통과 유교의 재발견이다. 이런 지적 흐름에 가장 비판적인 사람들은 자유주의 계열의 지식인이다. 자유주의 입장에서 볼 때, 중국은 자본주의라는 역사적 단계를 거치지 않았고 2천 년 동안의 봉건체제 부패요소들의 뿌리가 깊으며, 정치, 사상, 문화 영역에서 봉건을 비판하는 역사적 임무가 아직도 힘겨운 상태에서 전통문화의 불량한 전통에 대한 비판을 소홀히 해서는 안 된다고 보는 것이다.[86] 대표적인 자유주의 지식인 가운데 한 사람인 쉬요위(徐友漁) 역시 중국 지식인 사회의 유교 재발견 조류와 관련하여, 중국 전통사상 속에는 전제주의와 등급주의적인 것은 많은 반면에 민주와 자유에 근접한 것은 아주 적다고 말하

84 甘陽, 앞의 책, 34~35면.

85 錢理群, 「孔夫子在當下中國的命運」, http://www.21ccom.net/articles/sxpl/sx/article_201005219982.html(2013.5.20. 검색)

86 許全興, 「'儒家復興'之管見」, 『中國思潮評論』第4集(2012.3), 284면.

면서, 리쩌허우(李澤厚)가 중국 전통 도덕의 핵심은 삼강육기(三綱六紀)라고 지적한 것에 동의를 표시한 것이 대표적으로 그러하다.[87] 쉬요위의 지적은 중국 지식인 사회에서 유교를 재발견하면서 자유나 민주주의라는 현대 가치를 진지한 검토 없이 일방적으로 부정하는 것을 비판하는 것이며, 유교 부활론자들이 유교의 근본인 삼강육기와 같은 수직적 위계질서를 아무런 비판의식 없이 복원시키는 것을 비판하는 것이다.

현재 중국 지식인 사회에서 폭넓게 일어나고 있는 전통 가치와 유교 재발견의 흐름은 문화 보수주의 지식인만이 아니라 좌파 지식인 사이에서도 일어나고 있다. 그런데 이런 흐름은 다분히 반서구주의, 반서구 근대의 차원에서 유교를 재발견하는 성격이 강하다. 대륙 신유교 지식인들이 반서구 민주주의와 반마르크스주의 차원에서 유교를 재발견하고 있다면, 좌파 지식인들의 경우 반서구 자본주의, 반서구 민주주의 차원에서 유교를 재발견하고 있는 것이다.

그런가 하면, 후진타오 체제 이후 중국공산당과 중국 정부가 유교 가치를 재발견하고 사회주의 핵심 가치로 유교를 비롯한 전통 가치를 재발견하는 흐름도 있다. 관방 지식인들이 중국 특색 사회주의를 유교와 사회주의의 결합으로 해석하는 것이다. 이런 상황을 감안하면, 첸리췬이 현재의 공자 열기는 식어야 한다면서, 지금의 공자 열기는 이데올로기화, 정치화, 상업화, 종교화 되어 있으며, 마땅히 탈이데올로기화, 탈정치화, 탈상업화, 탈종교화 되어야 한다고 주장한 것은 경청

87 徐友漁, 「當代中國社會思想: 國學熱和文化保守主義」(南昌大學 강연, 2005년 11월11일), 『社會科學論壇』 2006年 2期, 72면.

할 필요가 있다.[88]

2000년대 이후 중국 지식인 사회에서 활발하게 진행되고 있는 전통 가치와 유교 재발견은 근대성의 복합성에 대한 진지한 고민이 선행되지 않은 채 반서구, 반근대 담론의 형태로 확대되고 있는 점이 문제다. 특히 이러한 경향은 정치유교와 문화유교를 내세우는 문화 보수주의 흐름에서 더욱 분명한데, 근대를 서구 근대와 동일시한 가운데 반서구 문화민족주의 차원에서 근대성 비판과 유교 위주의 전통문화 복원이 이루어지고 있는 것이다. 때문에 유교를 중심으로 한 중국 전통과 전통 가치의 재발견이 근대 극복을 위한 새로운 문명 자산일 수 있는지에 대한 철저한 검증이 애초에 시도되지 않으면서, 이것이 반서구 민족주의와 문화 민족주의와 쉽게 결합하는 양성으로 나타나고 있는 것이다.

4. 중국 역사 경험의 재발견과 중국모델론

중국 지식인 사회에서 일어나고 있는 중국 전통과 유교에 대한 재발견이 서구 근대와 서구 근대성에 대한 비판적 인식과 맞물려서 진행되고 있듯이, 중국 역사 경험의 재발견 역시 기본적으로 서구 근대에 대한 비판적 인식과 동전의 양면을 이루고 있다. 중국 역사 경험의 재발견은 서구 근대 정치, 경제, 국제질서에 대한 비판적 인식을 바탕으

88 錢理群, 앞의 글.

로 중국 역사 속 정치, 경제, 국제질서에 관한 경험과 원리를 재발견하는 것으로, 이때 중국 역사란 가깝게는 마오쩌둥 시대를 비롯한 사회주의 중국의 역사 경험을, 멀게는 아편전쟁 이후 근대는 물론이거니와 근대 이전 시기 모두를 포함하기도 한다. 이러한 지적 흐름은 2008년 미국 등 서구 세계가 금융위기에 직면하는 상황과 이른바 중국모델론이 등장하면서 빠르게 부상하였다. 서구 근대의 정치, 경제 모델 혹은 워싱턴 모델(Washington model)로 상징되는 신자유주의 모델이 한계에 직면하였다는 인식을 바탕으로 중국의 전통적 정치, 경제, 사회의 원리가 지닌 대안적 가치와 미래적 전망을 다시 발견하는 것이다.

이러한 지적 흐름에는 인문학적 문제의식과 사회과학적 문제의식이 결합되어 있는데, 이러한 지적 인식을 대표적인 지식인의 주장을 중심으로 살피면 다음과 같다. 먼저, 중국모델론의 핵심적 이론가 중의 한 사람인 판웨이(潘維)는 정치, 경제, 사회 등 거의 전 방위적 차원에서 서구 근대 정치, 경제, 사회 모델을 비판하고 중국 전통 정치, 경제, 사회의 원리를 재발견하는 대표적인 학자이다. 판웨이는 중국 모델의 토대는 중화문명의 연속성이며, 그런 의미에서 중국 모델은 21세기의 신판 중화체제라고 본다.[89] 과거 중화문명을 토대로 새로운 국가모델을 기획하는 것인데, 그는 경제, 정치, 사회 세 차원에서 서구 근대 모델과 다른 중국모델을 제안한다. 경제모델로는 국민경제, 정치모

89 潘維, 「當代中華體制－中國模式的經濟, 政治, 社會解釋」, 潘維 編, 『中國模式』(中央編譯出版社, 2009), 5면: 번역본 판웨이 지음, 김갑수 옮김, 『중국이라는 새로운 국가모델론』(에버리치홀딩스, 2010). 이하 이 책에서 인용은 모두 번역본이며 본문에 면수만 표시함. 단 인용 시 원문을 존중하면서 번역문을 고친 부분이 있음.

델로는 민본정치, 사회모델로는 사직(社稷)체제가 그것이다. 이러한 모델은 서구의 모델과 분명한 차이를 지니고 있다. 예를 들어 경제에서 국민경제 모델의 경우 '국'(가)과 '민'(간)의 균형을 강조하면서, 국가가 시장에 간여하는 것을 적극 지지한다는 점에서 서구와 같은 시장 원리주의, 자본지상주의에 반대한다. 정치에 있어서도 그는 민본주의와 서구의 민주주의를 대비시킨다. 중국의 민본적 민주주의는 초당파적이고 중립적인 정치를 지향하지만 서구 민주주의는 이익 집단이 당파를 조직하고 다수의 지지에 따라 정치권력을 획득하며, 정치권력을 획득한 뒤에는 정치권력을 통해 소속 집단의 이익을 보호하는가 하면, 다수가 소수를 억압한다는 점에서 차이가 있다고 본다. 또한 사직체제의 경우 중국은 서구처럼 국가와 사회가 분리되어 있지 않으며, 서양이 개인을 단위로 사회를 구성하는 데 비해 중국은 가족을 단위로 사회를 구성한다고 본다.

중국 근대성(현대성) 담론의 가장 중요한 특징 가운데 하나가 〈중국 대 서구〉 〈전통 대 근대〉의 이원대립 방식으로 중국문제를 해부한 점[90]이라고 한다면, 판웨이의 인식은 중국과 서구라는 이분법에 토대를 두되, 전통과 근대 사이의 이분법에서는 벗어나 있는 점이 특징적이다. 그의 중국모델론은 서구 근대 정치, 경제, 사회 시스템과 중국 정치, 경제, 사회 시스템을 비교하는 가운데, 서구 근대 시스템의 문제점과 중국 전통 시스템과 그것의 발현으로서의 중국 모델의 강점을 지적한다. 그런데 중국 시스템의 강점은, 특히 그가 강조하는 중화인민

90 왕후이, 「중국 사상계의 현황과 근대성 문제」, 왕후이 지음, 이욱연, 차태근 옮김, 『새로운 아시아를 상상한다』(창비, 2003), 42면.

공화국 수립 이후 60년 동안의 성취는, 사회주의 시스템에 기인하기보다는 중국 전통 시스템에 기인한다. 그는 중국이 “60년 동안에 이룬 유례없는 기적”을 두고 “우연적인 행운이라고 해석할 수 없”다고 보는데, 그것이 우연이 아닌 것은 중국 모델의 근간을 이루는 것이 중화문명 전통의 연속성이기 때문이다. 요컨대, 중국모델은 중화문명 전통의 계승으로, 이 맥락에서 보자면 60년 동안에 중국이 “부흥의 길이라는 찬란한 영광을 획득”(205면)하게 된 배경에는 중국 문명 전통이 작용하고 있다는 논리다. 중국모델을 서구 근대 시스템의 기준으로 재단할 수 없는 이유도 여기에 있다. 중국모델은 서구적—사회주의를 포함하여—기원보다는 중화문명 전통에 그 기원이 있기 때문이다. 그가 마오쩌둥 시대의 대중노선을 전통적 민심 정치와 일치시키고, 인민민주주의와 민본주의를 일치시키는 것도 이런 맥락인데, 여기서 중국 사회주의 시스템은 마르크스 레닌주의보다는 중국 전통 문명과 더 친화적이다. 그는 중국모델의 기원을 유교는 물론, 노장사상에 이르는 수많은 중국 전통 사상에서 찾아낸다. 중국 전통 문명 자원으로 중국모델을 정당화시키고, 이를 통해 서구 근대 시스템을 타자의 것으로 한정하고, 그 보편성을 부정하는 것이다. 그가 “서구의 교조주의를 가지고 중국을 판단하는 것”이나 “서양의 교조주의를 가져다가 중국의 정치 체제를 바꾸려 하고, 고궁을 무너뜨리고 백악관을 지으려고 하는 것”(205면)에 지극히 비판적인 것은 이 때문이다.

판웨이의 서구 근대 시스템에 대한 비판은, 미국 시스템에 비교적 밝은 학자로서 서구 근대 시스템의 치명적 약점을 겨냥한 점에서는 나름의 설득력을 가진다. 서구 민주주의의 다수결 원칙이나 정당 구조가 갖는 문제, 자본이 국가를 좌지우지한다는 지적 등, 서구 근대 시스템에 대한 그의 여러 비판들은 충분한 적실성을 갖는 것이 많다. 하지만 그의 인식은 기본적으로 중국과 서구라는 이분법을 토대로 하고 있는 까닭에 서구 근대 시스템은 부정적 속성으로만 거론되고, 이와 대비하여 중국 전통 시스템, 그리고 그것의 구현으로서의 중국모델은 주로 긍정적 차원에서 부각된다. 서구 근대 시스템에 대한 과잉 비판과 중국 전통 및 중국 모델의 과잉 이상화의 위험이 있는 것이다. 예컨대 서구 민주주의의 근간인 경쟁선거제도와 의회 민주주의를 부정하는 가운데, 서구 민주주의 제도로 인한 활력에 대한 검토는 없고 다수결 원칙이 갖는 문제점만 부각되는 점이 그렇고, 자본이 국가를 좌지우지하고 시장 원리주의에 빠진 서구 근대 체제의 문제는 지적하면서도 국가가 시장을 강력하게 통제하는 국가 자본주의 혹은 국가 사회주의에 내재한 문제점에 대해서는 그 장점만 거론할 뿐 그 폐해에 대해서는 언급하지 않는다. 그런가 하면 중국 문명 전통은 서구와 다르다는 이유만으로 긍정적으로 평가되는 일도 일어난다. 예컨대 전통 예치(禮治) 시스템의 수직적 질서가 비판적 성찰 없이 그대로 복원되는 경우가 그러하다(151면). 이런 그의 인식 때문에 그의 주장은 현 중국공산당 주도 권위주의 체제의 통치 효율성과 정당성을 제고시키는 보수주의 담론으로 평가되는 것이다.[91]

판웨이의 말대로, 그의 중국 모델론은 두 가지를 겨냥한다. 하나는 중화인민공화국 60년의 성공에 관한 이론적 해석, 즉 원인과 결과

91 이문기, 「판웨이의 '자문형 법치국가론'」, 성균관대학교 동아시아학술원, 『동아시아브리프』 제6권 제3호(통권 21호), 48~54면 참조.

에 대한 추상이고, 다른 하나는 그 성공의 원인을 분석하여 이상적인 미래상을 도출하는 것이다(9면). 요컨대 과거 경험에 대한 이론적 해석인 동시에 미래 지향적 목표인 셈이다. 〈중국 대 서구〉라는 이분법을 바탕으로 사회주의 60년 동안의 성취를 정당화시키고, 서구 근대를 비판하려는 열망이 강한 나머지 중국 전통 시스템과 중국 모델이 과잉 이상화되고 서구 근대는 과잉 비판되는 것이다. 그렇기 때문에 중국 현실에서 일어나는 갖가지 문제와 폐단은 중국 모델 자체에서 기인하는 것이 아니라 그것에서 일탈했기 때문에 일어난 것으로 여기게 된다. 그가 중국 현실 정치의 폐단과 관련하여 "여러 가지 폐단이 대부분 중국의 정치모델을 위반했기 때문"(87면)이라고 보는 판단이 그러하다. 판웨이의 중국 모델론 속에서 중국 역사 경험의 재발견은 중국 근대성(현대성)의 특유한 인식 방법에서 〈전통 대 근대〉라는 이분법은 극복하고 있지만 중국과 서구라는 이분법은 어떤 지식 담론보다도 강하다.

판웨이가 주로 중국 국내 정치와 경제, 사회 차원에서 서구와 다른 발전 모델을 모색하는 과정에서 중국 역사 경험을 재발견한다면, 자오팅양(趙汀陽)은 국제질서 차원에서 서구 근대, 특히 미국이 주도하는 근대 질서에 대한 대안 차원에서 중국 전통의 천하론을 재발견한다. 자오팅양은, 먼저 중국의 전통적 사유 방식과 서구의 사유 방식을 '대도'(大度)와 '관용'(寬容)을 들어 비교한다. 중국 전통 정신은 '타자를 막지 않는 것'이며, 오는 것을 막지 않을 뿐만 아니라 많을수록 좋다고 여긴다고 본다. 그는 이러한 태도가 '대도'의 태도인데, 대도는 타자를 싫어하지 않고 나를 타자로 바꾸어서 타자를 나이도록 하는 '화'(化)라는 중국의 기본 정신과 통한다고 주장한다. 이에 비해 서구의 경우 민족주의 같은 것이 서구의 사유 방식인데, 타자를 혐오하지만 참는 관용의 사유이다.[92]

또한 자오팅양은 외부 세계에 대한 태도에서도 중국과 서구 사이에는 근본적으로 다른 세계관이 존재한다고 본다(15면). 자오팅양은 중국 정치철학과 서양 정치철학을 비교하면서 중국 정치철학의 우위를 주장하면서 논의를 전개한다. "서양의 정치철학이 상상한 정치 제도의 가장 커다란 응용 범위는 국가에서 그치기 때문에 국가 밖의 세계에는 제도가 없다"면서, "서양의 정치 제도는 보편적인 의미가 없는 제도"이며, 가장 작은 시야에서 시작하고 가장 작은 정치 실체의 권리를 기초로 한다. 이러한 서양의 정치철학은 어떻게 개인의 권리와 국가의 이익을 보호할지만 해석할 뿐이다. 서구 정치철학의 시야는 국가라는 사유 단위를 뛰어넘을 수 없기 때문에 세계를 단위로 한 정치문제를 정확하게 사고할 수 없다는 것이다(24면). 서양 정치철학은 국가를 사유 단유로 하는 이상, 자오팅양에 따르면, 서양은 서양 가치관이 보편적이라고 믿지만, 이는 그저 서양의 지방 관념을 세계에 강요하는 것이지 '세계 차원에서 세계를 보는' 이론이 아니라고 본다(18면).

이에 비해 중국 정치철학은 천하를 가장 높은 정치 분석 단위로 간주하는 동시에 우선적인 분석 단위로 생각한다. 이는 "국가의 정치 문제를 천하의 정치문제로 이해하며 천하의 정치문제는 국가의 정치문제의 토대라는 것을 의미한다"(17면). 요컨대 중국 정치철학은 천하라

---

92 趙汀陽, 『天下體系』(江蘇教育出版社, 2005), 13면. 이하 이 책에서 인용은 본문에 면수만 표시함.

는 가장 큰 시야에서 출발하여 천하의 규모에서 정치문제를 이해한다는 것이다(24면). 요컨대 중국 정치철학과 서양 정치철학은 착목(着目) 지점이 다르고 시야의 폭이 다르다. 천하체계는 이러한 중국의 정치적 세계관으로서의 정치 철학이다. 자오팅양은 천하체계를 바탕으로 서구 주도의 제국주의를 비판한다. "제국주의는 국가와 민족 제도의 슈퍼 군사력과 경제력을 토대로 건립된 정치 통제와 경제 수탈의 세계체제"(35면)라는 것이다. 자오팅양은 이런 제국주의 논리에 비해 천하체계는 '밖이 없다'(天下無外)고 말한다. 그는 이 개념을 천하체계의 핵심적 특징인 동시에 끊임없이 적과 나를 구분하는 기독교 문화를 토대로 한 서구 세계와 구별되는 특징으로 강조한다. "'밖이 없는' 원칙은 서구의 뿌리 깊은 질명, 즉 비이성적 종교에 기초한 이교도 의식에서 발전한 가상의 적이나 분열의 정치를 제거하는 데 도움이 된다"(33면)고 보는 것이다.

여기에 이르면 자오팅양의 천하체계론은 서구의 제국주의 모델과 달리 중국 전통적 천하질서를 재발견하는 가운데 중국판 새로운 제국이론을 구축하려는 차원에서 나왔다는 것을 알 수 있다. 그가 미국의 제국 모델을 두고, 미국 주도의 세계체제는 "그저 미국의 이익을 최대화하고 미국 문화와 가치관을 보편화시킨" 체제라고 비판하는 것에서 알 수 있듯이, 미국과 다른 제국 모델로서 전통적 천하체계의 미래 가치를 발견하는 것이다. 미국판 세계체제가 보편성 없는 일국의 정치와 문화, 가치를 강요하는 체제라면, 중국의 천하체계의 '밖이 없는' 원칙에 따라 타자에게 훨씬 개방적이며, 세계의 문제를 국가의 이익이라는 차원이 아니라 세계의 차원에서 착목하여 사고하는 체계로 보는 것이다.

이러한 자오팅양의 천하체계론은, 중국은 물론이고 중국 밖에서도 많은 비판을 받고 있다. 세계 정치이론이 있다고 해서 좋은 세계가 가능할 것이며 종교가 정말 세계와 평화에 해로운지, 중국 문화에는 진정으로 경계가 없는 것인지 등과 관련한 근본적인 질문이 중국 학계에서 제출되었다.[93] 그런가 하면 중국 밖에서는 이론과 역사적 현실 사이의 간극을 고려하지 않고 있으며, 애국주의나 민족주의 차원의 제국 담론이라는 비판이 제기되었다.[94] 서구 근대 질서에 대한 비판이 중국 중심주의로, 중국판 새로운 제국담론으로, 서구 중심을 해체하고 중국을 중심으로 세계질서를 구축하려는 전형적인 신 중화주의 담론의 사례로 비판하는 것이다. 자오팅양의 천하론이 지닌 문제점은 앞서 판웨이의 경우처럼 중국 전통 가치와 제도, 역사 경험에 대한 재발견이 자국 현실에 대한 철저한 비판적 인식 속에서 나온 것이 아니라 자국의 현실보다는 서구에 대한 일방적 비판에서 기원하는 데 따른 필연적 문제점이라고 볼 수 있다. 더구나 자오팅양의 경우가 판웨이의 경우 보다 한층 더 문제점을 지니고 있는 것은 그의 천하론이 중국 전통적 가치관과 역사 경험을 통해 현대 국제질서를 비판한 데 있다. 판웨이의 경우는 사회주의 중국 60년의 역사 경험이라는 근현대의 경험과 서구 근현대 경험을 비교하였다는 점에서 서구 근현대에 대한 대안의 모색이라는 차원—물론 대부분 60년 동안의 정책을 합리화하는 차원이지

93 徐建新, 「天下體系與世界制度: 評天下體系: 世界制度哲學導論」, 『國際政治科學』 2007年 3期(總第10期), 113~142면 참조.

94 백영서, 「중화제국론의 동아시아적 의미: 비판적 중국연구의 모색」, 한국중국학회 제33차 중국학 국제학술대회 『제국전통과 대국화』(2013.8.22) 자료집 23~41면 참조.

만—에 나름대로 근접하지만, 자오팅양의 경우 전통 사회를 배경으로 한 '이론'을 '현실'로서의 근현대 세계질서와 비교하는 문제점을 노출하고 있는 것이다. 물론 그의 이러한 비판이 서구 근현대 질서, 특히 보편주의 이름을 내세우며 개별 국가의 이익을 관철시키는 미국 중심의 패권주의 세계질서가 노정하고 있는 문제를 비판적으로 성찰할 수 있는 지적 시각을 제공할 수는 있지만, 그것이 자오팅양의 바람대로 새로운 세계질서 구축으로 현실화되기를 기대하기는 어렵다. 천하체계론이 중국발 대안적 세계체제 이론이라고 할 때, 무엇보다도 먼저, 전통적 천하론의 각도에서 사회주의 중국 60년의 외교 정책을 검증하는 작업, G2시대 중국이 국제질서에서 어떤 역할을 수행하고 있는지에 대한 검증 작업이 이루어져야 한다는 점에서 그렇다. 천하체계론을 마치 선천적으로 보편 가치를 지니고 있는 이론이자 세계를 국가 차원이 아니라 세계 차원에서 보는 이론이라고 단정하는 데서 벗어나서 근현대 현실 속에서 그 이론의 적실성을 검증하는 일이 필요한 것이다.

5. 문화와 문명 담론 : 문화 각성론의 등장과 쉬지린의 문명론

쉬지린(許紀霖)에 따르면, 중국에서 "미래 중국의 정체성은 재구축되는 중이다".[95] 쉬지린이 언급한 연장선에서 G2시대 중국 현실을 보

95 쉬지린 지음, 송인재 옮김, 『왜 다시 계몽이 필요한가』(글항아리, 2013), 13면(한국어판 서문).

면, 중국 정체성을 재구축하는 것은 중국 지식인 사회의 지적 운동이기도 하고, 중국공산당과 중국 정부의 정책이기도 하다. 중국에서 이러한 지적, 정책적 조류가 형성된 배경은 어렵지 않게 짐작할 수 있다. 중국이 G2대국으로 성장한 것이 가장 큰 배경이라고 해야 할 것이다. 중국의 국력이 신장되고, 여러 방면에서 자신감이 생기면서 새로운 중국 정체성을 구축을 시도는 것으로 이해할 수 있다.

그런 가운데 '문화 각성(文化自覺)' 담론이 활발히 전개되고 있다. 문화적 각성 혹은 문화적 자의식이라고 번역할 수 있을 '문화 각성'이라는 개념은 허꾸이메이(賀桂梅)의 지적대로라면, 일찍이 1990년대 중반에[96] 인류학자 페이샤오퉁(費孝通: 1910~2005)이 처음으로 사용하였다.[97] 그리고 이 개념은 2010년을 전후하여 폭넓게 사용되었다. 송인재가 CNKI에서 '문화 각성'이란 용어를 검색한 결과에 따르면, 이 개념은 2000년도부터 중국 지식 사회에 노출 빈도가 빠르게 증가하여 2012년도에 정점에 이른다.[98] 이제 '문화 각성'이란 개념은 지식인 사회는 물론이고 중국공산당과 중국 정부까지 사용하는 개념이 되었고, 문화산업 진흥과 소프트 파워 강화 등 중국의 문화강국 국가전략에서부터 문화 보수주의와 중국 근대성 담론 차원 등, 다방면에서 이 개념이 활용되고 있다.

그렇다면, 2000년대 이후 중국 지식인 사회의 화두인 '문화 각성'

96 페이샤오퉁 자신의 언급에 따르면, 정확히는 1997년이다. 베이징대학 주최, 사회학 인류학 한 토론회(社會學人類學高級硏討班)에서 처음 언급하였다.

97 賀桂梅, 「文化自覺與中國敍述」, 『天涯』 2012年 1期, 28면.

98 송인재, 『체제전환기 중국의 '문화자각'담론』, 『시대와 철학』 2015 제26권 4호(통권 73호), 88~89면.

이란 개념은 무엇을 가리키는가. 이에 답하기 위해서 먼저 이 개념을 처음 제기하였고, 중국의 관련 논의에서 가장 많이 인용되었을 뿐만 아니라 관련 논의의 출발점이 된 페이샤오퉁의 개념 정의를 보자. 먼저, 문화 개념이다. 그는 문화를 "사람이 만든 인문세계(人造的人文世界)"[99]라고 규정한다. 이 정의는 중국에서 전통적으로 사용했던 인문 개념에 가깝다. 여기서 문화란 자연 혹은 자연세계에 대비하여 인간에 의해 창조된 세계라는 의미로, 현대에서 사용하는 문화라는 개념보다 훨씬 폭넓다. 때문에 페이샤오퉁은 인문세계란 "복합적 총체로서, 각 항이 서로 연결된 사회제도와 결합하여 이루어진다."[100]고 정의한다. 인간의 정신적 창조물만이 아니라 제도와 문물 등을 망라한 인문세계란 개념으로 문화를 정의하는 것이다.

다음으로, '자각'이란 개념이다. 일반적으로 자각이란 비자각적 상태를 전제로 하여, 이에 대한 극복을 의미한다. 페이샤오퉁 역시 이 차원에서 자각의 필요성을 제기한다. 그에 따르면 사람이 만든 인문세계인 문화는 스스로가 그 속에서 생활하고 있지만 그것이 도대체 무엇이고, 어떤 내용인지 잘 알지 못한다는 것이다. "과학적 태도로 인식하고 해석하지 못하는 비자각 상태"에 빠져 있는 것이다. 자기가 생활하는 세계이기 때문에 그렇다. 이런 문화적 비자각적 상태에서 벗어나 "특정 문화 속에 살고 있는 사람이 그 문화에 대해 아는 것, 그 유래와 형성과정, 그 지닌 특색과 그것의 발전 방향을 분명히 아는 것"[101]이 바로

99 費孝通, 「從反思到文化自覺和交流」, 『讀書』 1998年 11期, 3면.

100 費孝通, 「開創學術新風氣」, 『高校社會科學研究和理論教學』 1997年 3期, 3면.

101 위와 같음.

문화적 자각이다. 요컨대 페이샤오퉁에 따르면 문화는 사람이 만든 인문세계라는 매우 포괄적인 의미이고, '문화 각성'이란 그러한 자기 문화(즉, 중국 문화)에 대한 각성, 자기 문화에 대한 대자적 인식을 획득하는 것을 의미한다.

페이샤오퉁의 '문화 각성'론은 중국 문화, 특히 중국 전통문화에 대한 자각 요청이다. 그런데 왜 중국인에게 문화 각성이, 특히 중국 전통문화에 대한 자각이 필요한가? 이는 페이샤오퉁이 '문화 각성'을 제창한 배경과도 연관된다. 페이샤오퉁은 이를 세계화와 관련하여 설명한다. 경제의 세계화에 이어 "문화 접촉 차원의 대파동"이 도래할 것이고, 세계적인 문화 대논쟁을 준비해야 한다는 것이다. 이러한 인식을 바탕으로 20세기 중국 문화에 대한 반성적 인식과 함께 중국 문화의 새로운 방향을 제시한다. 그에 따르면 20세기 중국은 전통과 현대화를 대립시킨 가운데 중국 전통문화를 현대화의 적으로 삼았다. 하지만 이제는 중국 문화의 좋은 점을 분명히 인식하는 가운데 그것을 세계적인 것으로 변화시키는 과제, 즉 본토화와 세계화를 추구해야 한다는 것이다.[102] 그는 '전면적인 서구화'와 '전통부활('復舊')'을 다 같이 비판하면서 "문화 전환의 자주능력을 강화"하고, "새로운 환경과 새로운 시대"에 대처하는 "문화 선택의 자주능력"을 강조한다.[103] 요컨대, 페이샤오퉁의 주장은 중국 문화의 가치에 대한 재인식을 주장하면서, 세계화 시대에 중국 문화의 전환과 재구성을 통해 주체적인 문화 선택을 하자

102 費孝通, 「關於文化自覺的一些自白」, 『北京社會科學年鑑(2004)』(北京出版社, 2005), 468~470면.

103 費孝通, 「開創學術新風氣」, 『高校社會科學硏究和理論敎學』 1997年 3期, 3면.

는 것이다.

이렇게 페이샤오퉁의 '문화 각성'론을 검토하고 보면, 페이샤오퉁의 '문화 각성' 주장이 깊은 이론적 성찰을 담고 있는 것은 아니라는 것을 알 수 있다. 페이샤오퉁이 중국 학술계에서 차지하는 위상 때문에 그의 발언의 무게가 다르게 전해지기는 하지만, 관점 자체가 새로운 것은 아니다. 신문화운동 시기부터 시작해서 20세기 중국에서 중국 전통 문화가 폄하되었다는 지적, 그리고 이제 중국 전통 문화의 가치를 재인식해야 한다는 주장은 새로운 것이 아니다. 결국, 페이샤오퉁의 '문화 각성'론이 G2시대 중국의 주요 문화 담론으로 부상한 것은 이론 자체의 배경보다는 2000년대 이후 중국의 상황이 작용하였다고 본다.

그렇다면 그 상황이란 무엇인가? '문화 각성'이란 개념이 확산된 것은 2010년 전후이다. 이에 주목하면, 이 개념이 문화 차원을 넘어 학술과 이론 차원으로까지 확대되는 한편, 중국공산당과 중국 정부의 주요 문화 정책의 방향에까지 확대되는 것은 2000년대 이후 중국의 상황과 밀접한 관련이 있다는 것을 짐작할 수 있다. 주지하듯이, 2000년대 이후 중국의 상황에서 가장 중요한 것은 중국이 G2대국으로 부상한 점이다. 2008년 서구 주요 국가들이 금융위기를 겪으며 침체에 빠졌지만 중국은 승승장구하였고, 2008년 베이징 올림픽 개최, 2010년 상하이 엑스포 개최 등 대규모 이벤트를 성공적으로 개최하였다. 민족중흥('民族振興'), 민족부흥('民族復興') 등이 운위되고, 시진핑 집권 이후 '중국몽(中國夢)'이 등장하였다. 페이샤오퉁의 '문화 각성'이 2000년도 이전에 나온 것이긴 하지만, 그가 '문화 각성'을 제기한 배경은 중국은 국력 신장과 밀접한 관련을 지닌다. 페이샤오퉁이 '문화 각성'을 요청하면서 언급하고 있는 시대 인식을 볼 때 그렇다. 그는 "20세기 마지막 20년 동안 중국 경제가 지속적으로 고속 성장하고 중국 문화가 아편전쟁 이후 일찍이 없던 강한 활기를 띠고 있다"고 진단하는 한편, 이것이 "중화민족 문화 전환의 자주적 능력을 강화시켰고, 새로운 시대에 문화 선택에서 자주적 지위를 얻고, 세계의 새로운 문화 생성 과정에서 보다 큰 역할을 발휘하는데 물질적 조건과 정신적 자신감을 제공하였다"[104]고 본다. 중국의 고속 성장이라는 물질적 조건, 그리고 이와 연관된 "정신적 자신감"이 새로운 세기를 맞는 세기적 전환기에 그가 중국 문화 각성론을 제기하는 중요한 배경인 것이다.

이렇게 보자면, 중국의 부상과 함께 등장한 중국 지식인 사회의 '중국 모델(中國模式)' '중국의 길(中國道路)' 담론이 G2시대 중국의 경제, 정치적 차원의 중국의 자아 각성이라면 '문화 각성' 담론은 문화적 차원, 인문적 차원의 중국의 자아 각성 담론이다. G2시대에 중국 문화를 어떻게 구축할 것인지, 문화 차원에서 중국의 정체성을 어떻게 구축할 것인지에 관한 문제의식으로서, 과거 중국이 현대성 위주로 중국 문화의 정체성을 구축하였다면, 이제는 중국 문화에 대한 새로운 자각, 보다 구체적으로는 중국 전통문화에 대한 새로운 자각을 바탕으로 새로운 중국 문화를 건설하는 '문화적 전환'이 필요하다는 것이다.

이처럼 페이샤오퉁이 '문화 각성'을 주장하는 배경과 중국에서 이와 관련한 담론이 확산되어 가는 과정을 살펴보면, 이 논의가 작게는

---

104 金耀基, 「文化自覺, 全球化與中國現代性重建」에서 인용. http://xueshu.baidu.com/s?wd=paperuri%3A%28c2ba3dd6b2f32830f38c2c3c2137dd1b%29&filter=sc_long_sign&tn=SE_xueshusource_2kduw22v&sc_vurl=http%3A%2F%2Fwww.literature.org.cn%2FArticle.aspx%3Fid%3D24470&ie=utf_8(2014년 11월 3일 검색)

중국 문화 정체성의 새로운 구축 문제이지만 비단 여기에만 국한되는 것이 아니라는 것을 알 수 있다. '문화 각성' 주장은 G2시대 중국 문화 정체성만이 아니라 중국의 정체성 문제와 관련되어 있는 것이다. 허꾸이메이(賀桂梅)의 지적대로, 2000년대 이후 중국 지식인 사회의 '문화 각성' 논의는 중국의 정체성 문제와 연결되어 있고, 문화 각성의 핵심은 중국을 어떻게 규정하고 어떻게 서술할 것인지와 관련 있는 것이다.[105] 홍콩 진야오지(金耀基) 역시 이런 맥락에서 페이샤오퉁의 '문화 각성' 주장에 의미를 부여한다. 그는 '문화 각성'론을 '중국성'과 '민족성'을 부정하면서 진행되어 온 100년 동안의 중국 현대화 과정에 대한 반성적 인식을 토대로 한 중국 현대성 구축과 지구화 시대 중국 현대 신문명 구상과 관련된 것으로 이해한다.[106] 요컨대, 이들은 '문화 각성' 주장을 '중국 문화의 재구축–중국 현대성의 재구축–중국(정체성)의 재구축–새로운 문명 구상'으로 이어지는 일련의 연계 속에서 파악하는 것이다. 이렇게 보자면, '문화 각성' 담론은 궁극적으로는 문명 담론의 하나이다.

2000년대 이후 중국에서 부상하는 '문화 각성' 담론이 문화 담론이자 문명 담론의 성격을 지닌다고 보는 해석과 다른 입장도 있다. 대표적으로 쉬지린이 그렇다. 그는 2000년대 중국의 문화 담론을 문명 담론과 대립하는 것으로 보는 가운데 이를 비판하는 대표적인 중국 지식인이다. 그는 그의 책 한국어판 출판을 위해 따로 쓴 서문에서 "제도는 궁극적으로 현상만 바로잡을 뿐이다. 근본을 바로잡는 좋은 처방은 여

105 賀桂梅, 「文化自覺與中國敍述」, 『天涯』 2012年 1期, 28면.

106 金耀基, 앞의 글.

전히 문화다"라고 문화적 자각의 의미를 평가하면서도, 2000년대 이후 중국에서 일고 있는 '문화 각성' 담론에 대해서는 매우 부정적으로 평가한다.[107] 그는 2000년대 이후 '문화 각성'은 과거 "윤리적 각성은 우리에게 최후의 각성 중에서도 최후의 각성"(陳獨秀의 말)이라고 했던 신문화운동 시기의 문화적 각성과 반대 방향에서 진행되고 있다고 본다. 그에 따르면 2000년대 이후 문화적 자각 주장은 자유와 평등이라는 보편적 가치를 부정하며, 서구화를 원죄 취급하는 가운데, 유교 문화를 본위로 문화를 재건하려고 한다. 이는 보편을 거부한 채 '특수한' 문화로 '보편적' 문명에 대항하는 것으로, 그는 "문화적 자각이 오로지 세계의 주류 문명에 대항하기 위한 특수 문화를 건설하기 위한 것이어서는 안 된다"[108]고 지적한다. 그는 또한 중국에서 필요한 것은 문화적 자각이 아니라 문명적 자각이라고 주장하면서, "특수한 '우리'를 추구하는 것이 아니라 보편적으로 '좋음'과 인류 전체의 '좋음'"을 추구하는 신천하주의(新天下主義)를 제안하다.

쉬지린의 이러한 비판은 '문화 각성' 담론을 '부강' 담론의 일환으로 보는 것과 연관된다. 그에 따르면 중국 근대의 '강국몽'(强國夢)은 두 개의 꿈을 내포하고 있는데, 하나는 부강(富强)이고, 다른 하나는 문명이다. 그런데 현대 중국의 대부분의 기간 동안 '부강'이 '문명'을 압도하였다. 그는 부강이 문명을 압도한 채 문명이 결여된 부강이 실현되는 것을 우려한다.[109] 부강을 군사력, 경제력, 물질적 실력 차원에서 서구

---

107 쉬지린 지음, 송인재 옮김, 『왜 다시 계몽이 필요한가』(글항아리, 2013), 6면.

108 위의 책, 9면.

109 위의 책, 15~20면.

를 따라잡거나 넘어서려는 것이라고 보고, 문명의식을 결여한 것이라고 여기는 것이다.

쉬지린은 이러한 방식으로 중국이 강국이 되는 것은 루쉰이 말한 대로 진화론의 구도는 그대로 둔 채 노예와 주인 사이에 자리만 바꾸는 일일 뿐이라고 비판한다.[110] 쉬지린이 지적한 대로, 루쉰은 청말 위기 속에서 20세기 중국이 어떤 길을 갈 것인지, 어떤 문명을 택할 것인지를 고민하면서, 중국이 군사력과 물질 차원에서 서구를 배워서 서구처럼 군사력과 경제력 강한 나라가 되길 바라는 청말 개혁론자들을 강하게 비판한다. 루쉰은 이들을 "하찮은 재주를 가진 무리들이 앞을 다투어 군사를 운위"하면서 "문명이란 말을 끌어들여 분식"한다고 지적한다.[111] 그러면서 "자국만을 존중하고 다른 나라를 멸시하면서 진화는 우량종만 남긴다는 주장을 거머쥐고 약소국을 침략하여 자신의 욕망을 채우면서, 세계를 섞어 하나로 만들고 이민족을 모두 자기의 신복으로 만들지 않으면 만족하지 않는" 것을 지향하는 인사들을 '짐승 같은 애국지사(獸性愛國志士)'라고 불렀다.[112] 그런가 하면, "자신이 약자이면서도 강국을 숭배하고, 인도나 폴란드 같은 약국 인민을 능멸하는 인사"들을 '노예근성'이 가득한 인간들이라고 통박하였다.[113] 이런 루쉰의 관점을 바탕으로 쉬지린은 중화민국의 역사를 예로 들면서 "문명이 결여된 부강"을 꿈꾸는 중국 현실을 비판하는 것이다. 루쉰이

110 위의 책, 23면.

111 루쉰, 「문화편향론」, 『루쉰전집』(그린비, 2010), 45면. 이하 이 책에서 인용은 본문에 면수만 밝힘.

112 魯迅, 「破惡性論」, 『魯迅全集』(人民文學出版社, 2005) 8卷, 32면.

113 위와 같음.

과거 중화민국의 역사를 예로 들고 있지만, 그의 의도는 “문명이 결여된 부강”을 추구하는 오늘의 중국을 비판하는 데 있다. 쉬지린은 루쉰의 전통을 이으며 중국 근현대의 고질병인 강국에 대한 꿈의 위험성을 지적하고 있는 것이다. 쉬지린이 현재 중국 지식인 사회에서 차지하는 몫을 여실히 확인시켜 주는 대목이다.

하지만 쉬지린의 비판적 지적이 갖는 이러한 미덕에도 불구하고 쉬지린이 말하는 보편과 문명의 의미를 좀 더 면밀히 검토해 볼 필요도 있다. 그가 말하는 문명의 굴기와 신천하주의를 이해하기 위해서는 그가 문명의 실질을 어떻게 규정하고 있고, 그가 말하는 보편이 무엇을 의미하는지를 궁구해 볼 필요가 있다는 것이다. 그래야만 쉬지린의 문명론의 의미를 온전히 평가할 수 있기 때문이다. 그렇다면, 쉬지린은 근대 문명을 어떻게 인식하고 있고, 그의 근대 문명 인식은 루쉰의 근대 문명에 대한 인식과 어떤 차이가 있는가.

앞에서 살펴본 대로, 쉬지린은 ‘문화 각성’ 담론을 문명 담론이 아닌 문화 담론이자, 보편적인 문명 의식을 결여한 부강 담론의 하나로 보고 있다. 문화와 문명을 이원적으로 대립시키면서 문화는 특수한 것이고 문명은 보편적인 것으로 보는 것이 그의 지론인데, 그는 문명의 의미를 두고 “인류 전체에게 좋음”이라는 의미에서부터 ‘가치관’까지 폭넓게 언급한다. 그는 “문명이 의미하는 것은 가치관이다”[114]라고 말하는데, 여기서 말하는 가치관은 인류 전체에게 좋고, 보편적으로 적용될 수 있는 보편 가치라는 의미다. 자유와 평등, 민주 등이고, 이를

114 쉬지린 지음, 송인재 옮김, 『왜 다시 계몽이 필요한가』(글항아리, 2013), 20면.

뭉뚱그리자면 근대 계몽의 가치이다. 그는 계몽의 입장에서 현 중국 지식인 사회의 '역사주의' 조류를 비판한다. 그에 따르면, 중국의 굴기 이후 중국 지식인 사회의 주류 담론은 계몽의 가치를 부정하는 가운데, 어느 것이 좋은 것인지에 관심을 두기보다는 어느 것이 중국의 것인지에 관심을 두며, 잃어버린 중국성(中國性) 혹은 중화성(中華性) 회복에만 관심을 두고 있다.[115] 결국 쉬지린이 말하는 보편으로서의 문명의 가치는 근대 계몽이다. 쉬지린은 계몽이 중국에서 여전히 미완의 과제이며, 계몽이라는 보편 문명 담론이 문화와 부강에게 압도당하면서 요절했다고 보는 것이고, 그래서 그는 그의 책 제목처럼 죽음 상태에 이른 계몽을 '기사회생'시켜야 한다고 절박하게 요청하는 것이다. 여기서 계몽이라는 근대 가치는 문명 차원의 보편적인 것으로 상정된다. 그래서 그는 보편 문명을 추구하는 세계주의가 "언뜻 반민족주의인 것 같"지만, "그 배후에는 가장 넓은 민족주의적 도량이 있다"고 말하는 것이다. "인류 전체의 문명적 성과를 본보기 삼아 현대적 민족국가를 세우"는 것이, 요컨대 보편 가치가 실현된 현대 민족국가를 세우는 것이 참다운 민족주의라고 보는 것이다.[116] 쉬지린에게는 계몽으로 상징되는 현대성은 보편적 가치이자 궁극의 가치이다. 그가 "신천하주의가 추구하는 것은 보편 문명, 즉 다른 국가와 민족이 공동으로 누리는 현대문명이다"[117]라고 정의하는 것은 이와 관련된다. 즉 현대문명을 기반으로

115 許紀霖 著, 『啓蒙如何起死回生』(北京大學出版社, 2011), 367~372면.

116 쉬지린 지음, 송인재 옮김, 『왜 다시 계몽이 필요한가』(글항아리, 2013), 12면.

117 許紀霖, 「新天下主義與中國的內外秩序」, 許紀霖, 劉擎, 『新天下主義』(世紀出版集團, 2015), 9면.

한 신천하주의인 것이다.

그런데 쉬지린이 루쉰을 빌어서 중국의 강국몽을 비판하면서 현대 문명을 기반으로 한 신천하주의를 주장하지만, 쉬지린의 이러한 인식을 루쉰의 근현대 문명에 대한 인식과 비교해 보면, 둘 사이에 중요한 차이가 발견된다. 루쉰은 「문화 편향 발전론(文化偏至論)」(1908), 「파악성론(破惡聲論)」(1908) 등에서 19세기 문명, 즉 "근세문명" 역시 하나의 편향('偏至')이라고 지적한다. 근대를 하나의 편향으로 보는 인식은 루쉰이 기본적으로 "문명은 반드시 이전 세대가 남긴 것에 뿌리를 두고 발전하여 왔고, 또 지난 일을 교정함으로써 편향이 생"(88면)긴다고 보는 시각에 바탕을 두고 있다. 이 편향 발전의 길에서 19세기 근대 문명 역시 예외가 아니다. 루쉰이 보기에 19세기 문명은 물질과 다수('衆數')를 중시하는 시대로 이러한 "19세기 문명은 과거보다 뛰어나며 동아시아를 능가하고 있다는 사실은 깊이 고찰하지 않더라도 알 수 있는 일"이라고 인정한다. 하지만 "19세기 문명은 개혁으로 시작되었고 반항을 근본으로 했기 때문에 한쪽으로 편향됨은 이치로 보아 당연한 일이"며, "그 말류에 이르면 폐해가 마침내 분명해진다"고 말한다(99면). 19세기 문명이 그 이전 세기의 문명의 편향을 바로잡으면서 뛰어난 성취를 거두었지만 이 역시 편향이고, 그 폐단이 이미 노정되고 있다고 여기는 것이다. 이러한 인식 속에서 루쉰은 20세기 중국이 문명적 선택을 해야 하다고 주장한다. 19세기 근대 문명을 인류가 추구해야 할 보편문명이자 유일의 궁극 문명이라고 보는 것에 동의하지 않는 루쉰은 19세기 문명의 성취와 더불어 그 허위와 폐해를 직시하여야 한다고 주장한다. 루쉰은 중국이 새로운 문명을 선택하기 위해서는 과거 중국 전통문명만이 아니라 19세기 서구 근대문명 역시 비판적으로 인식할 필요가 있으며, 전통문명만이 아니라 서구 근대에 대해서도 재질문하면서 새로운 문명을 모색하는 '오늘의 것을 취하고 옛것을 부활시켜서 따로 새로운 계보를 세우는(取今復古, 別立新宗)'을 주장한다.

이렇게 루쉰의 근대에 인식을 정리하고 보면, 근대 문명에 대한 인식에서 루쉰과 쉬지린 사이에는 중요한 차이가 있다. 쉬지린은 근대 문명을 보편으로 상정하지만 루쉰은 근대 역시 기존의 다른 문명과 마찬가지로 하나의 편향일 뿐이라고 보면서 근대를 상대화시킨다. 쉬지린의 문명론과 신천하주의가 기실 근대 계몽주의의 지평에 서 있다는 점을 확인할 수 있다.

중국 지식인 사회에서 계몽의 목소리가 갈수록 입지를 잃어 가고 있는 것이 최근 중국의 현실이다. 이런 상황에서 쉬지린은 계몽 가치의 기사회생을 외치면서 부국과 강국이라는 중국몽 시대의 주술(呪術) 담론이 신주(神州)를 뒤덮는 최근 중국 상황에 예리한 비판을 가하고 있다. 이는 계몽주의에 기반을 둔 그의 비판이 갖는 장점이다. 하지만 그 한계도 바로 여기서 비롯한다. 그의 한계는 그의 비판이 여전히 계몽주의 지평 안에 있다는 것이고, 그럴 때 그의 신천하주의와 문명 담론은 궁극적으로는 근대 담론이자 계몽 담론으로서 근대 극복 문명론이 아니다. 이 점에서 쉬지린의 문명론과 루쉰의 문명론은 구별된다. 사실 쉬지린의 신천하주의는 현대성에 대한 다원적 인식을 바탕으로 탈중심과 탈등급화를 지향한다는 점에서,[118] 서구 중심주의에 빠진 다

118 위의 책, 12~14면.

른 중국 자유주의자 지식인에 비해 가장 진보적이고 건강하다. 하지만 그의 신천하주의는 여전히 근대 내적 사고다. 계몽을 바탕으로 한 서구 기원의 현대문명을 궁극의 보편문명으로 상정한다는 점에서 그렇다. 그가 중국 전통문명의 가치나 중국 사회주의 역사 경험의 비판적 계승 등에 거의 관심을 보이지 않는 것은 그가 서구 기원의 근대문명을 인류의 보편문명으로 상정하기 때문이다. 이런 점에서 보자면 쉬지린의 사고는 자유주의의 극한에 서 있지만 자유주의를 넘어서지는 않고 있다.

5장

'중국' 재발견의 지적 조류와 한국 비판적 중국학의 길

5장

‘중국’ 재발견의 지적 조류와 한국 비판적 중국학의 길

1. 중국 지식인 사회를 보는 한국의 시각

G2시대 중국 지식인 사회에서 중국을 재발견하는 경향이 꾸준히 확대되고 있고, 이런 흐름은 중국 지식인 사회의 지형도까지 변화시키고 있다. 1990년대 중국 지식인 사회는 신좌파와 자유주의가 양대 축이었다면 2000년대 이후 중국 지식인 사회는 포괄적으로 말하여 ‘중국’ 재발견, 즉 중국 전통 가치와 역사 경험 등 중국적인 것을 재발견하는 지적 조류가 형성되면서 신좌파와 우파 지식인 사회 내부에서도 분화가 일어나고 있고, 이 흐름이 신좌파와 자유주의 외에 제3의 사상적 흐름으로까지 자리 잡고 있다. 쉬지린은 2000년대 이후 중국 지식인 사회의 이러한 새로운 흐름에 주목하고, 이를 고전주의라고 부르면

서, 이러한 지적 흐름은 중국에서 전 세계적 보편 가치를 지닌 새로운 문명을 발견하고, 동풍(東風)으로 서풍(西風)을 압도하는 중국의 세기를 열려고 한다고 보았다.[1] 쉬지린이 고전주의라고 명명한 이러한 시적 경향의 기본 특징은 반서구 전통주의라고 규정할 수 있다. 이때 반서구란 서구의 근대와 근대성을 모두 포괄하며, 반서구 전통주의 경향이란 중국적인 것의 재발견을 통해 서구 근대와 근대성을 재인식하는 것과 중국 전통과 역사 경험을 재발견하는 것이 하나로 결합된 지적 흐름을 지칭하며, 이를 통해 서구 근대와 다른 대안적 발전 모델을 지향하는 특징을 지닌다.

그런데 G2시대 중국에서 대두하고 있는 이러한 지적 흐름은, 상당 기간 지속될 수 있고, 오히려 더욱 강화될 수 있다. 그렇게 보는 이유를 크게 네 가지로 살펴보자. 첫째, 중국 근대 위기의 성격 차원에서 볼 때 중국 근대 위기는 전근대사회에서 근대사회로 전환하는 과정에서 직면하는 위기, 제국주의 침략으로 인한 민족위기와 더불어 중화문명이 서구 근대문명 앞에서 해체되는 위기였다는 점을 감안하면, 근대 이후 중국의 꿈은 부강한 민족국가를 건설하는 것과 더불어 중화문명의 부활을 통해 중화문명을 다시 보편문명으로 만드는 데 있기 때문이다. 부강한 국가의 건설과 더불어 중화문명의 건설이 근대 이후 중국의 가장 중요한 과제로서, 이를 위해서 중국은 중국적 가치와 중국 제도, 역사 등등, 중국적인 것을 끊임없이 재발견, 재구성할 것이기 때문이다. 시진핑이 중국의 꿈을 이야기하면서 "중화민족의 위대한 부흥을

1 許紀霖, 『啓蒙如何起死回生』(北京大學出版社, 2011), 377면.

위해서는 중화문화의 번영과 흥성이 반드시 수반되어야 한다"[2]고 말하는 것은 이 때문이다. 중화문화의 번영을 통해 중화문명을 과거처럼 보편적 문명으로 재편하려는 중국의 꿈은 중국적인 것, 즉 중국성을 끊임없이 재발견하고 재구축하는 가운데 서구 문화와 다른 중국 문화의 길을 모색하는 문화 보수주의 흐름을 추동할 것이다. 중국 관변 차원에서도 그렇고, 중국 지식인 사회 차원에서도 그렇다.

둘째, 이러한 지적 흐름이, 중국 근대성의 중요한 구성 부분인 〈중국 대 서구〉라는 이분법을 토대로 한 서구 비판과 2000년대 이후 고조되고 있는 중국 민족 부흥 열기 및 민족적 자부심의 회복 분위기, 그리고 민족주의 정서 등이 결합되어 대두하고 있기 때문이다. 반서구 전통주의 차원의 '중국' 재발견이라는 지적 흐름이 대두하는 배경이 중국 근현대사의 역사 경험과 밀접하게 연관되어 있는 것이다. 과거에 중국이 서구의 침략으로 겪었던 '한 세기 동안의 굴욕'(the humiliation of century)의 역사적 경험, 그리고 최근 중국 민족 부흥 시대를 맞으면서 이른바 '중국의 길'을 새롭게 모색하는 역사적, 시대적 배경과 깊은 연관을 가지고 있기 때문에 이러한 지적 흐름이 상당 정도 지속될 수 있다는 것이다.

셋째는 이러한 지적 흐름이 지식인 사회의 담론 차원을 넘어 중국 정부는 물론이거니와 대중적 지지를 받고 있다는 점이다. 물론 정치유교를 주장하는 장칭 같은 경우 마르크스주의조차 서구의 것으로 보는 가운데 비판하고 있다는 점에서 중국공산당과 충돌하는 부분이 있지

2 「邁向社會主義文化强國的偉大進軍」, 『人民日報』社論, 2011年 10月 19日.

만, 중국공산당 역시 전통문화 부활에 적극적으로 나서고 있고 전통문화 계승에서 자신의 새로운 정체성을 찾는가 하면, 최근 들어 전통 가치와 사회주의 가치를 결합하여 이른바 '사회주의 핵심 가치'를 구성하는 등 지식인 사회의 이런 흐름과 나란히 가고 있다. 그런가 하면 대중문화의 흐름으로 볼 때, 위단(于丹) 현상[3]이나 이중텐(易中天) 현상[4]이 말해 주듯이 『논어』를 비롯하여 전통 사상 관련 책들이 베스트셀러가 되고 전통 경전을 배우는 독경학교(讀經學校)가 유행하는 사회 분위기 역시 중국 지식인 사회의 반서구 전통주의 흐름에 지속적으로 동력을 공급할 수 있다.

넷째는 중국 근현대 지성사의 흐름에서 볼 때 반서구 전통주의가 오랜 지적 계보를 가지고 있다는 점 때문이다. 반서구를 서구 근대와 서구 근대성에 대한 비판적 인식이라는 차원까지 망라하여 이해할 경우, 이러한 지적 흐름은 멀리는 루쉰(魯迅)이나 짱타이옌(章太炎)으로까지 소급할 수 있고, 반서구와 전통주의의 결합이라는 차원만 하더라도 궈모루어(郭沫若)나 량수밍(梁漱溟)까지 소급할 수 있는 오랜 지적 계보를 가지고 있는 것이다. 현대 중국 지성사에서 이러한 흐름이 지속적으로 소장(消長)하였다는 점, 그리고 전통과 사회주의 가치의 결합을 강조하는 후진타오 정부 이후 이러한 지적 흐름을 뒷받침할 수 있는 정치적, 경제적 조건이 구비되었다는 점에서, 이런 지적 흐름이 상당 정도 지속될 가능성이 있는 것이다.

---

3 CCTV 「百家講壇」이란 프로에서 논어를 강의한 책이 『논어심득(論語心得)』으로 출간되면서 베스트셀러가 되었다.

4 CCTV 「百家講壇」이란 프로에서 『삼국지』 강의 등으로 유명해졌다.

이처럼 G2시대 중국 지식인 사회에서 '중국' 재발견이라는 흐름이 상당 정도 지속되거나 더욱 강화될 수 있으며, 이런 흐름이 단순히 지식 담론의 차원만이 아니라 중국의 미래 진로와도 관련을 맺고 있다고 할 때 한국의 중국학계, 특히 인문 지역학 차원의 중국학계는 이러한 흐름을 예민하게 주시할 필요가 있다. 이러한 흐름이 중국 지식인 사회를 이해하는 데 핵심적일 뿐만 아니라 중국의 현재와 미래를 이해하는 데도 핵심적인 조류이기 때문이다. 그렇다면 이런 중국 지식인 사회의 흐름을 한국은 어떻게 해석하고, 이를 어떻게 보아야 하는가?

사실, 앞에서 살펴보았듯이, '중국' 재발견의 흐름이라고 해도 여러 가지 다양한 지적 경향을 지니고 있기 때문에 한국 인문 중국학이 어떤 입장에서 어떤 부분에 착목하고, 어떤 논의를 한국 입장에서 의제로 설정하느냐가 중요하다. 어떤 지적 논의를 주목하고 한국적 입장에서 어떤 지적 담론을 한국 인문 중국학의 의제로 설정하느냐에 따라 대응이 판이하게, 심지어 극단적으로 달라질 수 있다. 예를 들어, '중국' 재발견 흐름 가운데 자오팅양의 천하론이나 이른바 포스트주의 그룹의 포스트 담론을 바탕으로 한 중화성 구축 주장에 주목하여 이를 한국 지적 담론 차원에서 의제로 삼는 경우와 유교의 부흥을 주장하는 정치유교와 문화유교 주장에 주목하는 경우, 그리고 왕후이 등의 신좌파에 주목하는 경우, 한국 인문 중국학의 대응은 서로 큰 차이를 보일 수밖에 없다.

먼저, 문화 민족주의나 문화 보수주의 차원을 중심으로 보는 경우다. 이는 포스트주의자와 신유교파의 주장에 주로 주목하는 입장이다. 중국 지식인 사회의 중국 재발견 조류는 서구 근대에 대한 비판적 인식을 바탕으로 전통 가치와 중국 역사 경험을 재발견하고 있는데, 이는 근본적으로 2000년대 이후 중국에서 대두하고 있는 중국 문화보수주의, 문화 민족주의 담론이라고 보는 것이다. 상칭 등의 유교 부활 운동을 문화 보수주의라는 흐름에서 정리하면서 이들의 유교 부활 운동에 대해 "현대적 민주주의 원리에 역행한다는 점에서 너무나도 전현대적 사고방식을 고집하고 있다"[5]고 비판하는 것이 바로 이런 입장에 서 있다.

그런가 하면 21세기 신 중화질서의 출현이라는 각도에서 이를 주목할 수도 있을 것이다. 이 경우, 자오팅양의 천하체계론에 주목하면서 이를 신판 중화 제국 담론으로 해석한다든가, 판웨이가 국민경제, 민본정치, 사직체제로 구성되는 당대중화체제를 주장한 것, 그리고 깐양의 통삼통론 등에 주목하는 경우가 여기에 해당할 것이고, 경우에 따라서는 포스트주의 학파 지식인들이 서구 근대성을 비판하면서 중화성을 바탕으로 중화문화공동체를 주장하는 것도 포함시킬 수 있을 것이다. 강진아의 지적대로, 중국 지식인 사회의 이러한 경향에 가장 민감한 반응을 보이는 것이 바로 한국 학계인데, 이런 흐름을 "중국의 전근대적 제국전통, 제국적 성격이 오늘날 화려하게 부활하고 있다고 보고 이를 팽창주의적이고 위협적인 것으로 파악"하는 것이다.[6] 이러한 비판적 시각은 2000년대 이후 중국의 부상을 두고 우려가 늘어나는

---

5 원영호, 「현대 중국의 유학연구 동향과 전망-유교부흥운동과 문화보수주의를 중심으로」, 『동양사회사상』 제25집(2012), 146면.

6 강진아, 「역사적 관점에서 본 중국의 개혁개방」, 세교연구소 공개 심포지움, 『중국 사회주의 변화를 어떻게 볼 것인가?』 자료집(2013년 11월 15일), 32면.

한국 사회의 흐름과 맞물려 있다. 조영남에 따르면, 중국이 부상하면서 2000년대 중반 이후 한국에 중국의 부상을 걱정하고 비판하는 목소리가 등장하고 있고, 국제질서 차원, 자유주의 이념의 차원, 역사적 경험의 차원에서 중국 위협론이 나오고 있다.[7] 자오팅양과 판웨이, 깐양의 주장을 중화 제국 담론의 부활로 보는 견해는 제국 담론을 팽창주의적인 것으로 보고, 역사적 경험에 근거하여 중국 주도의 조공 체제 등이 다시 등장할 것을 우려하는 견해다.[8] 즉 동아시아에 중국이 주도하는 '신 중화질서'가 도래할 수도 있다는 가정이 깔려 있다고 하겠다.

그런가 하면 중국 지식인 사회의 '중국' 재발견의 흐름에서 문화 보수주의나 신 중화주의에 주목하여 보는 입장은 대개 G2시대 중국의 지식인 사회가 국가주의와 민족주의에 경사되어 있다고 판단한다. 중국이 부상하면서 중국 지식인들이 중국 국가 정책에 직접 참여하거나 자신의 정체성을 국가와 민족의 부흥에 두는 국가주의, 민족주의 경향과 관계가 있다고 보는 것이다. 이는 쉬지린이 2000년대 이후 중국 지식인 사회의 국가주의 경향 속에서 중국 문화와 중국 전통 등 중국을 발견하는 역사주의와 반서구 경향이 대두하고 있다고 본 점[9]과 맥락을 같이한다.

한국 인문 중국학계에서 중국 전통 가치나 중국의 역사 경험을 재발견하는 흐름에 대해서는 거의가 문화 보수주의나 문화 민족주의, 그

7 조영남, 『용과 함께 춤을 추자』(민음사, 2012), 28면.

8 甘陽과 趙汀陽 등의 제국 담론에 대한 비판으로는, 백영서, 「중화제국론의 동아시아적 의미: 비판적 중국연구의 모색」, 『핵심현장에서 동아시아를 다시 묻다』(창비, 2013), 284~313면 참조.

9 許紀霖, 『啓蒙如何起死回生』(北京大學出版社, 2011), 380면.

리고 중국공산당의 통치를 정당화 하는 국가주의 논리라는 차원에서 부정적으로 보는 시각이 대부분이지만, 왕후이를 중심으로 한 신좌파에 대해서는 긍정적, 부정적 판단이 교차하고 있다. 긍정적 시각의 경우, 대안적 근대 모색 차원에서 왕후이가 중국 근대성의 특징이라고 한 '반현대성적 현대성' 주장이나 신좌파 지식인인 추이쯔위앤이 직접 정책에 참여한 충칭모델을 긍정적으로 평가한다.[10] 하지만 부정적인 시각의 경우, 신좌파 역시 중국의 부상과 더불어 국가주의 논리를 펴고 있고, 그들 역시 관변 지식인, 국가주의 지식인이라고 보고 비판적으로 평가한다.[11]

G2시대 중국 지식인 사회에서 대두하고 있는 '중국' 재발견 흐름에 대해서 한국 지식인 사회에서 문화 보수주의나 신 중화주의, 그리고 대안적 근대 추구, 그리고 국가주의 등의 차원에서 이를 긍정적 혹은 부정적으로 평가하는 것은 충분히 그 근거를 가지고 있고 의미도 있다. 그러나 중국 지식 담론의 특정 주장에만 주목하여 특정한 시각에 따라 그것을 과잉 의제로 삼는 경향도 있다. 예컨대 신 중화질서의 대두와 연결시켜 해석하는 입장의 경우, 중국 지식인들의 논의 가운데 제국 담론을 동아시아의 역사 경험과 연결시켜 해석함으로써 동아시아에서 신 중화질서가 다시 도래할 가능성을 암시하게 되고, 이는 한국에서 새로운 중국 위협론으로 작용할 소지가 있다. 역사적 경험

10 이에 대해서는 성근제, 「왕후이는 타락하였는가?」, 『동아시아브리프』 제6권 제4호(2011. 11. 1), 114면 참조.

11 백승욱, 「중국 지식인은 '중국 굴기'를 어떻게 말하는가」, 『황해문화』 2011년 가을호, 303면 참조.

과 지금의 제국 담론을 연결시킴으로써 중국은 원래 패권주의, 중화주의 전통을 가지고 있다는 역사적 기억을 확산시키는 가운데 한국이 다시 중국의 속국이 되거나 조공체제로 편입될 수 있다는 불안감이 유행할 수 있는 것이다. 이는 본질주의 차원에서 중국을 이해하는 흐름을 확대시킬 수 있고, 신 중화질서가 현재 동아시아에서 구현될 수 있는지, 그것이 현실화될 가능성이 있거나 현실에서 실현되고 있는지 등에 대한 면밀한 검토를 결여한 상태에서 21세기판 중국 위협론으로 작동할 수 있는 것이다. 이러한 차원의 중국 위협론은, 조영남의 지적대로, 전통 시대의 경험을 곧바로 현재의 상황에 무리하게 적용하는 것이자, "현재와 같은 중층적인 영역에서 복합적인 주체들이 활동하는 동아시아 지역 질서"에서 '신 중화질서'가 만들어지기 어렵다는 점을 소홀히 여기는 문제가 있다.[12]

그런가 하면, '중국' 재발견의 흐름을 두고 신좌파에 대한 평가의 경우처럼 대안적 근대라는 차원에서 긍정적으로 보는 입장 역시 서구 자본주의 비판이라는 차원에 과도하게 의미를 부여하면서, 이런 지적 흐름이 중국에서 중국공산당의 존재와 역할에 과도한 의미를 부여한 가운데 중국 정부와 중국공산당의 체제 이데올로기와 만날 수 있는 측면에 대한 비판적 인식이 부족한 한계가 있다. 예를 들어 신좌파의 서구 근대 체제 비판, 특히 미국 중심의 서구 근대 비판의 의미를 크게 평가한 나머지, 신좌파 지식인인 왕후이가 조공체제를 상호인정과 상호존중의 평등한 관계가 포함되어 있다고 보는 입장[13]에 대해 정당

12 조영남, 『용과 함께 춤을 추자』(민음사, 2012), 128~129면.

13 왕후이, 『아시아는 세계다』(글항아리, 2012), 312면 참조.

한 비판적 자세를 취하지 못하는 경우가 그러하다. 미국 중심의 서구 근대 제국주의 정치질서, 미국 주도의 동아시아 질서에 대한 비판이라는 측면에 과잉 경도된 나머지 미국 중심의 동아시아 질서의 해체가 중국 중심의 동아시아 질서 복원으로 연결될 가능성과 그 문제점에 대한 비판의식이 약한 것이다. 이는 중국 재발견이라는 지적 흐름 속의 서구 근대 비판담론에 과도한 의미를 부여한 데서 발생하는 문제점이다. 중국 지식인 사회의 논의에 단순히 문화 보수주의와 민족주의, 국가주의, 혹은 신 중화주의, 혹은 근대 극복 담론으로 귀결시킬 수 없는 부분이 있고, 그런 차원의 한국 지식인 사회의 해석에 일부 문제의 소지가 있다고 할 때, 한국 인문 중국학의 입장에서 이러한 흐름을 분석하고 평가하는 학문적 태도를 되돌아 볼 필요가 있다고 본다.

위에서 살펴 본 대로 한국 인문 연구자가 처한 특정 입장에 따라 중국 지식인 사회의 주장 가운데 특정 부분에 주로 과도한 의미를 부여하고 그것을 의제로 삼는 문제를 극복하기 위해서는 좀 더 종합적이고 체계적인 차원에서 이를 분석하고 평가할 이론체계가 필요하다고 본다. 중국 지식인 사회의 논의를 두고서 그러한 주장이 친중국 정부, 친중국공산당 주장인지의 여부나 중화주의 부활을 꿈꾸는지 그 여부만을 감별하는 차원에 머무는 것에서 벗어나야 한다. 이처럼 중국 지식인의 논의 가운데 연구자가, 혹은 한국 지식인 사회가 보고 싶거나 보고 싶지 않은 부분만 의제화 하는 문제를 극복하기 위해서는 보다 종합적인 이론틀과 시각으로 중국 지식인 사회의 흐름을 조망할 필요가 있다.

2. 비판적 중국학과 근대 이중과제론

G2시대 중국을 보는 한국의 시각과 관련하여 백영서는 충칭모델이 대두한 이후 충칭모델을 보는 한국과 해외의 시각을 비판적으로 언급하면서 충칭모델을 적극적으로 소개하는 해외 인사들의 경우, "'알고 싶은 것'이 주도한 나머지 그 실상과 거리가 멀어져 버린 것은 아닐까"[14]라고 우려를 표하였다. 그런데 백영서의 이러한 비판적 지적은 충칭모델을 보는 시선에만 국한되지 않는다고 본다. 중국 부상 이후 신중화질서가 동아시아에 실현될 수 있다고 보는 시각까지를 포함하여 G2시대 중국 지식인 사회의 중국 재발견 흐름을 보는 한국의 시각 전반에 해당하는 지적일 수 있다. 중국의 지적 흐름은 물론 중국이 앞으로 이러이러한 길을 갈 것이라는 진단에는 학문적 차원과 더불어 한국 현실에 대한 각자의 이해를 토대로 한 희망 혹은 우려가 함께 포함되어 있는 것이다. 이런 사정을 극복하기 위해서는 필자는 중국 부상 이후 중국 지식인 사회에서 대두하고 있는 중국 발견이라는 지적 담론을 좀 더 종합적이고 장기적이되, 한국과 중국에 공동으로 적용 가능하고, 두 나라 지식인 담론과 사회에 공동으로 개입할 수 있는 사유체계 혹은 이론 체계가 필요하다고 본다.

이런 문제의식에서 보면 한국 중국학계에서 백영서, 이남주가 제기하고 있는 비판적 중국학의 재구성[15] 주장은 G2시대 한국 중국학 연

14 백영서, 「중국, 아는 만큼 보고 있는가」, 『서남통신』 2012.4.25.

15 그것이 재구성인 이유는 과거 냉전 시대 한국의 비판적 중국학의 전통을 비판적으로 계승하자는 문제의식 때문이다.

구의 방향성은 물론이거니와 중국을 보는 우리의 주체적 시각의 확보, 그리고 중국을 보는 우리의 시각이 어떻게 궁극적으로 우리 사회를 보는 시각으로 환류(還流)할 것인지 등과 관련하여 의미 있는 제안이다. 이남주[16]는 우선 지금의 중국 현실이 위기에 직면한 자본주의 세계체제의 돌파구를 제공하고 대안적 세계질서를 낳을 가능성도 있지만, 그것이 지금 중국의 현실에서 현실화되고 있는 것은 아니라고 본다. 그것이 현실화 되고 있다고 주장하는 것은 희망적 사고이다. 그는 백영서의 표현을 빌려 와서 이를 '알고 싶은 것'에 주도되는 중국 이해라고 규정한다. 그에 따르면, 이처럼 '알고 싶은 것'에 주도되는 중국 이해는 중국 현실과 멀어질 가능성이 높다고 본다. 이러한 중국 이해는 정치적 부패 문제라든가 중국이 자본주의 발전방식의 하위유형에 불과할 수도 있다는 가능성을 소홀하게 보며, 중국공산당에 대한 비판적 거리를 유지할 수 없다. 이는 곧 "지구적 차원의 자본주의 세계체제에 대한 비판적 의식이 중국의 현실 앞에서는 정지되는 것을 의미"한다. 이남주는 이러한 중국 이해는 비판적 중국 연구와는 거리가 멀다고 본다. 이남주가 제기하는 비판적 중국학은 중국이 자본주의 세계체제에 돌파구를 마련할 가능성이 있기는 하지만 그렇다고 그것이 현실 속에서 현실로 나타나고 있지는 않다는 판단에 기초한다. 이런 중국의 현실을 감안할 때 세계 체제 극복과 대안적 세계 질서에 대한 한국 중국 연구자의 '희망'을 그대로 중국 해석에 개입시키지 말고, 중국에 대한 비판적 거리를 찾아야 한다고 보는 것이다. 이를 그는 "비판적 중국연구는

16 이남주, 「중국의 변화를 어떻게 볼 것인가」, 『창작과비평』 157호(2012년 가을호), 180~197면.

중국 내에서 서구식 근대성의 현상적인 대항물을 찾아내고 이를 대안적 길로 승인하는 것이 아니라, 지구화에 내재하는 근대성에 대한 성찰과 함께 중국공산당에 대해서도 비판적 거리를 유지하는 이중적 비판의 과제를 감당해야 한다"[17]고 요약한다.

그런가 하면 백영서의 비판적 중국 연구 제안은 현재 중국을 어떻게 볼 것인지의 문제만이 아니라 중국학을 어떻게 할 것인가는 학문적 방법론까지를 망라하고 있다. 그의 비판적 중국학은 첫째, 분과 횡단적 연구 지향, 둘째, 연구대상을 고전중국과 현실중국으로 분리하는 이분법 극복, 셋째, 당대의 중국 현실과 주류적 사유체계와 비판적 거리를 유지하는 동시에 중국 연구를 통한 각 사회에 대한 인식의 재구성, 넷째, 중국 중심주의의 해체로 구성된다.[18] 특히 그는 중국과 한국의 주체 간에 서로를 비추는 거울의 관계, 즉 공동 주관성의 관계를 강조하는데, 여기서 공동 주관성은 중국에 관한 연구에 종사하면서도 문제의식을 시종 한국의 사상 자원에 뿌리내리고 한국 사상 탐색에도 기여하는 자세일 뿐만 아니라 "중국 현실에 대해 비판적 자세를 취하는" 일이자 "중국을 우리가 살고 있는 사회현실을 비판적으로 인식하는 방법으로 삼는 자세"[19]이기도 하다.

백영서, 이남주의 비판적 중국학 제안에 대해서 강진아는 두 사람의 중국에 대한 평가가 애매하거나 유예적이라고 지적한다. 이남주의

17 위의 글, 191면.

18 백영서, 「중국학의 궤적과 비판적 중국 연구 : 한국의 사례」, 『대동문화연구』 제80집(2012년 12월), 563~602면 및 백영서, 『핵심현장에서 동아시아를 다시 묻다』(창비, 2013), 359면 참조.

19 백영서, 위의 논문, 594면.

경우, 중국에 대한 평가가 흔들리고 있고, "중국의 부상이 세계체제 내지 세계 자본주의의 위기를 가중시키고 있는지 아니면 새로운 대안을 만들어 가고 있는지 애매하기만 하다"고 본다. 그런가 하면, 백영서의 경우, 6, 70년대 새로운 모델로서의 중국의 길을 21세기에 비판적으로 복원할 가능성을 조심스레 제시하면서도 "중국공산당의 지배성격이나 개발의 생태 파괴적, 자본주의적 성격 때문에 선뜻 중국의 길에 지지를 표명하거나 낙관을 표하지도 못하는 것처럼 보인다"는 것이다.[20] 그런데 비판적 중국학을 제기하는 백영서와 이남주가 중국 해석과 중국 현실에 대한 판단에서 유예적이거나 애매한 태도를 보인다고 할 때, 그와 같은 유예적이거나 애매한 태도는 어느 한쪽 시각으로 쉽게 평가하거나 그 미래를 쉽게 예단할 수 없는 지금 중국 현실의 복합성 탓이 크다고 본다. 각도를 바꾸어 달리 생각해 보면, 그런 애매하고 유예적인 판단과 입장이 오히려 중국 현실에 대한 균형 잡힌 시각의 소산이라는 차원에서 긍정적으로 볼 수도 있다. 중국의 현실을 해석하고 미래를 전망하면서 기존 근대 모델의 추수와 기존 근대 모델의 극복 중 어느 하나로 쉽게 단정하여 해석하는 데서 벗어나 있기 때문이다.

그런데 필자는 백영서와 이남주가 제기하는 비판적 중국학이 한국과 중국에 이중으로 개입하는 공동 주관성을 바탕으로 한다고 할 때, 그렇게 이중으로 개입하는 지적 판단의 기준이 될 이론체계가 필요하다고 본다. 물론 백영서는 이와 관련하여 비판적 중국학과 복합국가론

20 강진아, 「역사적 관점에서 본 중국의 개혁개방」, 세교연구소 공개 심포지움, 『중국 사회주의 변화를 어떻게 볼 것인가?』 자료집(2013년 11월 15일), 26~27면.

을 연결시키고 있다.[21] 그가 제기하는 복합국가론은 한반도 문제의 해결뿐만 아니라 중국이 복합국가로 가는 것을 상정하고 있다는 점에서 세계체제 변혁과 연결되어 있고, 따라서 단순한 중국 해석 담론에 그치는 것이 아니라 세계체제 변혁 전망까지를 내포하고 있다. 하지만 필자는 복합국가론 역시 세계체제 변혁을 전제하는 만큼, 근대 세계질서를 변혁한다는 차원에서 보자면 한국과 중국의 미래를 해석하고 판단하는 데 지적 기준 역할을 할 수 있는 보다 추상 수준이 높은 상위의 이론체계가 필요하다고 본다. 필자는 이와 관련하여 백낙청이 한국사회의 이중과제론으로 제시하는 '근대 적응과 근대 극복의 이중과제'(the double project of adapting to and overcoming modernity)론을 비판적 중국학과 결합시킬 것을 제안한다.

백낙청의 근대 적응과 근대 극복의 이중과제론은 한국 근현대사와 한국의 현실에 기초하여 한국과 한반도 사회를 해석하고 변혁하기 위한 이론체계이자 한국과 한반도의 변혁이 세계체제의 변혁의 일환이라는 시각을 토대로 제출된 것이다. 따라서 이 이론체계가 한국과 중국의 현실에 공동으로 개입하는 비판적 중국 연구를 위한 이론체계로서도 유효할지에 대해서는 논란이 있을 수 있다. 사회주의 혁명까지 경험한 중국의 역사 경험이 한국과 다를 뿐더러 현재의 정치체제와 경제체제 등도 서로 다르기 때문이다. 하지만 중국은 한국 근현대의 경험과 지금 현실 등의 측면을 볼 때 아래와 같은 점에서 유사점을 가지

21 백영서, 「중국학의 궤적과 비판적 중국 연구: 한국의 사례」, 『대동문화연구』 제80집(2012년 12월), 563~602면 및 백영서, 『핵심현장에서 동아시아를 다시 묻다』(창비, 2013), 312면 참조.

고 있는 것도 사실이다. 첫째, 근대에 강제로 자본주의 세계에 편입한 한국과 마찬가지로 중국 역시 아편전쟁(1840) 시기를 전후하여 그러했다는 점, 둘째, 근대가 시작된 이후 근대의 가치를 제대로 성취하지 못하였고 지금도 근대 추구 혹은 근대 적응이 여전히 필요하다는 점, 셋째, 백낙청의 지적대로, "마오쩌둥의 거대한 반체제적 노력조차도 개발주의 특성을 드러"[22]냈고 이는 최근에도 이어지고 있다는 점, 넷째, 중국 역시 한국과 마찬가지로 근대와 근대성이 피할 수 없는 현실이 되어 버렸고, 이런 상황에서 근대에 대한 적응이나 추구를 도외시한 채 근대 극복 혹은 대안적 근대를 모색하는 것은 공허할 수 있다는 점, 다섯째, 중국의 근대가 자발적 근대를 달성하지 못하고 유럽 중심주의 및 식민성과 더불어 출발하였기 때문에[23] 근대를 추구할 때 근대 극복을 동시에 지향해야 하며, 더구나 중국에는 근대 극복을 위한 역사적, 사상적 경험이 폭넓게 존재하고, 그러한 노력이 중국 지식인 사회 일부에서 여전히 진행되고 있다는 점 등이다.

그렇다면, 근대 적응과 근대 극복의 이중과제론은 G2시대 중국을 보고 해석하는 데 어떤 장점이 있는가? 첫째, 오늘의 중국을 보는 단편적 입장에서 벗어날 수 있다. 중국이 결국은 서구 자본주의 세계체제로 수렴될 수밖에 없으며, 그렇지 않을 경우 위기에 직면할 것이라는 차원에서만 중국을 보거나, 이와 반대로 중국이 궁극적으로 서구

22 백낙청, 「한반도에서의 식민성 문제와 근대 한국의 이중과제」, 이남주 편, 앞의 책, 33면.

23 동아시아 근대의 유럽중심주의, 그리고 그것의 절정으로서의 미국주의(Americanism)와 식민주의에 대해서는 백낙청, 앞의 글, 30~35면 참조.

근대 극복의 길을 갈 것이고, 그것이 현실화 되고 있다는 차원에만 주목하는 단편적 입장에서 벗어날 수 있다. 근대 적응과 근대 극복이라는 이중의 과제 차원에서 오늘의 중국을 볼 경우, 어느 한 시각에서만 중국을 해석하는 '보고 싶은 것' '희망하는 것'만 보고, 자신의 바람과 기대에 따라 중국 현실과 중국 지식인 사회의 논의를 의제로 삼는 문제가 극복될 수 있다. 예컨대 중국 지식인 사회의 양대 분파라고 할 수 있는 자유주의와 신좌파 지식인들의 주장을 좀 더 균형 있게 볼 수 있는 시각이 확보된다.

둘째, 한국과 중국 두 나라를 변혁하는 과정과 세계를 변혁하는 길에서 한중 공동의 과제와 지향점이 마련되고, 이를 통해 한중 지식인 사이의 지적 연대가 가능해진다. 한국과 중국을 변혁하는 차원만이 아니라 동아시아발 대안체제를 함께 고민하는 사상의 연대가 가능해질 수 있는 것이다. 중국의 문제를 중국만의 고유한 문제로 보지 않고 제국주의 침략과 뒤늦은 근대화 속에서 근현대사를 전개하는 동아시아 보편의 문제로 보는 가운데, 두 나라를 상호 거울로 삼아 동아시아 근대 과제를 공동으로 해결하는 지적 연대가 가능해질 수 있는 것이다.

셋째, 한국과 중국을 하나의 이론체계 속에서 해석하고 비판함으로서, 한국과 중국에 공동으로 개입하고 공동으로 비판하는 시야를 확보할 수 있다. 한국과 중국을 서로 방법으로 삼는 지렛대로서 근대의 이중과제론이 유용하게 역할을 할 수 있다는 것이다. 중국 비판이 한국 현실과 접목되지 못하거나 중국 비판이 한국 사회에 대한 이해와 결합하지 못하는 현상, 중국을 겨냥하여 한국에서 발신하는 진보 차원

의 중국 비판이 한국에서는 보수적인 효과를 낳는 경우를 줄일 수 있다.[24]

넷째, 근대 이중 과세론 차원에서 재평가를 거친 중국 사상계의 흐름의 경우 한국 변혁 운동에 자극을 주고 사상적 자원을 공급해 줄 수 있을 것이다. 근대 극복 담론이 거의 실종된 지금 한국 지식인 사회의 사정을 감안하면 더더욱 그러하다. 사실 중국은 서구와 다른 근대의 길을 갈 때만이 아니라 서구 근대 패턴에 따른 발전의 길을 간다고 하더라도 한국에게 비판적 사유를 자극하는 계기가 될 수 있다. 서구 근대 패턴을 따라 갈 경우에도, 심각한 환경 문제와 자원문제, 세계 경제의 불균형을 야기하면서 어찌 보면 자본주의 발전 패턴 자체에 대한 도전이 될 것이기 때문이다. 최근 중국의 스모그 문제가 한국의 문제가 되듯이 중국이 서구와 같은 발전 패턴을 따른다고 하더라도 그것은 한국에게 근대 발전 패턴을 성찰하는 계기로 작용할 수 있다. 중국의 길을 전망하고 해석하는 일이 비단 중국학의 차원에만 국한되는 것이 아니라 근대 이중의 과제 차원에서 한국 지식인 사회가 근대 적응과 근대 극복을 다시 성찰하는 — 현재 한국 지식인 사회에서는 이러한 사상적 의제 자체를 철지난 것으로 치부하는 경향이 있지만 — 비판적 사유의 자극제가 될 수 있는 것이다.

그런데 G2시대 중국 지식인 사회의 중국 재발견이라는 지적 경향을 해석할 때 근대 적응과 근대 극복의 이중과제론이라는 이론체계로

24 예를 들어 중국 지식인 사회의 문화 보수주의나 제국 담론을 비판하는 일이 한국에서 중국 위협론을 확장시키고 한국 민족주의를 강화하는 역할을 한다거나 중국을 대표하는 비판적 지식인인 첸리췬의 마오쩌둥 시대 비판이 한국에서 반공적 냉전의식과 자유주의를 강화하는 데로 귀결될 가능성 등이 그러하다.

중국의 이러한 지적 경향을 판단할 경우, 기존 국내 중국학계의 해석과 어떤 다른 점이 있고, 어떤 미덕이 있는가?

첫째, 무엇보다 중국 재발견 흐름의 다양한 지적 경향을 근대 적응과 근대 극복이라는 이중과제 차원에서 판단할 경우, 여러 이론들의 차이가 선명해지고 그 주장의 문제점이 분명하게 드러나게 되는 미덕이 있다. 근대 이중과제 차원에서 보자면 G2시대 중국 지식인 사회의 지적 경향을 세 그룹으로 나눌 수 있을 것이다. 서구 근대성의 추구로 인해 중국 근현대역사가 식민화되고 타자화 되었다고 보고 중화성 구축을 주장하는 포스트주의 학파와 쟝칭의 정치유교론, 천밍의 문화유교 주장이 근대에 대한 일방적 부정이라는 차원에서 한 그룹으로 묶일 수 있다. 이들은 중국 근대를 오직 서구라는 타자에 식민화된 것으로 보는 가운데 중화성을 기반으로 한 중국 중심주의를 구축하려 한다는 문제점을 지니고 있다. 이들은 중화성을 중국이 식민성에서 벗어나 자아를 찾는 탈식민화의 과정이자 근대 극복의 과정으로 보고 있지만, 기실 이들의 주장은 반서구 근대주의 담론이자 중국 중심주의 담론이다.

그리고 판웨이의 중국모델론이나 깐양의 통삼통 주장이 다른 한 그룹으로 묶일 수 있다. 이들은 근대 극복을 현재 사회주의 체제와 일치시킨 가운데 서구 근대 체제와 현 중국공산당, 중국 정부의 정책 사이의 연결을 보지 못한다는 점, 근대 극복을 '중국 특색 사회주의'와 동일시 한다는 점, 근대 민주주의를 다수결제도와 정당 정치차원에서만 편협하게 보면서 근대를 타기해야 할 낡은 것으로 보거나 서구 중심주의나 서구 패권주의의 산물로만 보는 가운데 근대가 지닌 보편성과 합리성을 보지 못하는 점이 한계다.

또 다른 그룹은 왕후이를 비롯한 신좌파 그룹이다. 왕후이가 중국 근대성의 특징이자 마오쩌둥 사회주의의 특징으로 들고 있는 '반현대성적 현대성'론은 중국 지식인 사회의 논의 가운데 근대 이중과제론의 문제의식에 근접한 것이 사실이다. 근대를 보는 관점에서 볼 때 그렇다. 하지만 근대 극복, 그의 표현에 따르면 대안적 근대에 상대적으로 큰 비중이 놓이면서 중국 사회의 근대 적응에 대한 문제의식이 부족하다. 근대 적응에 대한 지적, 실천적 관심은 부족하고 근대 비판에 대한 지적, 실천적 관심은 넘치는 점이 한계다. 근대의 가치가 중국 사회를 어떻게 긍정적으로 변화시켰는지에 대한 검토가 부족한 것이다.

둘째, 중국 재발견 경향을 문화 보수주의나 신 중화주의로 보는 한국의 주류 입장을 다시 재검토해 볼 수 있는 장점이 있다. G2시대 중국 지식인 사회의 지적 경향에 대한 한국 인문 중국학계의 기존 연구는 주로 문화 보수주의와 신 중화주의의 부활이라는 차원에서 이를 비판했다. 이런 비판은 물론 옳고 의미 있다. 하지만 그럼에도 불구하고 이것이 한국 지식인 사회에 소개되고 유통되면서 한국에서 한국판 중국 위협론을 강화하거나 한국 민족주의의 압력을 높이는 방향으로 작용할 수 있다. 그런데 만약 근대 이중과제론 차원에서 중국의 이러한 지적 논의에 개입할 경우, 그러한 중국의 논의에 대한 한국의 대응이 민족주의 강화론이나 획일적인 중국 위협론 차원으로 흐르는 것을 방지할 수 있다.

셋째, 근대 이중과제 차원에서 최근 중국 지식인 사회의 논의를 검토하면, 중국 지식인 사회의 중국 재발견 논의는 결국 근대 극복이나 대안적 근대 추구 차원에서 함량 미달이라는 점이 분명해진다. 중국 근현대는 서구 중심주의 혹은 미국 중심주의라는 근대 질서를 해체하고 그것에 대한 대안으로 중국 중심주의를 구축하려는 지적 경향이 강한데, 이는 오리엔탈리즘의 덫에 자발적으로 걸려드는 것이자 중국판 전도된 오리엔탈리즘(Orientalism) 또는 오리엔탈리즘을 뒤집은 옥시덴탈리즘(Occidentalism)이다.[25] 결코 대안적 근대 담론이거나 근대 극복 담론일 수 없고, 오히려 근대 틀은 그대로인 채 미국 중심을 중심으로만 바꾼 근대주의이다. 포스트주의자들이 특히 그러하다.

넷째, 이들 주장에서 서구 근대 비판이 갖는 긍정적 의미를 다시 생각해 볼 수 있다. 근대 이중과제론 차원에서 G2시대 중국 지식인들의 서구 근대 비판 주장을 평가할 때 위에서 살펴본 대로 많은 문제점들을 지닌 것이 사실이다. 하지만, 다른 한편으로는 서구 근대를 절대적 보편으로 생각하는 주술에서 벗어나는 데 이론적 공헌이 있는 것도 사실이고, 전통의 가치에 대해 다시 사고해 볼 여지를 열어준 것도 사실이다. 서구 근대의 보편 신화를 해체하는 한편, 동아시아 전통의 가치를 다시 보게 하는 데 일정한 공헌이 있는 것이다. 한국도 그렇지만 중국 역시 서구 중심주의 신화가 완강한 현실에서 최근 대두하고 있는 서구 근대에 대한 비판적 인식은, 비록 많은 경우 비판의 과잉과 근대 비판이 근대에 대한 극단적 부정으로 귀결되는 문제점을 지니고 있다. 하지만, 그럼에도 불구하고 그동안 자명하게 전제해 왔던 서구 근

25 이는 백낙청이 민족문학 건설 과정에서 서구문학의 고전적 작품과 근대 세계체제의 '중심'이 낳은 여타 문화적 산물에 대해 우상파괴적 태도를 취하는 것을 비판하는 관점을 인용한 것이다. 백낙청, 「한반도에서의 식민성 문제와 근대 한국의 이중과제」, 이남주 편, 앞의 책, 45면.

대 시스템이 지닌 문제점을 인식하는 시야를 열어준 긍정적 측면이 있다. 또한 전통과 관련해서도 무차별하게 유교를 복원하는 것은 문제이지만, 판웨이가 지적하듯이 자본의 요구만을 대변하거나 형식만 남은 서구 대의제 민주주의를 비판하면서 전통적 민본주의를 강조한다든지, 민의보다 민심(民心)에 기반을 둔 정치, 그리고 당파적 이익을 대변하는 것이 아니라 전체 국민의 이익을 대변하는 중성적인 관료와 정부를 강조하는 주장 등은 충분히 경청할 가치가 있다고 본다. 이것이 비록 이론적 주장에 그치거나 자칫하면 지금 중국 정치시스템을 합리화시키는 논리로 전락할 위험성이 있다고 하더라도 근대 대의제 민주주의 시스템을 포함하여 근대 시스템을 반성적으로 성찰하게 하는 효과는 분명히 있다고 하겠고, 이는 근대 극복을 사고하는 데 도움이 된다고 본다.

다섯째, 근대 이중과제 시각에서 볼 때, 현재 중국 지식인 사회에는 긍정적, 부정적 가능성이 공존한다는 차원에서 이를 새롭게 평가할 수 있다. 중국 지식인 사회의 지적 논의 가운데 특정 부분만을 과잉 해석하면서 과잉 긍정하거나 과잉 부정하는 문제에서 벗어나 긍정적, 부정적 가능성이 공존한다는 차원에서 새롭게 볼 수 있다는 것이다. 그 긍정적 가능성이란, 서구 중심주의의 폐단을 검토하면서 대안적 근대를 창출하기 위해 고민하는 지적 흐름의 경우, 근대의 이중 과제라는 차원에서 앞으로 건강하게 발전한다면 중국만이 아니라 한국에도 유용한 사상적 자산이 될 수 있는 가능성을 지니고 있다. 그 부정적 가능성은 반서구 근대와 전통주의가 결합하면서 근대 적응에도 함량 미달인 채로 중국판 제국화의 길로 나아가면서 현재의 세계체제를 악성 복제하여, 기존의 근대 세계 질서와 하등 차이 없이 미국 중심을 중국으로 대체할 뿐인 중국 중심주의로 귀결될 가능성이다. 필자는 현재 중국 지식인 사회 흐름으로 볼 때 이 두 가지 가능성이 공존하고 있다고 본다. 이 가능성 가운데 어떤 측면이 미래에 실현될지가 중요한데, 이는 중국의 관심사이자 우리의 관심사이기도 하다. 좋은 중국의 존재가 좋은 한국을 만드는 데도 중요하기 때문이다. 물론 그 역도 마찬가지다. 이런 의미에서 보자면 한국 인문 중국학이 근대 적응과 근대 극복이라는 이중과제 차원에서 중국에 적극 개입하는 일과 한국 인문 중국학이 한국 현실에 보다 깊이 뿌리 내리고 한국 사회에 보다 적극 개입하는 일은 둘이 아니라 하나이다. 적어도 근대 적응과 근대 극복이라는 이중과제가 한국 사회의 과제로서 유용하다고 보는 한 그렇다.

6장

루쉰 사상의 전통과 중국 지성의 과제

6장
루쉰 사상의 전통과 중국 지성의 과제

중국에서 사회진화론이 크게 유행한 것은 근대 중국이 직면한 위기 때문이다. 중국 근대 지식인들은 청일전쟁(1894)에서 패하자 아편전쟁(1840~42)에서 서구에 패한 것보다 훨씬 충격을 받았다. 완전히 이질적인 서구 제국에 패한 것보다 같은 문명권으로서 줄곧 중국 문화의 수입국이었던 '소국(小國)' 일본에게 패한 것이 더 충격이었다. 중국이 얼마나 허약하고, 중국이 직면한 위기가 얼마나 심각한지를 절실히 깨닫는 계기가 된 것이다. 청일전쟁에서 패배한 이후 망국멸종(亡國滅種)의 위기감이 중국 지식인들을 사로잡았고, 그런 위기감에 이론적 배경을 제공한 것이 사회진화론이었다. 적자생존과 약육강식, 우승열패(優勝劣敗)라는 사회진화론의 원리를 통해 약자와 패자로서 중국이 직면하고 있는 멸망의 운명을 본 것이다. 중국은 더 이상 세계의 중심이나 적자(適者)가 아니고, 멸망의 운명에 처해 있다는 이론적 해석을, 사회진화론이 제공한 것이다. 사회진화론이 중국 지식인 사회에 충격을 준 계기는 옌푸(嚴復, 1854~1927)가 헉슬리(T. H. Huxley)의 『진화와 윤리(*Evolution and Ethics*)』를 『천연론(天演論)』(1898)이라는 이름으로 번역 출판한 것이었다. 이 책에서 사회진화론이 천리(天理)와 공리(公理) 차원에서 해석되면서 중국인들은 중국이 위기에 직면한 현실을 하나의 천리 차원에서 이해하였고, 그런 만큼 위기의식이 더욱 깊어졌다.

사회진화론이 중국 근대 지식에게 가져다준 이러한 위기의식 속에서 중국 지식인 가운데 사회진화론의 충격에서 예외인 사람이 거의 없었다고 해도 과언이 아니다. 중국 근대 작가 루쉰(魯迅) 역시 그러했다. 루쉰은 자신이 1899년에 『천연론』을 처음 접했을 때의 심정을 이렇게 술회하였다.

> "아아! 세상에 헉슬리처럼 서재에 앉아 이런 생각을 하는 사람도 있구나, 이렇게 참신한 생각을 하는 사람이... 이런 생각을 하면서 단숨에 읽어나갔다."[1]

이후 루쉰은 사회진화론에 심취하였고, 이 책의 중요 구절들을 암송할 정도였다. 루쉰의 사회진화론 수용은 옌푸의 사회진화론에서 출발하였지만 이후 옌푸의 관점과 구분되는 자기만의 고유한 인식을 보여 주게 된다.

루쉰 연구에서는 흔히 루쉰이 초기에 사회진화론 사상에 심취해 있었지만 1927년 이후 마르크스주의로 나아갔다고 말한다. 루쉰이

1 「瑣記」, 『魯迅全集』(人民文學出版社, 1981) 2卷, 295면.

1927년을 전후하여 관념론인 사회진화론을 버리고 마르크스주의자가 되었다는 입장은 취치우바이(瞿秋白)가 「루쉰 잡감문(雜感文) 서문」에서 처음으로 제기한 이후 중국의 루쉰 연구에서 주류의 관점이 되었다. 하지만 이 관점은 루쉰이 사회진화론의 한계에서 벗어나 마르크스주의로 전진했다는 점을 강조하는 틀에 갇혀서, 둘 사이의 관계를 단절로만 해석할 뿐 루쉰의 마르크스주의 사고에 어떻게 초기의 사회진화론적 사고가 스며 있는지에 대해서는, 요컨대 루쉰의 사회진화론과 마르크스주의 사상 사이의 연속성에 대해서는 상대적으로 연구가 소홀하다. 이러한 연구가 주종을 이루는 것은 다음과 같은 이유 때문이라고 본다. 첫째는 루쉰이 관념론인 사회진화론을 '극복'하고 어떻게 마르크스주의로 '사상적 발전'을 이루었는지를 구명하는 데 연구의 초점이 놓여 있기 때문이고, 둘째는 루쉰 사회진화론의 구성을 매우 단순하게 해석하여 미래에 대한 낙관이라는 발전주의 차원에서 주로 구명하기 때문이다. 요컨대, 대부분의 연구가 "나는 줄곧 사회진화론을 믿어 왔고, 그래서 미래가 과거보다 분명 낫고, 청년이 노인보다 낫다고 여겼다"[2]는 루쉰의 언급처럼, 루쉰이 과거보다는 현재가, 현재보다는 미래가 나을 것이라는 미래와 어린 세대에 대한 희망의 차원, 인류의 역사는 발전의 역사라는 차원, 미래에 대한 낙관적 기대라는 차원에서 주로 루쉰 사회진화론의 구조를 해명하여 온 것이다.

물론 그러한 부분도 루쉰 사회진화론의 중요한 구성 부분임에 틀림없다. 그리고 그러한 미래에 대한 낙관과 발전에 대한 신념 차원의

2 「序言」(『三閑集』), 『魯迅全集』(人民文學出版社, 1981) 4卷, 5면, 1932.

루쉰 사회진화론이 1927년 국민당의 반공(反共) 쿠데타로 인한 현실에 대한 절망 때문에 한계에 직면하고, 이때부터 마르크스주의에 대한 관심이 늘어난 것도 사실이다. 하지만 이는 루쉰 사회진화론의 구조를 지나치게 단순하게 본 것이고, 루쉰 사회진화론의 일면만을 본 것이다. 그리고 적어도 이 차원에서라면 루쉰의 사회진화론은 다른 중국 근대 지식인들의 그것과 아무런 차이가 없다.

루쉰의 사회진화론이 다른 중국 근대 지식인들의 사회진화론과, 나아가 동아시아 근대 지식인의 사회진화론과 구별되는 차이는, 그가 발전과 변화, 경쟁, 투쟁, 혁명 등을 진화의 원리로서 제창하면서도 약자에서 강자가 되는 것을 진화의 목적으로 삼기를 거절하면서 진화의 궁극적 목적을 윤리의 진화에 두었다는 점이다. 루쉰은 모든 존재는 진보하고, 진보를 위해서는 혁명이 반드시 필요하다고 보았다.

> 혁명이란 실은 별로 희한한 것이 아니다. 혁명이 있어야 사회를 개혁할 수 있고, 인류가 진보할 수 있다. 인류가 아메바에서 지금과 같은 상태로, 야만에서 문명으로 진보해 온 것은 한순간도 혁명을 중단하지 않았기 때문이다. 어떤 생물학자는 이렇게 말한다. "인류와 원숭이는 큰 차이가 없다. 이 둘은 고종사촌간이다." 그렇다면 인류는 사람이 되었는데, 왜 원숭이는 그냥 그대로 남아 있을까? 이는 원숭이가 끝내 변화를 거부하였기 때문이다.(중략) 그러므로 혁명이란 결단코 희한한 것이 아니다. 오늘날까지 멸망하지 않고 굳게 버티고 살아가고 있는 민족들은 모두가 혁명의 노력을 끊임없이 계속하고 있는 민족이다.[3]

---

3 「革命時代的文學」, 『魯迅全集』(人民文學出版社, 1981) 3卷, 418면, 1927.

루쉰은 이처럼 변화와 혁명을 진화와 발전의 전제로 여기지만 약자와 부적자가 강자와 적자가 되는 것을 진화의 궁극의 목표로 설정하지 않았다. 루쉰의 궁극적 관심은 사회진화론의 패러다임 속에서 약자와 부적자의 위치를 강자와 적자의 위치로 전환시켜 약자에서 강자가 되어 도태의 운명을 벗어나고, 강자의 권리를 누리는 데 있지 않았다. 그가 중국이 약자의 처지에서 벗어나 강자가 되고, 서구 강국과 같은 길을 갈 것을 주장하는 일부 중국 지식인의 주장에 대해서, 그 길은 '짐승 같은 애국(獸性愛國)'의 길이라고 비판한 것은 그러한 그의 사회진화론에서 나온 것이다. 그는 "자국만을 존중하고 다른 나라를 멸시하면서 진화는 우량종만 남긴다는 주장을 거머쥐고 약소국을 침략하여 자신의 욕망을 채우면서, 세계를 섞어 하나로 만들고 이민족을 모두 자기의 신복으로 만들지 않으면 만족하지 않는"[4] 것을 지향하는 인사들을 '짐승 같은 애국지사(獸性愛國志士)'라고 불렀다. 그런가 하면, "자신이 약자이면서도 강국을 숭배하고, 인도나 폴란드 같은 약국의 인민을 능멸하는 인사"들을 '노예근성'이 가득한 인간들이라고 통박하였다.[5]

루쉰은 사회진화론에서 세상이 약자 대 강자, 적자 대 부적자로 구성되어 있다는 인식을 배웠다. 세상이 약자와 강자로 나뉜 가운데 강자와 승자를 정점으로 하여 약자와 패자에 이르는 서열구조로 구성되어 있다는 인식을 심화시켜 준 것이 바로 사회진화론이었다. 이러한 수직적 서열구조에서 루쉰이 관심을 둔 것은 약자와 부적자 등 하층에

4 「破惡性論」, 『魯迅全集』(人民文學出版社, 1981) 8卷, 32면.

5 위와 같음.

처해 있는 이들의 비참한 운명이었다. 루쉰이 볼 때 이런 서열구조의 하층에 위치한 주체는 나라로 보자면 중국과 같은 멸망의 운명에 처한 약국(弱國)이고, 진화론에서는 부적자와 약자이며, 신분제에서는 노예이다. 그런가 하면, 근대 계급사회 차원에서 보면 가장 하층에 위치한 자는 농민과 노동자이고, 유교 전통사회 차원에서는 어린이와 여자이다. 이들은 한결같이 약자이고, 핍박을 당하고 있고, 부적자의 위치에 있다.

그런데 루쉰의 문학과 사상은 이들의 불행한 처지에 시종 관심을 두고 있으면서도, 그렇다고 이들을 무조건 신성하게 여기지는 않는 데 중요한 개성이 있다.[6] 루쉰의 소설 「광인일기(狂人日記)」(1918)에 나오는 식인사회 속에는 어른만이 아니라 아이도 포함되어 있고, "폭군 치하의 신민은 폭군보다 더 난폭하다."[7]는 것이 루쉰의 인식이다. 루쉰이 보기에 "독재자의 이면은 노예"이고 둘 다 노예성이 충만하다.[8] 루쉰의 대표작인 「아Q정전(阿Q正傳)」(1921)에서 아Q는 처음에는 혁명을 증오했지만, 나중에 혁명도 나쁜 게 아니라고 생각하고는 혁명에 가담하려고 한다. 그가 혁명도 나쁜 게 아니라고 생각한 동기는 간단하다. 자신을 괴롭히던 '나으리'가 벌벌 떨고, 사람들이 당황하는 것을 보게 된 것이다. 그래서 "혁명이란 것도 괜찮구나"라는 생각을 하게 되고, 마침내 "혁명이다, 혁명!"을 외치고 혁명에 가담하려 한다. 아Q에게 노예

6 루쉰은 노예를 대할 때는 두 가지 태도를 동시에 지녀야 한다고 했다. 그들의 불행을 안타까워하면서도 그들이 노예근성에 빠져 투쟁하지 않는 것에 분노하라는 것이다('哀其不幸, 怒其不爭').

7 「暴君的臣民」, 『魯迅全集』(人民文學出版社, 1981) 1卷, 366, 1919.

8 「諺語」(1933), 『魯迅全集』(人民文學出版社, 1981) 4卷, 542면.

상태에서 벗어나 주인이 될 수 있는 절호의 기회가 마침내 열린 것이다.

그런데 루쉰이 보기에는 아Q가 주인이 된다고 해도 세상은 변하지 않는다. 그는 아Q와 같은 약자가 강자로서 새 주인이 되더라도 바뀐 것은 없을 것이라고 본다. 왜 그런가 하면, 아Q의 관심은 혁명을 통해 새로운 주인이 되어 과거 주인이 그러했듯이, 예전에 자신을 괴롭힌 주인을 혼내주고, 쇠 채찍을 마음껏 휘두르고, 여자와 재산을 자기 마음대로 차지하는 데 있기 때문이다. 아Q가 주인이 되더라도 세상에 변화가 없는 것은 루쉰이 보기에 약자와 부적자(不適者), 혹은 노예가 주인에게 열심히 배우고 힘을 길러 새로 주인이 되어 과거 주인의 규칙을 되풀이하는 것일 뿐이기 때문이다. 이는 사회진화론의 구도 속에서 단지 노예와 주인, 약자와 강자 사이의 자리 바꿈일 뿐이라고 본 것이다. 루쉰이 보기에 이는 참다운 진화가 아니다. 루쉰이, "노예가 주인이 되면 결코 '나으리'라는 호칭을 없애려 하지 않는다. 우쭐대는 폼이 과거 주인보다 더하고 더 우스꽝스럽다. 마치 상하이 노동자가 얼마간 돈을 모아 작은 공장을 경영하게 되면 오히려 노동자를 더욱 철저하게 학대하는 것과 같다"[9]고 지적하면서, 노예가 새로운 주인 되었지만, 과거의 주인과 하등 다를 바 없는 주인이 되는 것을 경계하는 것은 바로 이 때문이다.

때문에 루쉰은 약자와 강자 사이의 자리 바꾸기와 노예와 주인 사이의 자리 바꾸기 식의 순환론적 진화에 반대한다. 루쉰 사회진화론의 핵심은 노예와 주인의 구도를 '천리'(天理)나 '우주의 공리'로 전제한

9 「上海文藝之一瞥」(1931), 『魯迅全集』(人民文學出版社, 1981) 4卷, 301면.

채 그 구도 안에서 약자와 부적자, 노예가 자신의 처지를 변화시켜 주인으로 되는 것에 있지 않다. 그가 보기에는, 민족의 차원에서든 사회나 개인의 차원에서든 약자와 부적자의 위치에 있는 주체가 부단히 실력과 힘을 키우거나, 아니면 약자와 부적자가 강자와 적자를 혁명으로 전복시켜서 약자와 부적자가 강자와 적자가 되는 것은 약자와 강자 사이의 자리바꿈일 뿐 진정한 진화가 아니다. 그런 진화와 혁명은 노예식의 진화, 노예식 혁명일 따름이고, 한낱 주인 바꾸기에 불과하기 때문이다. 루쉰 사회진화론의 핵심은 노예를 주인으로, 약자를 강자로 바꾸는 데 있는 것이 아니라 '참된 인간'(眞的人)으로 진화시키는 것이다. 일본의 루쉰 연구자 이토 토라마루(伊藤虎丸)가 루쉰 사회진화론의 핵심은 '윤리의 진화'에 있다고 정리한 것은 이런 맥락에서다.[10]

이처럼 루쉰의 사회진화론 시각에서 루쉰의 대표작인 「아Q정전」을 읽자면, 이 소설에서 아Q는 노예식의 진화와 노예식의 혁명 주체를 상징하게 된다. 그렇다면 노예식의 혁명주체인 아Q는 무엇을 상징하는가? 중국 루쉰 연구에서는 아Q가 누구인지의 문제가 중요한 연구 쟁점이 되어 왔다. 아Q가 중국인을 상징하는지, 중국 농민을 상징하는지 등의 문제를 두고 논란이 되어 온 것이다. 하지만 중국의 맥락에서 벗어나 시야를 확대해 보면, 아Q는 서구의 강압 앞에 식민 혹은 반식민의 신분으로 근대를 시작한 동아시아 근대 식민 주체의 상징이다. 개인차원에서도 그렇고 국가 차원에서도 그렇다. 이런 의미에서 보자면, 「아Q정전」은 한 식민화된 주체의 혁명기(革命記)라고도 할 수 있다.

10 伊藤虎丸 著, 李冬木 譯, 『魯迅與終末論』(三聯書店, 2008), 150면 참조.

아Q는 지배이데올로기에 철저히 구속되고 식민화 된 '하위주체'이다. 유교경전을 자유롭게 인용하고 지배계급의 언어와 사상을 자기것으로 육화시킨 아Q는 비유하여 말하자면 검은 피부를 지녔지만 하얀 가면을 쓰고자 애쓰는 철저히 식민화 된 주체의 상징이다.

그렇다면 아Q와 같은 식민 주체에서 어떻게 탈피할 것인가? 사회진화론의 패러다임에서 보자면 동아시아 근대는 국가와 민족이나 국가 차원이든 개인 차원에서든 약자와 부적자, 혹은 서구의 노예의 처지에서 벗어나기 위해 끊임없이 강자를 모방하고 뒤쫓아 새로운 강자가 되려는 사회진화론의 시대였다고 해도 과언이 아니다. 경쟁과 우승열패, 적자생존이라는 사회진화론의 원리가 우주의 공리의 차원에서 동아시아 근대성을 형성하던 것이다. (서구)근대에 대한 적응과 이식, 모방의 길에서 누가 더 '빠른 추격자(fast follower)'가 되는지가 바로 생존의 길이었다. 하지만 이 길에서 낡은 주인을 대신하여 새로운 주인이 되려고 하는 열망과 '진화의 윤리'는 넘쳐났지만 '윤리의 진화'나 새로운 진화의 규칙을 만드는 것에 대한 사고는 부족하였다. 새로운 진화의 규칙을 만드는 데 실패한 것이다. 루쉰이 「아Q정전」에서 그의 개성 있는 사회진화론 사상에 입각하여 아Q를 비판한 것은 기실 아Q가 살았던 시대에만 국한된 것은 아니다. 루쉰은 「아Q정전」을 쓴 동기를 두고 이렇게 말한 바 있다.

> "중화민국 원년은 이미 지나가 버려 추적할 수도 없다. 하지만 이후에 다시 개혁이 있다면 아Q와 같은 혁명당이 분명 나타나리라 믿는다. 나도 소설 속 이야기가 사람들이 말하듯이 지금보다 앞선 한 시기의 일이길 바란다. 하지만 내가 본 것이 현대 이전에 일어

난 일이 아니라 현대 이후에 일어난 일이거나 어쩌면 2,30년 후에 일어날 일일지도 모르겠다."[11]

루쉰의 이 언급은 아Q와 아Q시대가 특정 시대를 넘어서 현대와 현대 이후에도 해당될 수 있다는 암시다. 루쉰의 언급에 따르자면 아Q와 아Q시대는 중국 근현대만이 아니라 동아시아 근현대에도 복제될 수 있다. 이 맥락에서 보자면, 사회진화론의 패러다임을 절대적으로 전제한 채, 그 패러다임 안에서 약자의 위치를 강자의 위치로 바꾸는 것을 목표한 진화나 혁명, 발전은 결국 아Q와 아Q시대를 복제하는 차원이다. 사회진화론의 전제, 나아가서 사회진화론 자체를 문제시하지 않는 한 아Q시대는 계속되는 것이다.

그렇다면 어떻게 아Q시대에서 벗어날 것인가? 이와 관련하여 일본의 중국학 학자인 다케우치 요시미(竹內好)의 주장에 주목할 필요가 있다. 그가 중국과 일본이 서구의 강압에 대응하면서 근대화를 추구한 것을 비교하면서, 일본은 전향형(轉向型)이고, 중국은 회심형(回心型)이라고 지적한 것을 의미 있게 되새길 필요가 있다는 것이다. 다케우치 요시미는 그의 유명한 「근대란 무엇인가?」라는 글에서 "동양의 근대가 유럽이 강제한 결과라는 점, 혹은 그 결과에서 도출되었다는 점을 일단 인정"[12]하는 것을 전제로 하여 중국과 일본의 근대를 비교하면서, 일본 문화는 전향문화이고 중국 문화는 회심문화라고 규정하였다. 전향과 회심은 중일 두 나라가 유럽의 충격에 대응하면서 근대의 길

11 「阿Q正傳"的成因」, 『魯迅全集』(人民文學出版社, 1981), 3卷, 379면.

12 竹內好, 「근대란 무엇인가?」, 다케우치 요시미 지음, 윤여일 옮김, 『내재하는 아시아』 다케우치 요시미 선집 2권(휴머니스트, 2011), 219면.

을 가는 방식의 차이를 상징한다. 그의 주장을 요약하자면, 전향과 회심의 가장 큰 차이는 저항의 유무다. 전향은 저항이 없이 바깥을 향해, 즉 유럽을 향해 움직이면서 자신을 버린다. 하지만 회심은 저항을 매개로 삼아 내부를 향해 움직인다. 전향이 자신을 버리면서 새로운 것으로 자신으로 대체하는 것이라면 회심이란 자신을 지키면서 자신을 변화시키는 일이다.

다케우치 요시미의 많은 글들이 그러하듯이, 이 글 역시 매우 정치적인 동시에 강한 시대적 배경을 지니고 있다. 그 시대적 배경은 크게 보면 두 가지다. 하나는 전후 일본 지성인의 자성(自省)이고, 다른 하나는 중국 혁명에 대한 기대다. 다케우치 요시미는 1940년대 후반 패전이라는 상황 속에서, "일본은 아무 것도 아니다"는 자학적 절망감과 "중국은 제3의 시대를 열고 있다"는 기대와 희망을 바탕으로 일본의 근대와 중국의 근대가 서구에 대응하는 방식을 대비시킨 것이다. 다케우치는 당시의 시대적 상황을 토대로 일본의 근대와 중국의 근대를 각각 전향형과 회심형이라고 규정하는 가운데, 중국 근대의 길인 회심형을 서구의 강압에 직면한 동아시아 근대가 선택할 만한 가치 있는 길로 판단한 것이다.

물론 다케우치 요시미의 이러한 판단은 오늘의 시점에서 보면 여러 문제가 있다. 무엇보다 1949년 당시의 시점에서는 중국을 그렇게 평가할 수 있을지 몰라도 지금 시점에서 보자면, 중국이 지금도 여전히 회심형의 길을 가는지를 두고 다른 비판적 의견이 있을 수 있다. 그리고 서구(혹은 유럽)의 강제에 대한 동아시아의 대응으로서 회심과 전향, 그리고 저항이라는 선택이 다케우치 요시미의 지적처럼 동아시아 각국의 국가별 선택일 수도 있지만, 각 국가 내부의 시기별 혹은 세력별 선택이기도 하였다.

무엇보다 중요한 것은 오늘의 시점에서 보자면 한중일 가릴 것 없이 동아시아 3국이 특정 시기나 특정 정파 차원에서는 일시적으로 회심의 시도가 있었다고 하더라도 결국은 전향형의 길을 가고 있다는 점이다. 이러한 관점에서 보자면, 다케우치 요시미가 말한 동아시아 근대의 회심의 길은 동아시아에 하나의 추상적 이념형으로 존재할 뿐, 지금까지 현실에서는 실현되지 않은 채 동아시아에 여전히 숙제로 남아 있는 셈이다.

그런데 이러한 한계에도 불구하고 다케우치 요시미가 말하는 회심론은 동아시아 근대의 길과 관련하여 많은 사상적 암시가 담겨 있는 것도 사실이다. 다케우치 요시미가 말하는 것은 동아시아가 서구에 저항하면서 자기동일성으로 귀환하는 것이 아니라 서구와 동아시아에 대한 이중의 저항이자, 이중의 해체다. 다케우치 요시미가 루쉰의 저항을 동아시아 근대의, 그의 표현대로라면 동양 근대 새로운 길의 상징으로 의미를 부여하는 것은 이 때문이다. 동양의 근대는 유럽이 강제한 결과라고 보는 다케우치 요시미는[13] 중국과 일본 근대에서 유럽, 즉 서구 침략의 결정적 중요성을 강조한다. 요컨대 서구의 강제, 즉 서구의 침략은 동양에서 저항을 낳았다. 그런데 다케우치 요시미에 따르면 동양의 저항이 동양을 서구에서 벗어나게 한 것은 아니었다. "동양의 저항은 유럽을 세계사를 더욱 완전하게 만드는 요소에 불과하였

13 竹內好, 「근대란 무엇인가?」, 다케우치 요시미 지음, 윤여일 옮김, 『내재하는 아시아』 다케우치 요시미 선집 2권(휴머니스트, 2011), 219면.

고", "저항을 통해 동양은 점차 유럽화할 운명"에 처하게 되었다.[14] "동양의 저항"이 "유럽에 반사"되었지만, "근대의 틀 속에 있는 한 무엇도 유럽의 시선에서 벗어나지 못"한 것이다.[15] 동양이 서양에 저항하지만 동양의 저항은 서양을 보다 완전하게 만들고, 동양은 서양화 될 뿐이다. 동양의 저항이 서양 중심주의를 동요시키지는 못할 뿐만 아니라 세계사를 더욱 완전하게 만들 뿐이다.[16]

그렇다면 동양에 필요한 참다운 저항은 무엇인가? 다케우치 요시미는 이를 루쉰의 저항에서 찾는다. 그는 "저항이란 무엇인가 하고 누군가 내게 묻는다면, 루쉰에게 있는 그런 것이라고 답하는 수밖에 없다"[17]라고 말한다. 루쉰의 저항을 동양의 저항의 상징으로 보는 것이다. 그렇다면 루쉰의 저항은 무엇인가? 다케우치 요시미는 루쉰의 글 「총명한 사람과 바보와 노예(聰明人和傻子和奴才)」(1925)[18]라는 글을 예로 들어 루쉰의 저항을 설명한다. 루쉰의 이 글은 짧은 극적 구성을 하고 있다. 제목대로 총명한 현인과 바보, 노예가 등장한다. 내용은 이렇다. 어느 날 노예는 총명한 사람을 보고 자신의 고통스러운 신세를 한탄한다. 그러자 총명한 사람이 말한다. 조만간 좋은 날이 올 것이라고. 그

---

14 竹內好, 「근대란 무엇인가?」, 다케우치 요시미 지음, 윤여일 옮김, 『내재하는 아시아』 다케우치 요시미 선집 2권(휴머니스트, 2011), 222면.

15 위의 책, 223면.

16 물론 다케우치 요시미가 말하는 이중의 저항이 근대 패러다임 안에 있다고 비판할 수 있다. 이에 대해서는 미조구찌 유우조, 「중국근대를 보는 시각」, 민두기 편, 『중국현대사의 구조』(청람, 1990), 281면 참조.

17 竹內好, 「근대란 무엇인가?」, 다케우치 요시미 지음, 윤여일 옮김, 『내재하는 아시아』 다케우치 요시미 선집 2권(휴머니스트, 2011), 235면.

18 『魯迅全集』(人民文學出版社, 1981), 216~222면.

뒤, 노예가 이번에는 바보를 만나 자시 방에는 창문 하나 없다고 신세를 한탄한다. 그러자 바보는 창문 내달라는 소리 하나 하지 못하느냐면서 당장 벽을 부수고 창문을 내주려고 한다. 노예가 소리치면서 말리고, 결국 다른 노예와 힘을 합쳐서 바보를 쫓아낸다. 주인은 노예를 칭찬하고, 칭찬을 들은 노예는 총명한 사람에게 말한다. 조만간 좋은 일이 있을 거라고 하셨는데 정말 그렇게 되었다고.

이 짧은 극본에서 루쉰은 노예의 노예근성을 유감없이 비판한다. 다케우치 요시미는 이를 노예 해방에 관한 우화로 읽는다. 그에 따르면 이 글에서 루쉰이 말하고 있는 것은 노예가 구원을 바란다는 사실이, 노예에서 쉽게 벗어날 것이라는 환상이 그를 노예로 만들고 있다는 점이다. 그렇다면 노예는 어떻게 노예의 상태에서 해방될 수 있는가? 노예라는 사실을 자각하지 못하는 노예는 말할 것도 없이 구제불능의 노예이지만 노예가 자신이 노예라는 것을 자각한다고 해서 노예해서 해방되는 것은 아니다. 이와 더불어 해방의 환상도 거부해야 한다고, 다케우치 요시미는 말한다.

> 노예가 노예임을 거부하고 동시에 해방의 환상도 거부하는 것, 노예라는 자각을 품은 채로 노예인 것, 바로 꿈에서 깨어난 "인생에서 가장 고통스러운" 상태다. 갈 길은 없으나 가지 않을 수 없는, 아니 갈 길이 없어서 가야만 하는 상태다. 그는 자기임을 거절하고 동시에 자기 아님도 거부한다. 그것이 루쉰에게 있는 그리고 루쉰 자체를 이루는 절망의 의미다. 절망은 길이 없는 길을 가야 하는 저항에서 나타나며, 저항은 절망의 행동화로 드러난다.[19]

19 竹內好, 「근대란 무엇인가?」, 다케우치 요시미 지음, 윤여일 옮김, 『내재하는

요컨대 노예 해방에는 두 가지가 필요하다. 먼저 자신이 노예라는 것을 자각하는 것이다. 물론 여기에서 끝이 아니다. 자신이 노예라는 것을 자각하고서 잠에서 깨어났지만 그렇다고 노예의 앞에 해방의 길이 열려 있는 것은 아니다. 노예라는 사실을 자각한 노예는 노예 상태에서 쉽게 벗어나서 다른 '나'가 될 수 있다는 해방의 환상에 이끌려가지 않은 상태, 요컨대 해방의 길이 없는 상태, 꿈에서 깨어났지만 갈 길이 없는 상태를 견뎌야 한다. 다케우치 요시미는 이를 해방의 환상을 거부하는 것이라고 말한다. 이는 절망적 상태이다. 그리고 이 절망적 상태의 행동화가 바로 저항이다. 이것이 노예해방에 필요한 두 번째 단계다.

이런 다케우치 요시미의 생각에 비추어 볼 때 루쉰의 작품에서 노예는 자신이 노예라는 것을 자각하고 있지도 못할 뿐만 아니라 해방의 환상에 젖어 있다. 요컨대 다케우치 요시미에 따르면 노예가 해방되기 위해서는 노예는 자기임을 거절하고, 즉 자기가 노예라는 것을 자각한 가운데 노예인 자기를 거절하는 동시에 자기 아님도 거부해야, 즉 자신이 노예 상태에서 벗어나서 쉽게 주인이 될 것이라는 해방의 환상도 거부해야 한다. 이는 이중의 거절이며, 이중의 저항이다.

이를 서양 대 동양 관계에 적용시키자면, 먼저, 서양에게 패한 동양은 자신이 패했다는 것을 자각해야만 한다. 단순히 패했다는 사실 자체만이 아니라 패배에 대한 자각, 요컨대 패배감이 있어야 한다. 이것이 일차적인 거절이자 일차적인 저항이다. 그런데 이것만으로는 부

아시아』(휴머니스트, 2011), 249면.

족하다. 동양은 해방의 환상을 거부해야 한다. 여기서 해방의 환상이란 동양이 자신을 패배로 내 몬 서양을 길을 따라 가서 서양을 대신하여 쉽게 자신이 주인의 자리에 설 수 있다는 생각, 해방의 환상이다. 그 환상에 사로잡혀 있는 한, 동양은 여전히 노예다. 설령 동양이 서양을 대신하여 주인이 되고, 노예 상태에서 벗어나 해방이 된다고 해도 주인과 노예 사이의 관계가 온전히 지속하고, 근본적으로 볼 때 서구의 길 위에서 주인 바꾸기에 불과한 것인 이상, 노예인 동양이 주인인 서양을 대신하여 주인이 된다고 하여 노예근성이 청산되는 것이 아니다. 동양이 서양을 대신하여 주인이 되려하고, 또 될 수 있다는 환상을 거부하는 것, 그리고 그 상태, 즉 길이 없는 그 상태를 견디는 이차 저항이 있어야만 한다. 이는 절망적 상태다. 해방으로 가는 길이, 해방이 약속된 길이 없는, 길이 나 있지 않은 상태이기 때문이다. 꿈에서 깨어났지만 눈앞에 갈 길이 없는 상태다. 그런데 그 상태를 견디는 것에서, 즉 저항에서 새로운 길이, 노예가 노예에서 벗어가는 길이 비로소 시작된다. 어쩔 수 없이 진정 해방을 위해서는 새로운 길을 열어야 하는 것이다. 루쉰의 소설 「고향(故鄕)」의 말미에서 말하듯이, 마치 지상에 새로운 길을, 오직 자신이 내딛는 발걸음에 의지하여 새로운 길을 내듯이, 지상에는 원래 길이 없었고, 걷는 사람이 많아지면 지상에 길이 생긴다는 믿음을 바탕으로 길을 가는 수밖에 없다. 이것이 바로 다케우치 요시미가 파악한 루쉰의 저항의 요체다. 루쉰의 저항을 서구 대 동아시아 혹은 서양 대 동양에 적용시키자면, 이는 유럽과 서구, 동아시아와 동양에 대한 이중의 저항이자 이중의 해체이다. 그 이중의 해체를 통해서 새로운 길, 새로운 역사를 모색해야 한다.

루쉰의 사회진화론 사상과 루쉰의 저항은 중국이 다시 세계중심 국가로 발돋움하고 문명의 축이 다시 이동하는 시대에 어떤 의미를 지니는가? 특히 중국이 부상하면서 2000년대 이후 중국 지식인 사회에서 '중국의 길(中國道路)'과 '중국 가치(中國價値)', '중국 모델'(中國模式)에 대한 논의가 분분한 가운데 '중국성'(Chineseness)이 재발견되고 있는 상황에서 루쉰의 사상적 전통이 갖는 의미는 무엇인가?

루쉰의 사회진화론 사상과 이중의 저항이라는 차원에서 보자면 중국이 자신에게 패배를 안기고 노예로 전락시킨 서구에 대응하는 길은 서구의 길을 따라가서 낡은 주인을 대체하여 자신이 새로운 주인이 되는 길이 아니다. 이는 노예와 주인의 구도가 여전한 상태에서 노예성이 충만한 주인이 되는 길이다. 서구를 거부한 채 중국이라는 자기동일성을 재구축하는 것도 옳은 길은 아니다. 이는 서구에 저항하고 서구를 극복한 듯이 보이지만 실은 서구 중심주의의 포로에서 벗어나지 못한 토착주의 형태의 또다른 식민화의 길이다. 노예 상태에서 벗어나는 것은 자기임을 거부하는 것, 자기의 패배를 패배로 인식하는 패배감을 바탕으로 패배를 망각하는 자신에 대한 저항에서 출발한다는 차원에서 보자면, 이는 퇴행의 길이다. 서구 중심주의나 중국 중심주의 모두 중국이 가야 할 것은 아닌 것이다. 기실 이 둘은 정반대의 길이고 적대적인 것처럼 보이지만 그 내면 논리는 동일하다. 바로 노예의식이다. 자신이 주인이 될 수 있다는 환상에 사로잡힌 채 새로운 주인이 되려는 같은 목적지로 향하는 다른 길일 뿐이라는 점에서 그렇다. 이는 근대 문명을 쇄신하는 길이 아니다. 중국 근대 위기가 민족위기이자 문명위기로 인식되었다는 점을 감안하면, 중국이 민족국가를 완성하고 대국이 되거나 강국이 되어 서구에게 당한 치욕을 씻고 세계를 주도하는 것은 중국이 주인이 되는 길이지만, 그것은 여전히 서구 근대 패러다임 속으로 깊숙하게 들어가 근대를 완성하는 길이다.

이러할 때, 지금 중국과 중국 지식인에게 필요한 것은, 적어도 루쉰 사상의 전통에 비추어 보자면 노예의 꿈에서 깨어났지만 해방의 환상을 거부한 채 갈 길이 없는 상태를 견디면서 새로운 길을 모색하는 것이다. 그러한 루쉰 식 저항의 길이 중국에게 새로운 길을 가져다 줄 것이고, 이는 중국의 새로운 길이자, 어쩌면 동아시아의 새로운 길이 될지도 모른다. 여기서 필요한 것은 2000년대 이후 중국 지식인 사회의 지적 조류처럼 서구 근대문명을 대신하여 중화문명을 그 자리에 세우려는 문명의식이 아니다. 이는 퇴영적인 시도다. 유교 중심으로, 그것도 보수적으로 해석된 국가 유교를 바탕으로 중화문명을 재구성하려는 시도가 위험한 것은 이 때문이다. 유교든, 중화문명이든 중국전통문명을 근대 적응과 근대 극복이라는 차원에서 재검증하고 해체하는 일이 필요하다.

서구 근대와 근대성에 대한 비판적 시각 못지않게 지금 중국에서 필요한 것은 '중국성'에 대한 비판적 시각이다. 여기서 말하는 비판적 시각이란 중국 전통의 가치나 중국 사회주의 경험 등, 중국적인 것, 이른바 '중국성'을 완전히 부정하는 것과 다르다. 근대 적응과 근대 극복의 이중 과제를 실현하는 길에서 '중국성'에 대한 적응과 극복 역시 필요하다. 물론 근대 극복을 위해서는 중국 전통문화의 소중한 자산과 사회주의 역사의 경험을 포함하여 중국 역사의 소중한 경험을 적극 발굴할 필요가 있다. 루쉰이 '오늘의 것을 취하고 옛것을 부활시켜서 따로 새로운 계보를 세우는(取今復古, 別立新宗)'의 문명론적 인식이 요청되는 것이다.

중국이 G2대국이 되면서 대국과 강국논의, 그리고 제국 담론이 무성한 시대에, 중국 지식인들에게 문명의식을 바탕으로 근대를 쇄신하기 위한 루쉰 사상의 전통이 다시, 중요한 것은 이 때문이다. 〈중국 대 서구〉의 이분법을 바탕으로 어느 하나를 중심으로 세우는 것이 아니라 근대와 중국을 역사적 지평에서 사고하면서 근대 적응과 근대 극복의 가능성을 모색하는 루쉰의 저항과 문명의식이 필요한 것이다. 중국 근대의 위기의 성격을 민족위기이자 중화문명의 위기라고 할 때 민족위기는 아마도 지금의 추세대로라면 머지않아 극복할 수 있을 것이다. 부강한 중국의 꿈은 현실 가능한 목표가 되어 가고 있는 것이 지금 현실이다. 하지만 중화문명 위기의 극복의 길은 그보다 훨씬 더 지난한 노력을 필요로 하고, 아직은 무척 요원한 것이 사실이다. 중국의 중화문명 위기의 극복의 꿈, 혹은 문명국가로서 세계의 중심 지위 회복의 꿈이 중국만의 민족주의나 중화주의 차원의 꿈이 아니라 인류 모두에게 보편적으로 의미 있는 꿈이 되기 위해서 중국은 〈중국 대 서구〉라는 이항대립의 시각에서 벗어나 인류 보편의 문제의식으로 근대문명과 중국 문명을 깊이 있게 성찰하는 가운데 근대 적응과 근대 극복을 사고할 필요가 있다.

주요 참고 문헌

논문

Joseph Fewsmith, "The enlightenment tradition under challenge, Conference on China's intellectuals and social power in the 21st century"(Colorado College, Oct. 26–28, 2001.

강진아, 「역사적 관점에서 본 중국의 개혁개방」, 세교연구소 공개 심포지움, 『중국 사회주의 변화를 어떻게 볼 것인가?』 자료집, 2013년 11월 15일.

민두기, 「중체서용론고」, 『동방학지』 18호, 1978.

백승욱, 「중국 지식인은 '중국 굴기'를 어떻게 말하는가」, 『황해문화』 2011년 가을호.

백영서, 「중국, 아는 만큼 보고 있는가」, 『서남통신』 2012.4.25.

______, 「중국학의 궤적과 비판적 중국 연구: 한국의 사례」, 『대동문화연구』 제80집, 2012년 12월.

______, 「중화제국론의 동아시아적 의미: 비판적 중국연구의 모색」, 한국중국학회 제33차 중국학 국제학술대회 『제국전통과 대국화』, 2013.8.22.

성근제, 「왕후이는 타락하였는가?」, 『동아시아브리프』 제6권 제4호, 2011. 11. 1.

송인재, 「왕후이·간양에 대한 저자의 비판은 과연 타당한가?」, 『교수신문』 711호, 2013년 12월 30일.

______, 『체제전환기 중국의 '문화자각'담론』, 『시대와 철학』 2015 제26권 4호(통권 73호),

왕후이, 성근제 옮김, 「충칭사건–밀실정치와 신자유주의의 권토중래」, 『역사비평』 99호, 2012.5.

원영호, 「현대 중국의 유학연구 동향과 전망-유교부흥운동과 문화보수주의를 중심으로」, 『동양사회사상』 제25집, 2012.
이문기, 「판웨이의 '자문형 법치국가론」, 성균관대학교 동아시아학술원, 『동아시아브리프』 제6권 제3호(통권 21호).
이욱연, 「소설 속의 문혁: 8, 90년대 문혁 소설 비교 연구」, 『중국현대문학』 제20호, 2001년 6월.
이종민, 「왕후이의 중국 개혁개방 서사에 대한 질의」, 『중국현대문학』 제61호, 2012.6.30.
이종화, 장윤미, 「중국 정치개혁에 관한 자유주의 논의의 비교 연구」, 『중소연구』 제35권 제4호, 2011/2012 겨울.
이현정, 「'인민 내부의 모순'과 루쉰식 자기부정」, 26면. 한국중국현대문학회 2012년도 춘계학술대회, 『당대 중국의 문제를 새롭게 읽다: 첸리췬 선생 초청 특별 좌담회」 자료집, 2012년 6월 23일.
조병한, 「19세기 중국 개혁운동에서의 '중체서용'」, 『동아시아역사연구』 제2집, 147면.
季羡林, 「關於天人合一再思考」, 『中國文化』(1994年 2期).
曠新年, 「尋根文學的指向」, 『文藝研究』 2005年 6期.
代洪亮, 「傳統與現代的代立: 新啓蒙主義對於中西文化的態度」, 『濟南大學學報(社會科學版)』 第20卷 第2期, 2010年.
陶東風, 「中國文化與學術中的西方影響-兼論中國學術的本土化問題」, 『原道』 2集.
______, 「什麽是文化强國 如何建設文化强國-解讀六中全會决意」, 『當代文壇』 2012年 第1期.
______, 王一川, 張法 等, 「邊緣, 中心, 東方, 西方」(좌담), 『讀書』 1994年 1期.
蘭愛國, 「世紀末文學: 文化保守主義思潮」, 『文藝爭鳴』 1994年 6期.
方克立, 「評第二次文化熱的話語轉換」, 『高教理論前線』 1995年 第5期.
費孝通, 「開創學術新風氣」, 『高校社會科學研究和理論教學』 1997年 3期.
______, 「從反思到文化自覺和交流」, 『讀書』 1998年 11期.
徐建新, 「天下體系與世界制度-評'天下體系: 世界制度哲學導論」, 『國際政治科學』 2007年 3期(總第10期).
徐明, 「難以承受的可爲--一個人文知識分子的精神自審」, 『原道』 第1輯.

徐友漁,「當代中國社會思想: 國學熱和文化保守主義」(南昌大學 강연, 2005년 11월 11일),『社會科學論壇』2006年 2期.

宣炳善,「當代人文學者文人化傾向之批判」,『學術界』2002年 第3期.

邵業樓,「文化認同與東亞共同體的構建」,『寧波廣播電視大學學報』第5卷 第4期(2007年 12月).

閻恒,「即用見體, 公民宗教-陳明文化儒學思想評述」,『當代儒子』第3集.

王岳川,「國學熱的背景及走向」,『社科新息文薈』1995年 11期.

王彦坤,「國學熱的持續升溫與值得思考的幾個問題」,『暨南學報』(哲學社會科學版) 2009年 第1期.

王一川,「傳統性與現代性的危機」,『文學評論』1995年 4期.

汪暉,「上昇期的矛盾, 體系性危機與變革方向」,『21世紀經濟報道』2011年 12月 30日 第2版.

______,「再問'什麽的平等'?」,『文化縱橫』2011年 5期.

______,「中國崛起的經驗及畿面臨的挑戰」,『文化縱橫』2010年 2期.

______,「中國制造與另類的現代性」,『裝飾, 總第181期(2008年 5期).

姚中秋(秋風),「中國自由主義二十年的頽勢」,『二十一世紀』2011年 8月號(總126期).

魏明,「文化: 綜合國力中的軟實力」,『湖北大學學報』(哲學社會科學版)』2007年 3月 第34卷 第2期.

李愼之,「全球化時代中國人的使命」,『東方』第 1995年 5期.

李杭育,「理一理我們的根」,『作家』1985年 第9期.

張世保,「背景, 立場, 問題及其命運(上)-評20世紀90年代以來的大陸新儒家」,『貴州師範大學學報』(社會科學版), 2007年 第1期(總第144期).

______,「評崇儒反馬的大陸新儒學思潮」,『思想理論教育導刊』2010年 第6期(總 第138期).

張頤武,「第五代與當代文化的轉形」,『當代電影』, 2005年 第3期.

______, 王一川, 張法,「從現代性到中華性」,『文藝爭鳴』, 1994年 2期(總 52期).

丁磊,「東亞共同體與中國東亞主義」,『山東社會科學』2006年 第4期(總 第128期).

鄭萬隆,「我的根」,『上海文學』1985年 第5期.

周良雨, 楊陽,「儒學展開的新向度-簡評陳明的'文化儒學'」,『鄭州輕工業學院學報』(社會科學版), 第14卷 第1期(2013年 2月).
周保松, 「自由主義左翼的理念」, 『二十一世紀』 2015年 6月號(總 第149期).
周玉淵, 「東亞意識與東亞秩序」, 『東南亞研究』 2007年 第5期.
陳明, 「中體西用: 啓蒙與救亡之外」, 『原道』, 第1輯(中國社會科學出版社, 1994).
陳伯海, 「東亞文化與文化東亞」, 『上海社會科學院學術季刊』 1997年 第1期.
陳曉明, 「分化的時代: 衆聲喧嘩與獨領風騷,」 『原道』 第1輯(中國社會科學出版社, 1994)
蔡志棟, 「新權威主義的當下變種」, 『二十一世紀』 2012年 4月號(總 第130期).
天心, 「葬慶: 王道與三重合法性」, 『中國文化』 2007年 11期.
崔之元, 「制度創新與第二次思想解放」, 『二十一世紀』 1994年 8月號(總 第24期).
貝淡寧, 「儒家學說與社會主義的和解?」, 『開放時代』 2010年 11月.
賀桂梅, 「文化自覺與中國敍述」, 『天涯』 2012年 1期.
______, 「作爲方法與政治的整體觀-解讀汪暉的中國問題論」, 『天涯』 2010年 4期.
許全興, 「'儒家復興'之管見」, 『中國思潮評論』第4集(2012.3), 284면.
黃壽松, 武晟, 「轉型中的民主與中國化意識-新左派知識分子關於中國政治體制改革的言說述評」, 『現代哲學』 2012年 第5期(總 第124期) 9月號, 48면.

도서

거자오광 저, 이등연 등 역, 『중국사상사2』(일빛, 2015).
루쉰, 『루쉰전집』(그린비, 2010).
리쩌허우 저, 박형종 역, 『중국현대사상사의 굴절』(지식산업사, 1992).
린위성 저, 이병주 역, 『중국의식의 위기』(대광문화사, 1990).
모리스 마이스너 지음, 김수영 옮김, 『마오쩌둥의 중국과 그 이후1』(이산, 2010).
민두기 편, 『중국현대사의 구조』(청람, 1990).
백영서, 『핵심현장에서 동아시아를 다시 묻다』(창비, 2013).

샤오메이 천, 정진배 · 김경아 역, 『옥시덴탈리즘』(강, 2001).
서진영 외 지음, 『모택동과 중국혁명』(태암, 1989).
서진영, 『21세기 중국 정치』(폴티테이아, 2015).
소효강 · 왕노상, 홍희 역, 『하상』 (동문선, 1989).
송호근 등, 『시민사회의 기획과 도전』(민음사, 2016).
쉬지린 등 저, 이주노 등 역, 『계몽의 자아와해』(전남대학교출판부, 2014).
쉬지린 지음, 송인재 옮김, 『왜 다시 계몽이 필요한가』(글항아리, 2013).
쑨원 지음, 김승일(외) 옮김, 『삼민주의』(범우사, 2000).
왕후이, 『아시아는 세계다』(글항아리, 2012.
_____, 성근제 외 옮김, 『탈정치 시대의 정치』(돌베게, 2014).
_____, 이욱연, 차태근 옮김 『새로운 아시아를 상상한다』(창비, 2003).
윤여일, 『사상의 원점』(창비, 2014).
이남주 엮음, 『이중과제론』(창비, 2009).
전리군 지음, 연광석 옮김, 『모택동 시대와 포스트 모택동 시대』(상)(한울아카데미, 2012),
정성흥 편, 『체제전환의 중국 정치』(에버리치홀딩스, 2010).
조경란, 『현대 중국 지식인 지도』(글항아리, 2013).
조영남, 『용과 함께 춤을 추자』(민음사, 2012).
周策縱 저, 조병한 옮김, 『54운동』(광민사, 1980).
첸리췬, 김영문 옮김, 『내 정신의 자서전(我的精神自傳)』(글항아리, 2012).
최원식, 백영서 엮음, 『동아시아의 동양 인식:19-20세기』(문학과지성사, 1997).
토마스 쿠오, 권영빈 역, 『진독수평전』(민음사, 1985).
姬田光義 外, 편집부 옮김, 『중국근현대사』(일월서각, 1985).
Joseph Fewsmith, *China since Tiananmen*, Cambridge UP, 2001.
Merle Goldman and Leo Ou-fan Lee eds., *An intellectual history of modern China*(New York : Cambridge University Press, 2002).
_____, *An Intellectual History of Modern China*(Cambridge UP, 2002).
Yongnian Zheng, *Discovering Chinese Nationalism in China*(Cambridge Univ. Press, 1999).
Zheng Wang, *Never forget national humiliation*(Columbia UP, 2012)면.
Danniel Bell, *China's New Confucianism*, Princeton University Press, 2008.

甘陽,『文明 國家 大學』(三聯書店, 2012).
______,『八十年代文化意識』(上海人民出版社, 2006).
顧昕,『中國啓蒙的歷史圖景』(牛津大學出版社, 1992).
金觀濤, 劉青峰,『興盛與危機』(法律出版社, 2011).
魯迅,『魯迅全集』(人民文學出版社, 1991).
陶東風,『社會轉型與當代知識分子』(上海三聯書店, 1999).
羅崗, 倪文尖 編,『90年代思想文選』第二卷』(廣西人民出版社, 2000).
凌志軍, 馬立誠 著,『呼喚-當今中國的5種聲音』(廣州出版社, 1999).
馬立誠・凌志軍 著,『交鋒』(今日中國出版社, 1998).
馬立誠,『最近四十年中國社會思潮』(東方出版社, 2015).
孟繁華,『衆神狂歡』(今日中國出版社, 1997).
潘維 編,『中國模式』(中央編譯出版社, 2009).
徐賁 著,『文化批評往何處去一九八九年後的中國文化討論』(天地圖書, 1998).
______,『走向後現代與後殖民』(中國社會科學出版社, 1996).
蕭三匝『左右爲難-中國當代思潮放談錄』(福建教育出版社, 2012).
吳炫 主編,『中國十代社會熱點批判』(學林出版社, 2000).
王寧, 薛曉源 主編,『全球化與後殖民批評』(中央編譯出版社, 1998).
王岳川,『中國鏡像-90年代文化研究』(中央編譯出版社, 2001).
______,『後現代後殖民主義在中國』(首都師範大學出版社, 2002).
王曉明 編,『人文精神尋思錄』(文匯出版社, 1996).
汪暉,『去政治化的政治』(三聯書店, 2008).
______, 余國良 編,『90年代的後學論爭』(香港中文大學出版社, 1998).
李軍 等編,『中國文化年報2004年版』(蘭州大學出版社, 2004).
伊藤虎丸 著, 李冬木 譯,『魯迅與終末論』(三聯書店, 2008).
李世濤 主編,『知識分子立場: 民族主義與轉型期中國的命運』(時代文藝出版社, 2000).
______,『知識分子立場: 激進與保守之間的動蕩』(時代文藝出版社, 1999).
林毓生 等著,『五四: 多元的反思』(香港三聯書店, 1989).
張旭東,『全球化時代的文化認同』(北京大學出版社, 2005).
錢理群,『毛澤東時代和後毛澤東時代』(下)(聯經, 2012).
趙汀陽,『天下體系』(江蘇教育出版社, 2005).

佐藤愼一 著, 劉岳兵 譯,『近代中國的知識分子與文明』(江蘇人民出版社, 2006).
朱大可, 張閎主編,『21世紀中國文化地圖』第二卷(廣西師範大學出版社, 2004).
朱學勤,『書齋裏的革命』(長春出版社, 1999).
陳宜中,『中國關鍵出問』(聯經文庫, 2013).
賀桂梅,『新啓蒙知識檔案: 80年代中國文化研究』(北京大學出版社, 2010).
______,『人文學的想像力』(河南大學出版社, 2005).
韓少功,『世界』(湖南文藝出版社, 1996).
許紀霖 等 著,『近代中國知識分子的公共交往(1885-1949)』(上海人民出版社, 2008).
許紀霖 羅崗 等著,『啓蒙的自我瓦解』(吉林出版有限責任公司, 2007).
許紀霖 著,『啓蒙如何起死回生』(北京大學出版社, 2011).
許紀霖, 劉擎,『新天下主義』(世紀出版集團, 2015).

본문의 내용 중 논문으로 발표된 원문의 출처

2장 1절과 3장 1절 일부

「개혁개방 이후 지식인의 사회적 위상과 문화적 역할」, 『중국현대문학』 26호(2003년 9월)

3장 2절

「개혁개방 이후 전통문화의 재평가와 변용」, 『중국현대문학』 31호(2014년 12월)

4장 2절

「중국 비판적 지식인 사회의 새로운 분화: 첸리췬과 왕후이의 경우」, 『동아연구』 32호(2013년 2월)

4장 3, 4절과 5장 1, 2절

「G2시대 중국 지식인의 '중국' 재발견과 한국 인문 중국학의 과제」, 『중국학논총』 43호(2014년 2월)

찾아보기

ㅁ

ㅂ

ㅅ

ㅊ

ㅋ

ㅌ

ㅍ

ㅎ